交易心理训练（珍藏版）

101 条规则把你训练成交易心理学专家

The Daily Trading Coach: 101 Lessons for Becoming Your Own Trading Psychologist

［美］布里特·N.斯蒂恩博格（Brett N.Steenbarger） 著

正前方 译

地震出版社

Seismological Press

图书在版编目（CIP）数据

交易心理训练：101 条规则把你训练成交易心理学专家：珍藏版 /（美）布里特・N. 斯蒂恩博格（Brett N. Steenbarger）著；正前方译．—北京：地震出版社，2021.1 (2022.6重印)
书名原文：The Daily Trading Coach：101 Lessons for Becoming Your Own Trading Psychologist
ISBN 978－7－5028－4919－1

Ⅰ.①交…　Ⅱ.①布… ②正…　Ⅲ.①证券投资－经济心理学　Ⅳ.①F830.91－05

中国版本图书馆 CIP 数据核字（2020）第 077903 号

Brett N. Steenbarger The Daily Trading Coach：101 Lessons for Becoming Your Own Trading Psychologist
ISBN 978－0－470－39856－2

著作权合同登记　图字：01－2020－4115
地震版　XM5254/F(5622)

交易心理训练（珍藏版）
——101 条规则把你训练成交易心理学专家

[美] 布里特·N.斯蒂恩博格(Brett N.Steenbarger)　著

翻　　译：正前方
责任编辑：王亚明
责任校对：凌　樱

出版发行：地震出版社
北京市海淀区民族大学南路 9 号　　邮编：100081
发行部：68423031　68467993　　传真：88421706
门市部：68467991　　传真：68467991
总编室：68462709　68423029　　传真：68455221
证券图书事业部：68426052　68470332
http：//seismologicalpress. com
E-mail：zqbj68426052@163. com
经销：全国各地新华书店
印刷：河北盛世彩捷印刷有限公司

版（印）次：2021 年 1 月第一版　2022 年 6 月第二次印刷
开本：787×1092　1/16
字数：334 千字
印张：21
书号：ISBN 978－7－5028－4919－1
定价：80.00 元

前 言

写作本书的目的在于让你成为自己的导师，这样你就能指导自己在金融市场中获得成功。

之前我写过两本书，一本是《重塑证券交易心理》（*The Psychology of Trading*），另一本是《提高交易者的业绩》（*Enhancing Trader Performance*），我还在交易者博客（www.traderfeed.blogspot.com）上发表了1800多篇文章。我认为关于交易心理方面的内容，该讲的我都讲了。现在，在第二本书出版三年以后，我再次拿起笔，写作了本书，这次写作的重点是训练的过程。

我决定写作《交易心理训练（珍藏版）》有两个原因。第一个原因是我发现大约有30%的读者在开盘前1小时左右访问我的博客。我的大部分博客文章并没有提供专门的交易建议，与交易心理和业绩相关的文章在任何时候都是可以浏览的，我觉得这个现象很有趣。

我就询问一些忠实的读者为什么有人选择在开盘前看我的博客，他们回答说他们将我的博客文章视为自己的交易教练。他们阅读我的博客以提醒自己不要忘记了自己的计划和目标，之后再进场。当我统计博客中最受欢迎的文章（和评论）时，这一说法得到了证实，大部分交易者比较喜欢看我写的关于交易心理的文章。我写的大部分文章都有激励交易者的作用，读起来确实振奋人心。看起来交易者想从我的博客中找到指导方法。

电子出版物的快速发展改变了出版业的现状，这是我写作本书的第二个原因。目前交易者能够买到的电子书并不多，能够买到的电子书基本上都是纸质书的电子版。尽管电子书很方便，具有一定的优势，但我询问了一些交易者，发现只有少数人会阅读电子书。这些交易者是这样抱怨的，在进行了一整天的交易活动后，他们不想再花费大量时间在屏幕前阅读信息。我很快意识到，金融市场参与者们不喜欢看电子书。这促使我写一本不同类型的书，一本适合印刷、更适合在电子领域出版的书。

当你综合考虑以上因素时，你就能明白我的目的了：就像看纸质书一样，本书随时可以通过计算机屏幕训练你。我写作本书的目的是综合博客和书的内容，制订实用的“课程”来帮助交易者成为他们自己的交易教练。本书有101课，每课平均几页长，遵循通用的格式，即确定交易中的问题、找到解决问题的方法、提出具体的建议或布置相关任务。各章彼此独立，因此，你可以按顺序阅读，也可以选择阅读最适合你当天交易情况的那一课。与传统图书不同，本书不需要你从头到尾地读。你可以每次读一课，让本书帮助你成为优秀的交易者。与博客类似，当你表现很好的时候，本书会提醒你注意某些问题——本书更像是一幅地图（也是一套实用的见解集和工具）——它能挖掘并发挥你的潜能。

我想在本书中提供更多有用的信息和实用的方法，这些信息和方法要比通过参加那些昂贵的讲座和培训班得来的信息和方法多得多，而购买本书的费用却远低于参加那些讲座和培训班的费用。别人办讲座和培训的目的是让你经常花钱去听课。本书的目的恰恰相反，是给你提供一种工具，使你成为自己的教练。这样，你就可以指导自己的职业和个人成长了。也就是说，这是一本关于心理教育的手册，可以指导你怎样提高自己的能力和业绩。

我特别喜欢电子书的原因之一是，这种形式能使作者将书的内容与大量的网络资料联系在一起。我会通过一个名为“成为你自己的交易教练”（www.becomeyourowntradingcoach.blogspot.com）的网站为本书内容添砖加瓦。这样，本书的内容会随时间的前行不断地丰富起来。你仅需要单击本书中的链接，就能访问本网站并看到最新的内容。网站中，本书的每一章都有一个主页链接，在每章的最后都有相关链接，提醒读者进一步阅读。我将随时向网站中添加音频和视频内容，这些内容对那些善于通过收听和收看来学习的人特别有帮助。一旦纸质书变成了电子书，多媒体教学就变得很方便了。

本书共十章，每章包括十课。这些章节涵盖了交易心理和交易业绩相关的主题。本书还介绍了一些专门课程，这些课程教你如何利用心理动力、认知和行为信念疗法治疗有问题的行为模式，并逐步为你灌输新的、积极的行为模式。本书最后两章尤为独特：第九章由自我训练建议组成，这些建议来自18位成功的交易专家，他们在网上分享了他们的成果；第十章兑现了长久以来对博客读者们许下的诺言——一步一步教会交易者使用Excel确定历史模式的基本方法。每一课都附有任务和建议（训练提示），以帮助读者实践理论。这些主要理论分散在各章中，以供快速浏览。各章末有一个资源列表，可以引导你进一步探究各章的主题和理论。

没错，写作本书的目的在于帮助你成为自己的交易教练，但通过浏览各章和各课程标题你可以知道，本书的最终目的是帮助你终身训练自己。我们在交易中遇到的挑战和不确定性——也就是冒着风险去追求回报——同样存在于职业生涯和社会关系中。这些帮助你训练自己成为真正的交易者的方法，对你来说在其他领域同样适用。从这个意义上讲，本书的目的不仅仅是使你在市场中赚钱，还想使你在生活的方方面面都能取得成功。如果本书能使你在金融市场中和其他领域都取得成就，我将感到非常高兴和荣幸。

布里特·N.斯蒂恩博格

感谢词

谚语说：“养育一个孩子，需要全村的力量。”写一本书，也需要很多人的力量。本书的最后一课是献给我的母亲康斯坦斯·斯蒂恩博格的。她已经去世了。我最大的希望是利用这本书发扬她对家人的养育以及对学生的培养精神。

如果说母亲对我有养育之恩，那么我的父亲杰克·斯蒂恩博格对我的影响则是要努力工作、卓有成就以及深爱家庭。当我刚开始学医时，我被心理学深深吸引了，因为杰出成就心理学揭示了高度成功人士的动力所在。毫无疑问，强烈的兴趣即源于此，因此，我最想感谢父亲给我带来的灵感。

尽管如此，如果没有妻子玛吉的理解、爱和支持，我也不会取得任何的成功。1984 年，我告别了单身，开始与玛吉和她的家人一起生活。至今，这仍然是我最成功的一笔交易。很多年过去了，我很高兴地发现，我们依然保持着这种幸福的趋势，从未发生过不愉快！

我既悲伤又十分高兴地将此书奉献给我的叔叔阿诺德·洛斯汀博士，他于 2008 年去世了。作为一名完美的教师，阿诺德在医学领域所做的一切都让我钦佩和欣赏。阿诺德和他的妻子罗斯对我的支持以及他们遇到的挑战都给我留下了深刻的印象。我希望这本书能够体现出他们的灵感。

我还要感谢我儿时的伙伴黛比、史蒂夫、李、劳拉、艾德、德文和麦克伊，在我会见交易者以及在线的大部分时间里，他们非常地理解我，帮我每天维护博客，处理电子邮件和电话。感谢我的兄弟马克和他的妻子利萨，感谢三只小猫吉娜、琴吉和马里，在你们的支持下，我才会有今天的成就。

我深深地感谢为第九章做出贡献的人们，感激你们的伟大奉献，你们为成长中的交易者提供了无比珍贵的资源。同时，对给予我灵感的作品的作者们表示感谢。这些作者包括哲学家安·兰德、勃兰德·勃兰夏、科林·威尔逊和乔治·伊凡诺维奇·葛吉夫；出版快速治疗和积极心理学著作的多位心理学家和研究人员；对我的发展具有影响的交易者，例如维克多·尼德霍夫、琳达·莱斯基、查克·麦克艾文以及在近几年里我曾有幸与之共事的众多对冲基金交易者。上州医科大学的同事在我从事第二职业时给了我很多灵感和支持，所以，我要特别感谢曼塔许·戴文博士、罗杰·格林伯格博士和约翰·曼宁博士。

借此机会，我也要感谢那些在我写作时一直陪伴着我的音乐的作者和演奏者，例如伊甸之桥、阿曼·凡·布伦、费瑞·柯斯腾、十字架阴影乐队、Assemblage23 乐队、VNVNation 乐队。我还要感谢在“成为你自己的交易教练”网站上出现的其他人。

我深深地感谢约翰威立出版公司的工作人员，他们一直很支持我，如编辑潘蜜拉·凡·吉森、凯特·伍德和艾米丽·赫尔曼。他们给了我极大的帮助，使得本书得以出版。对于广大博客读者，尤其是积极参与其中并发表评论及见解的读者，我同样表示感谢。我希望这本书能够给你们带来永远的幸福和交易上的成功。

引　言

我们拥有实力、才能、梦想和渴望，但是很多人只会一小时一小时、一天一天地观望，没有为实现理想而行动。这样，日复一日，年复一年，在某个悲哀的时刻，我们回顾生活时才发现自己虚度了光阴。

一个中年人在回首往事时说："我本可以成为那个冠军争夺者的。"也许这个中年人就是你。也许你可以换一种活法。你原本可以为了理想而奋斗，但你没有这么做。

如果你认为，作为交易参考书，本书的这个引言有点奇怪，那么你是对的。我没有一开始就谈供需原理、交易模式或资金管理，而是先谈理想。它是自我掌控和自我提升的工具。

无论交易者是否已经意识到，其实每个交易者都是一个企业家。从事交易后，交易者开始创业并在市场中竞争。他们一方面要守住自己的资金，一方面要寻找并确定机会。交易者改进并提高他们的技术水平，承担预计的风险。作为企业家，交易者开始交易的前提是他们给市场带来了价值。面对不可避免的失望、挫折、有限的资源、长时间的付出、风险和不确定性，交易者很难保持乐观。把理想束之高阁，不再为理想奋斗就比较简单了。

然而，有些交易者不愿意放弃他们的抱负，就像飞蛾一样，即使有被烧焦的危险，也要扑向远处的火光。我将本书献给这些高尚的灵魂。

当我与对冲基金公司、交易公司和投资银行的基金经理和交易者一起工作时，我不会告诉他们怎样交易，因为他们之中大部分人的交易策略与我的不同，而且他们对市场的了解比我要详细得多。我会找到他们的优点。我会弄清楚这些交易者和基金经理擅长的方面和他们做事的方法，然后帮助他们在其他方面取得进步。就像鱼因为一出生就在水中，所以不知道感激水一样，我们也不知道感激自己与生俱来的才能。

我们每个人都掌握了一定的技术，拥有才能、优点、矛盾之处和弱点。就像创业时创始人必须依赖自己的优点一样，交易者必须依靠自己的才能。作为教练，我的作用是将交易者们带出“心理之水”，然后帮助他们看清他们一直拥有的才能——能够使他们终身受益的才能。

自我训练对于交易者来说是很重要的。我写本书时，已见证过第二次世界大战结束后未曾见过的市场波动性。价格的波动性在带来潜在机会的同时，也带来了风险。有些交易者没有认真观察，没有识别出市场的发展并做出相应调整，于是亏损了很多钱。那些利用危机走出交易的泥潭、控制好风险并找到新机会的交易者，是利用自己的才能收获职业成功的交易者。

你所读的这本书将成为你交易旅途中的伴侣。它由101课组成。每一课讲述了一个交易难题，并提出方法来帮你迎接这项挑战。这些课程可作为你在每天交易前的沉思——教练式的交流——来帮助你发挥自己最擅长的才能。最后，如果你阅读并实践这些课程，该教练式的交流就会变成你自己的自我对话。开始时你追求理想，最终你会实现这些理想并把这些理想融入你的身体里。此时，你便成了你自己的交易教练。

如果你每天阅读一小段本书内容并将正确理论记入你的大脑，那么你就能确定生活和交易中的优先顺序——你每周减少一次糟糕交易并捕捉到险些被你错过的盈利交易——不但思想上有所收获，还赚钱了。但是，正如将药丸放在瓶子里无法发挥其作用一样，没有人能从一本没有打开过的书中学到知识。成为你自己的交易教练的第一步是：每天、每周抽出一点时间做自我训练，因为这样可以将行为模式转变成习惯。使自我成长形成了习惯的人就是伟人。

请站在更高的角度看待你的理想和你一生中想做的所有事情。你非常想实现自己的理想，但这并没有那么轻松。不过，你的手里拿着这本书，这本书可以缩短现实和理想之间的距离。

你只需翻开书，

让我们一起前进。

目录

第一章

改　变

过程和方法

> 头脑具有与双手完全相同的能力，它们不仅能把握世界，还能改变世界。
>
> ——科林·威尔逊

你想通过自我训练在金融市场中获得巨大成功，所以你决定阅读这本书。那么，训练是什么呢？

所有训练工作都是为了改变。当你做自己的交易教练时，你的目标是努力改变自己的想法、感觉和行为。大多情况下，你想改变自己的交易方式，你想改变确定风险和回报的模式，你想改变确定供需关系的模式。

关于改变自我的心理学书籍非常多。如果你能理解改变的过程，那么你就能改变自己。在本章，我们将探讨关于改变的研究与方法，并研究如何充分利用一些很好的结论。训练是为了做出改变，而不是等待改变。训练就是承诺改变自己的生活，改变自己的交易。

首先，我们来学习改变的过程和方法。

第1课　下决心做出改变

有些人不满足于现状，他们清楚按部就班走下去会是什么样子，他们渴望在平凡的生命中超越自己。

渴望产生了改变的想法。我们渴望改变生活。只要做出了正确的改变，我们就能适应改变，就能成长。然而，我们还是常常感到困惑，因为我们一直做同样的事，一次又一次犯同样的错误。我们该等待生活来改变我们，还是主动改变生活呢？

开始改变是容易的，真正的挑战在于坚持改变。一个酗酒者要戒酒多少次才会彻底戒酒？我们开始节食，开始锻炼，最后还是返回不良的生活习惯，这样的事发生了多少次？我们想改变，但可能对接下来的关键步骤还没有做好准备—如何一直保持斗志昂扬的状态。

大部分心理学和训练方面的书都有一个缺点，这些书只是让你下决心做出改变，并没有说明如何做出改变。这些书一开始让人们感觉良好，但是之后人们会发现，仅仅在一开始拥有激情是不够的，在整个改变的过程中都需要有激情。训练不仅仅指引导人们开始改变，还要训练人们把改变变成一种习惯，一种天性。训练的关键是让人们每天都在改变，让人们每天都自发地采用新的行为方式。

这涉及情感的问题。

多年来，我一直想减肥，但并没有成功。2000 年我被诊断患有 II 型糖尿病，我不得不改变日常饮食习惯，而且要减肥。我清楚地意识到，如果不减肥，我不仅会失去健康，还会让我的妻子和孩子失望。就从那天开始，我坚持合理饮食，并一直坚持到了今天。我的体重已减少了 40 磅①（但体重下降得有点快，以至于朋友都担心我是否得了消瘦症），我的血糖又正常了。

是什么促使我改变的？多年来我不停地告诉自己要改变饮食习惯，要锻炼，要减肥，但并没有去行动。真正重要的是，在情感上体会到改变的必要性，我才会做出改变。我那时不仅仅是想到我需要改变，而且清清楚楚地明白我需要改变，我能感觉到这种改变的需要。这才是关键。

交易者也是如此。

也许你已经告诉自己要遵守规则，要轻仓交易，不在某些市场状况下

① 1 磅合 0.4536 千克。

或某个时段内交易。即使这样，你还是会犯同样的错误并亏钱，你感到很沮丧，这和我想减肥时的情况一样。因为你的体会不深刻，所以你的尝试是失败的。

成败心理疗法认为情感体验才能让人下定决心做出改变。一个人站在镜子前鼓励自己，自我肯定，给自己打气，其实都是没有效果的。爱人的真挚认可更能加深自信。不可否认，你可以告诉自己你很能干，但在面对挑战的情况下获得的成功会带给你持久的自信。欢乐和痛苦加深了我们的情感体验，所以我们要追求可以提高生活质量的事物，并避免给我们带来伤害的事物。如果一个人有比较深刻的情感体验，他就能坚持改变。

改变的敌人是恢复原样：放弃改变，恢复为以前没有成果的思考与行为方式。没有情感作为动力，人们就会恢复原样。

现在你还要努力成为一名交易者吗？无论今天是否赢利，你愿意把今天的交易作为一次学习和提升自己的机会吗？如果你愿意，你需要为今天制订一个目标。从哪个方面开始着手呢？加强优点？改正缺点？重复昨天正确的事？避免昨天错误的事？

第一步是设定目标，这一步很重要。如果我们不知道实现理想的具体步骤，我们就不能改变自己。第二步是把你的目标写下来，或大声念出目标并用录音机录下来，第二步也很重要。第二步能加强你做出改变的欲望。但是你的目标真的凝聚了你的情感吗？你的目标真的会让你做出改变吗？

设定目标的秘诀在于让你的目标具有情感动力。如果你的目标只是你想要的事物，当你渐渐失去兴趣时，你就会放弃实现目标。如果你的目标是一种强烈的需求，就像我迫切地需要改变饮食习惯一样，目标就会成为你的焦点。只是想要成为一名更好的交易者，并不会真的让你成为更好的交易者。只有产生强烈的欲望，才能让你训练自己，以获得成功。

请做这样一个练习。开始交易前，放松地坐下，以舒服、缓慢的节奏深呼吸。尽可能生动逼真地想象你要开始交易了，你在屏幕上观察市场波动，跟踪市场，你准备好了交易思路。然后，你开始想象自己通过行动来实现目标。如果目标是控制仓位大小，生动逼真地想象自己的交易量是合适的；如果目标是在回调后做多，想象自己耐心等待回调，然后进行了交易。通过这种想象，你就能找到实现目标时的自豪感。请享受实现目标所带来的喜悦，让自己为所取得的成就感到骄傲。

你不但要有目标，还要体验到自己有能力实现目标，这点很重要。心理学家称之为自我效能。如果你认为自己能成功并能感受到成功的喜悦，那你极有可能成功。你不必想象自己赚了很多钱，把这作为一天的目标是不现实的。当你发挥了自己的潜能，做了一笔很赚钱的交易时，你可以想象自己掌握了交易，拥有了自豪感。

> 当我们认识到自己有效能、有能力做出改变时，我们就有可能坚持改变自己。

很多交易者只有在经历令人痛苦的亏损后，才开始自我训练。根据我的判断，这样做的理由与我的经历相似：对后果的极端恐惧——强烈的不想毁掉自己生活的感觉——驱使我改变饮食习惯。同理，交易者亏损大量资金之后，他们绝对不想再大亏了。他们能很好地交易，不是因为他们说服自己遵守纪律，而是因为他们感受到了缺少纪律造成的后果产生的情感动力。

与积极思维不同，恐惧感也有其用途。很多酗酒者能戒酒成功是因为他们对酒后的痛苦感到恐惧，是情感促使他们做出改变。

通过想象，你能产生强大的情感体验——促使自己改变——每天都要这么做。这样你就会坚持改变自己了。关键是要把情感动力融入你的目标。你的任务就是将日记中死气沉沉的目标转化为生动活泼的大脑画面。在交易之前，请尝试在大脑中用鲜活的画面来展现你的目标。只设定目标是不够的，你必须去体验这个目标。

训练提示

对于你的每个目标，你都要提前想到它的反面情况。生动逼真地想象如果你没有坚持改变，后果会如何。你要再次体验没有做出改变的结果，以加深印象。如果你在设定目标的时候考虑了反面情况带来的后果，你就能将恐惧转变为动力。如果你害怕错误行为带来的危险，你就会尽量避免发生这样的危险。如今我的饮食很合理，恐惧已成为我的朋友。

第2课　你与交易教练的关系

如果你要做自己的交易教练，指导自己做交易，我们得使你成为最好的教练。这意味着你要懂训练原理——如何进行训练才能对你产生作用。

研究告诉我们，心理改变的最重要因素是提高帮助的人和接受帮助的人之间的关系质量。技术很重要，但最终那些技术要用到人际关系中。研究发现，在成功的心理辅导中，帮助者都是热心、具有爱心且能提供援助的人。如果帮助者被认为不友好或冷漠，他就无法改变受助者。原因就是，人际关系具有魔力。

人际关系的魔力在于它能给我们提供最直接的亲密体验。最近我接到交易者博客的一个读者的电话。很多读者都对该博客提出了有价值的反馈信息，但这位读者所做的远超出这个范围。他阅读了每篇文章，还告诉我他为什么被这个博客吸引了。他认为我在3年内发表大约1800篇文章的动力是，我们在交易时的收获将会惠及生活的方方面面。

交谈结束后，我感受到了自己被别人理解时的欣慰。我母亲去世时，我一直保持镇静，直到我走近她的墓碑时，我的情感失控了。我的两个孩子本能地过来安慰我。如果其他人遇到这样的情况，我也会去安慰。那时，我在孩子身上看到了自己的影子，我受到了关注。

被别人漠视是一种很糟糕的人际关系体验。当我们被误解或受到不公平对待时，我们能感觉到被漠视了。我们非常重视某件事，别人却无所谓时，我们也能感觉到被漠视了。我想起了我与一位女士之间的糟糕关系。当时我们在一家俱乐部的舞池中跳舞，我突然不想跳了。但她根本没有察觉，她继续沉浸在自己的世界里。我感觉自己就是她的支撑物，这是我在舞池中存在的理由，本质上没有人在同我跳舞。在那一刻我感到了深刻而痛苦的空虚，这成为一个转折点，之后我再也不能忍受被别人漠视。

伊基·波普的经典歌词说被漠视是某种“隔离”。比这还要糟糕的则是你哭求某个人的爱——这是一种自我漠视。如果我们漠视自己，我们就真的迷失了自我。

很多交易者不知道自己最擅长的是什么，他们等于是在漠视自己。

每个人都有自己的价值观、梦想和理想，然而，你在一直为它们奋斗吗？我们每天陷在日常事务中，忽视了对我们来说最要紧的事——那也是一种漠视。因为恐惧或求方便，以实用为名而放弃更高的追求，这是一种自我漠视。也许你不相信，大部分时间我们都在漠视自己。我们在日常工作中忘记了另一个自我，那个因目标和价值观而不断进步的自我。

这就出现了一个两难之境：如果我们已经迷失了自我，那我们如何能成功地训练自己呢？毕竟，要想做出改变，被改变的人和提供帮助的人之间的关系要融洽。那么我们和自己的关系好不好？如果我们要做自己的交易教练，就要看我们和自己能否融洽相处。

为了成功地训练自己，我们必须和自己融洽相处并认同自己的价值观。但我们如何能做到呢？使用一种简单的策略可以让我们和自己内心的交易教练建立起亲密关系：确认自己的交易优点，在第二天交易时把这个优点发挥出来。

我在训练其他人时（包括训练自己的时候），会要求交易者确认自己的优点，他昨天已经依靠这个优点成功了，今天就要继续发挥这个优点。你要找到自己的优点，根据自己的优点设定一个积极的目标，这样就内外一致了。即使市场充满了挑战，这种做法也能够让你和内在的自己协调一致地展现自己的能力。我们的很多目标都是消极的，这也不愿意做，那也不愿意做。我们应该这样确定自己的目标：“我擅长做这件事，这是我的优点。我昨天发挥了这个优点，今天还要发挥这个优点。”

交易目标应该反映你的交易优点。

你作为交易者，同时又作为教练，二者之间关系的好坏会决定你进步的大小。当你的目标与人生价值一致并体现与众不同的优点的时候，二者之间的关系就是最好的关系。即使经历了最差的交易日，二者也会持续地确定、重复并加强彼此之间的关系。只有通过重复，我们才能将积极行为转化为习惯。当你形成识别和建立自己的优点的习惯后，你就会相信自己。关系的魔力及其带来的信心，将会带你度过最困难的时期。

训练提示

检查上周的日记。数一数你的日记中积极、鼓励性词语的个数和消极、批评性词语的个数。如果二者间的比率小于1，那就可以确定你和你内心的教练之间没有保持良好的关系。如果你不写日记，你的教练就是沉默的，你们之间的关系就不够亲密了。

第3课　和你的弱点交朋友

改变，这个观念既是一种挑战又是一种陷阱。它挑战我们，使我们渴望拥有更多，但它也能使我们陷入自我分裂的困境中。当我们想做出改变时，我们将自己划分为两部分，一部分是我们喜欢的，另一部分是我们不喜欢的。我们会分析自己的优点和缺点、好的一面和坏的一面、可接受的特点和不可接受的特点。

一旦我们这么做了，很自然我们就会接受优点，回避缺点。我们会把自己的缺点看作犯错、倒霉或意外。这样一来，我们对自己的认识就是片面的，我们有意识地去除了自己的缺点。这样，我们的缺点就不能指导我们成长了。因为我们是完美的，所以我们没有成长的动力。

假如说我因为遭受了挫折而交易失利，导致当天的亏损过大。在我的努力下，当周的最终结果是不赚不亏。我很快就会忘了曾经亏损过。虽然亏损没让我烦恼，但我也没有从亏损中学到任何东西。下次再遭受挫折时，我还是会重复以前的行为，亏损的钱甚至会更多。我感到很麻烦，决定出场休息一下，再以积极的精神状态返回交易。而事实上，我还是不够积极，还是没有重视亏损。这些交易缺点最终缠住了我，强迫我解决这些问题。

积极思考常常意味着自我分裂。当我们聚焦于积极思考时，我们就没有去思考自己错在哪里，没有思考自己不喜欢哪些东西。就像一间房间，如果你每次都把杂物扫到地毯下面，最后，杂物越来越多，就无法居住了。如果一个人的思想中有太多的杂念没有得到及时清理，那最后就像这间房间一样不适合居住了。

过分积极思考等于否认弱点。

我的女儿德文在出生时鼻子旁有一个血管瘤，它是鲜红色的肿块，长在皮肤上。我们被告知，这种血管瘤最终会自动消失，不需要进行手术。因此，德文还在婴儿期时，她的脸上就有一个红色的血管瘤。我们本可以在血管瘤上贴块创可贴或坚持给孩子做手术，但我们没有这么做。血管瘤是她的，这是她与众不同的地方。当你爱一个人时，他的缺点都会变得惹人喜爱。在我做父亲前，我常常想如何才能忍受换尿布。但当我真的做了父亲后，实际上我很愿意换尿布。那是我和孩子在一起时，我该为孩子做的事。换尿布成了增进感情的机会。

现在该我们处理自己的脏尿布啦。你的弱点是你的一部分，爱你的人会爱你的全部，包括弱点和其他特点。如果你爱自己，你就会完全意识到自己的缺点，了解自己的为人。实际上，像换尿布一样，这些缺点是了解自己和指导自己成长的机会。过去有很长的一段时间，我不善于社交，尽量回避社交活动。后来上大学时，我迫使自己积极主动地组织学生聚会。聚会时我注意到有些人站在原地，不愿意和其他人交谈，我意识到自己过去也是这样。我径直向他们走去，让他们融入聚会，向周围的人介绍他们。从那以后，我能客观地看待自己性格内向的特点，激励自己多和别人沟通。我不是通过积极思考，而是通过接受自己的弱点提升了自己。

最近你是否亏钱了？你的交易弱点是否让你亏钱，丧失机会？考虑接受你的缺点吧！每一次亏损的交易都会让你学到一点知识。你可以在今天交易结束后，画一个有三列的表格。第一列描述你的亏损交易，第二列描述你从亏损交易中学到了什么，第三列描述你如何基于你所学到的知识在第二天提高自己的水平。你能从亏损的交易中更加深入地了解市场——比如，当你认为市场有某种趋势时，实际上市场只是在振荡。这些知识可以帮助你做好以后的交易。另外，通过亏损的交易你能更加了解自己，也许你能找到更有效的风险管理方法。总而言之，只要你能从亏损中学到知识，你的亏损就没有白亏。

很多自我训练的成功之处在于在逆境中找到了机会。

当你开始写交易日记时，你要让自己认真分析最差的交易，并将其转化为机会。亏损是很正常的。当你能认真分析自己的缺点时，你就能使自己变得更强大。接受自己，你就走出了通向理想状态的第一步。

训练提示

在下一章我们会谈到詹姆斯·潘尼贝克的研究成果，每天至少花半小时，把感觉有压力的事写出来——或者喊出来——这样能加深印象并让我们继续前进。如果你某天的交易很糟糕，就尽情地喊出来吧。把压力大声喊出来，将教训烙印在脑子里。如果你有糟糕的感觉，你就不太可能再次犯错。拥抱痛苦也是有好处的。

第4课 改变环境，改变自己

人类能够适应环境。我们在不同的环境下会采用不同的技术并形成不同的特点。这就是为什么我们在社交活动中是一种样子，而在工作时又是另外一种样子。旅行具有持久吸引力的原因之一就是，它使我们摆脱原来的环境，迫使我们适应陌生人、新文化和新方法。如果我们能够适应新环境，我们就会发现自己新的一面。正如我们很快看到的，差异是所有变化的根源：当我们处于相同环境时，我们倾向于使用相同的思考方式和行为方式。

几个月前，我在拉瓜迪亚机场宾馆候机，准备返回芝加哥时，患了急性阑尾炎。我去了最近的位于杰克逊高地皇后区外的艾姆赫斯特医院。在急诊室里我发现，我似乎是众多等待治疗的患者中唯一一个讲英语的人。因此，经历了一番周折，我才吸引到医护人员的注意，然后住院做手术。接下来的几天里，我一直住在机场宾馆康复，接触的房客和工作人员来自五湖四海。这次经历让我感觉宾至如归。从那时起，我一直选择入住这家机场宾馆，并经常参观周围地区。此前，即使在我最疯狂的梦中，我也不会去这些地方。但是，当我适应了那个环境后，我发现了自己未知的力量，也克服了很多对未知的偏见和恐惧。

改变的最大敌人是墨守成规。当我们陷入日常工作，按部就班时，我们就不再彻底了解也不会主动去了解我们在做什么和为什么这么做了。这就是新环境会促使我们成长的原因，我们在新环境中无法按部就班地做事，必须迎接新的挑战。

在熟悉的环境中按部就班，什么都不会改变。

当你担任自己的交易教练时，你所面临的挑战是保持清醒，注意风险和机会。你面临的最大威胁是，在按部就班地做事的时候你不用思考，没有充分意识到你所处的环境。如果你改变自己的交易环境，你就是在逼迫自己适应新环境——你打破了常规。如果你所处的环境总是相同的，那你会发现自己被相同的想法、感觉和行为所吸引。因为我们陷在常规中——相同的情感环境和物理环境，所以我们陷入了重复的思考方式和行为方式中。事实上，因为这种模式适应当前我们所处的环境，所以不管这种模式好不好，我们都正在重复相同的模式。

那么，我们该如何改变交易环境呢？关键是要认识到物理环境是环境的一部分。以下列出了一些能打破常规的行为，它们能使我们注意到风险和可能发生的事件。

1. 找出不同观点

和那些交易方式与你不同的交易者交谈，他们在不同的时间框架下，在不同的市场中，以不同的风格进行交易，这样就能帮助你巩固自己的观点，或找出问题所在。同理，阅读别人写的不同观点的文章能让你怀疑自己的观点。2007 年第四季度时，我认为股市会上涨。当我逼迫自己阅读与自己的想法相反的观点并看到那些不符合自己的标准的数据时，我才修正了自己的观点，避免了发生重大亏损。

2. 分析大局

如果预测某一分钟和某一天的走势，这是比较难的。我认为研究长期图表才是重要的。一些优秀的交易思路都是先从大的时间框架出发，然后在小的时间框架内进行交易。在研究支撑点、阻力点、振荡区间和市场概况的价值区时，我们都要在大的时间框架下思考。改变自己的视角能够回避错误信息的影响。如果市场中的某些情况看起来很明显，你可以换一个时间框架来观察市场，这样就能形成全新的观点。从一个角度看明显对的一件事，如果从另一个角度看，可能是明显错的。

3. 分析相关观点

有时，一只股票或一个板块的波动便能说明整体市场的走势。一个外汇品种突破了，其他外汇品种也要跟着突破。企业的固定收益都在上涨吗？收益率曲线变陡了还是变平了？分析不同的投资品种能使我们免受思维方式的束缚。我会分析跟踪不同板块的指数基金，来了解股票是否有趋势。如果我发现债券交易者在求稳或在冒险，我就可以预期到股票要下跌或上涨。了解整个金融市场的情况可使我们避免执着于预先形成的思路。

4. 适当休息

正如我们休假后重新工作时感到精神振作一样，离开屏幕休息一下有助于我们形成新的市场观点。市场中最赚钱的品种和最平淡的品种都很容易被人们看出来。你要整理思绪，找到走势平淡的品种，先做好准备，在它们得到其他人认可的时候你就能获利了。我发现在亏损后休息特别有帮助，能使我们反省亏损并从中学习。

舒适的环境可能不利于改变。

简而言之，我们最需要改变的是心理上的墨守成规，即心理环境，我们需要打破无用、无益的思维和行为模式。当你训练自己的时候，你要学会思考，同时也要注意自己的思维方式。每天都对自己和市场形成一种新见解，来激发新思路，挑战旧思路，把日常生活中的活力和灵感激发出来。就像我在皇后区的冒险经历一样，你会发现，最特殊的变化会激起你最好的适应性。

训练提示

很多时候，我们在某种程度上认为有些观点具有威胁性，因而我们就忽视了这些观点，然而这些观点正是我们最需要认真对待的。请找出你最不赞成的市场评论，并自问如果该评论是正确的，市场会有什么表现。如果你快速否定了一个市场观点，我建议你再重新考虑一下。如果某个观点是花言巧语，是危险的，你自然会小心留意。

第5课 研究如何转化情感

愤怒、沮丧、焦虑和怀疑等情感会影响一个人的决定，所以交易者需要一定的训练。交易者的目标是改变自己的感受，但他们不知道如何改变。有时，交易者甚至认为情感是固定的，他们会说:“我就是这个样子。”

我们的特征和气质的确能影响我们感受世界的方式，它们会决定我们的情感。有些人比较容易激动，有些人则态度温和。研究人员发现，人类的五大性格特征之一是神经过敏。像所有其他性格特征一样，神经过敏容易遗传。虽然我们喜欢把自己看作命运的掌控者，但严酷的现实是，我们的很多情感体验是天生的。

那是否意味着我们不能改变在特定环境中的感觉方式呢？绝对不是这

样的。如果心理治疗能帮助人们克服创伤后的压力和焦虑，那它们当然可以在正常生活中帮助我们。基本上，我们不能改变个性，但我们能改变表达个性的方法。

很多交易者落入这样一个陷阱，即设法用思想控制情感。我们尝试说服自己感觉好点或有不同的感觉，但很少管用。当人们因亏损而伤心时，告诉他们一切会好起来的作用不大。情感反映的是心理现实，如果坚持逻辑现实，就会忽视个人的意义和当前状况的含义。人的情感是很难去改变的：如果可以轻易改变一个人的情感，那世界上的心理医生就少多了。

如果你是自己的交易教练，首先要明白情感中包含了哪些信息。认知神经科学方面的研究发现，情感是合理决策的重要影响因素。如果一个人的大脑受损了，不能处理情感问题，那么他的行为也是扭曲的。你的训练目标不是清除与困难交易相关的情感——这只会让你不能下定决心——也不是盲目按照情感行事。完全了解一种情感并提取出它包含的重要信息才是改变这种情感的重要步骤。

> 情感能告诉我们自己、他人和世界的评价。

得克萨斯大学的教授詹姆斯·潘尼贝克的研究能说明我的观点。他和他的同事发现，每天写日记或大声讲话半小时能产生很大的影响，能使人们有效应对富有挑战性的情感环境，包括创伤和危机。如果我们使模糊的情感变清楚了，我们就能从不同角度观察这些情感，在不同环境下评价它们。例如，某人做了一次糟糕的交易，他对自己的表现感到愤怒和沮丧，他可以将自己的愤怒和沮丧详细地写在日记中。在写日记、读日记时，他会突然意识到：“呀，我对自己太严格了，我没有那么糟糕！”随即，他就能消除消极的自我对话，将注意力转回市场。

如果我们漠视自己的情感，就不会了解情感表达的信息，也会因此失去转变观点的机会。沮丧、愤怒的交易者漠视自己的紧张情感，盲目进取，第二天仍然会陷入困境。交易时犯错很容易让人产生沮丧的心情。有一位交易者，他在一次交易中整个早晨都和市场趋势对抗，感觉很沮丧，结果下午就爆仓了。要是这位交易者能借助这种沮丧的心情去研究他的交易，他就能顺势而为，赚到很多钱。漠视情感并不能改变情感。具有讽刺意味的是，承认并接受情感，让情感自由表达，却能为改变创造条件。

那是否意味着在任何情况下都要彻底发泄？不是。心理学研究发现，不受控制地表达情感会妨碍注意力，不利于产生良好的表现。愤怒时大叫或气馁时生气丝毫不能改变我们的情感，也不能解决问题。比如说，上例中的交易者即使整个下午都在发怒也于事无补。你在心情沮丧的时候以沮丧的方式做事是不能改善你的心情的。

> 因情感而发怒或行动是没有用的，这只会阻碍我们从自己的情感中了解必要的信息。

比较好的做法就是改变情感，不要忽视你的情感，也不要沉湎于你的情感。方法就是用一种情感来替代另一种情感，而不是用思维替代情感。

我在《重塑证券交易心理》一书中说明了我如何用菲利普·葛拉斯的早期音乐进入沉思状态并改变了我的感觉。实际上，任何能让人镇静、注意力集中的刺激因素均能作为有效改变情感的手段。当一个人非常沮丧或气馁时，让他镇静下来才是关键，镇静的状态也叫尤达状态。基于计算机的应用软件能提供实时的成功反馈，在这方面就像生物反馈一样特别有用。实际上，当你平静并聚精会神时，就不可能还会感到愤怒、焦虑和紧张。和紧张时的“战斗”状态相比，在放松状态下，你能加深认识。

我向交易者推荐的一个练习是，在同一张纸上并排画两个温度计，然后多复印几张这样的纸。用一个温度计记录沮丧度，用另一个温度计记录自信度。这张纸要放在你的交易位旁，你要做的就是在每个温度计上都做一个标记，来表明你当时的沮丧和自信程度。

当我们非常沮丧或过度自信的时候，我们可能会做出最差的决定并违背交易原则。如果你在每个交易日都“测量情感温度”，你就能把握自己的心态，不会把交易搞砸。

一旦你的情感温度急剧上升，最好的做法是离开屏幕几分钟，进入改变状态。你可以通过以下方式进入这种状态：缓慢地深呼吸，将注意力集中在你感兴趣的事物上，如音乐、图像或面前的一张图片。如果你放松了身体，转移了注意力，那你就改变了状态，比较容易平静下来。你在几分钟内就能完成这个练习，这样就能避免亏损行为的发生。

一整天都了解自己的情感状态是很关键的，用温度计方法监视自己的情感状态确实很简单。

训练提示

请参看第九章中对呼吸的谈论。SMB 资产管理公司的迈克·贝拉菲奥雷说明了他和史蒂夫·斯宾赛教他们公司的交易者如何在交易时进行呼吸，这是他们交易培训的一部分内容。善于沉思的人都明白，先控制身体，然后才能控制情感。

第6课 找到合适的镜子

镜子是可以向我们展示自己影像的物体。多亏了镜子，我们才知道自己长什么样。然而，镜子更多的是显示我们的自我形象，而不是身体内部心理活动的影像。那是因为我们所有的经历实际上都是一面心理镜子。我们在对周围世界产生的影响中看到了自己的影像。因此，自尊心——我们的价值感和成就感，很大程度上是在生活中寻找到合适的镜子后产生的。

先来说说恋爱关系。我们的伴侣就是了解并尊重我们的人。对方的爱和支持是持续不断的，并始终如一地反馈给我们，这是深刻的自我肯定。类似地，父母也在始终如一地给孩子一种肯定，如“你真是好孩子”“多聪明的女儿”。自我交谈产生于早期生活中的对话：我们将内化和我们关系密切的人说的话。

这就是为什么虐待十分具有破坏性。与辱骂或贬低——也许他们根本不在乎——我们的配偶共同生活，或长时间被父母忽视，相当于我们在不断地照哈哈镜。经过一段时间，孩子接受了扭曲的形象，不再认为自己可爱，不认为自己很重要，也没有安全感。为了摆脱这种被扭曲的自我形象，他们想选择能够认可他们的伴侣，却悲哀地发现没有任何变化。这就是为什么受虐待的孩子发现自己仍会陷入虐待关系中，缺乏安全感的人还是觉得婚姻没有安全感。

鉴于人际关系的情感强度和持续影响，它们可能是最有力的心理镜子，但决定自我形象的因素不止一个。我在交易者博客中写的德文原理（Devon Principle）正确表达了这样一种认识，即我们所做的每件事都是心理的真实反映。我女儿德文做她不喜欢做的事时，她会感到沮丧，无能为力。而她做自己非常喜欢做的工作时，她感觉不到是在工作，而是感到心满意足，信心倍增。最好的工作会体现出我们的兴趣和价值，使我们有能力面对挑战。日复一日，我们有效地从事重要的工作，就产生了能力和价值的镜像体验。相反，当我们做无意义、不能考验我们能力的工作时，就只会感到厌烦和无意义。事业成功的很大一部分就在于找到了我们心里适合成长的镜子。沿着正确的梯子向上爬更容易到达顶峰。

想具体了解德文原理的内容，请登录我的博客：http://traderfeed.blogspot.com/2006/12/devon-principle.html

在我做心理医生的时候，特别是面对我非常了解和关心的人时，给他们的生活带来积极的影响是最有意义的镜子。我喜欢演讲，也喜欢写文章，但让我真正感到高兴的是收到人们的来信，他们认为我的观点有实际价值。说实话，我发现为一个人提供心理辅导或训练服务比在大型会议中做主题演讲要能获得多得多的报酬。当一个人通过训练或心理辅导改变了自己的生活时，当事双方都产生了一面镜子，都得到了提升。当我沉浸在这些积极的镜像体验之中时，我感觉自己是最成功的；当我做的事不能让自己成长时，我感觉自己是最不成功的。

当你训练自己的时候，你的任务就是安排好你的学习和成长过程，让交易反映你的信心和能力。很多交易者将他们的自我训练局限在写日记上，而且将日记内容局限在叙述所有做错的事上，结果自我训练几乎变成了自我批评。如果日记的内容都这么消极，交易者的反应会怎样？如果我们雇用了一位只会提批评意见的教师或教练，我们的反应会怎样？长此以往，这样的训练就会失败，同时也加深了自己的无能感和失败感。

追求明确的目标才能产生积极的镜像。如果我们能制订出富有挑战性、有意义、可行的目标，那么我们就会有成功的体验。如果我们一直使达成设定目标成为自我训练方法的一个特征，就能不断为强大、自我肯定的情感体验创造机会。通过心理学研究我们知道，这种感受比每日正常的体验更深刻。一位优秀的心理医生能通过生动的体验来改变患者旧有的行为模式。同理，一位优秀的教练能使交易者产生有力的、积极的镜像体验。

> 你的目标就是为成功和自信做好准备。

因此，你的任务如下：从现在开始，在日记中写下你的具体目标，为实现目标你将采取的具体行动，还要在交易结束后写自我评估，以判断你是否实现了目标。你的目标应是你希望改善的交易过程（即你能控制的事物），而不是利润目标（你无法控制）。例如，你的目标可以是逐渐增加交易量、分阶段出场或跟踪大趋势。每天收盘后，看看你是否实现了目标。你可以将写有实现情况的便笺贴在显示器旁，以督促自己。如果你没有实现目标，那第二天就继续努力吧。如果实现了目标，那就制订新的目标。交易时要有意识地改进交易的某些方面。

> 只设定目标是不够的，你要跟踪目标的实现情况并制订长远目标。

很多交易者仅在交易欠佳或亏损时才制订目标，对此我想强调必须坚持做自我训练和自我提升。为什么？因为交易不但要赚钱，还要增加自己的体验，以获得信心并加强能力。想想一个小孩，你并不是只有当他受到伤害时才关心他，你一直在支持他，爱护他，使这个小孩维持始终如一的自我形象。作为一名成长中的交易者，你就像那个小孩。你的经历能使你有力量保持乐观和勇敢，平安度过亏损时期，积极寻求机会。

请注意以下原则：如果你能限制亏损，寻找优点，采用具体步骤来掌握交易，即使你没有赚钱，每个交易日也是积极的体验。亏损是无法避免的，但你不会感觉到自己失败了。

训练提示

当你评估自己时，不要关注抽象的成功概念，要关注你取得了哪些进步。如果你今天的交易管理得比昨天好，那么应给自己打高分。你的目标就是改进，将焦点集中在改进上，你就能生成强大的自我发展的自我投射。相对而非绝对的目标将使你到达你渴望的终点，还会保证到达的过程是一次愉快的增强实力的旅行。

第7课 改变我们的焦点

一条有价值的心理学规则是，如果你希望改变自己的行动，那就要改变自己的看法。我们看世界的方式决定了我们对生活中的事件做出反应的方式。我们并不只对市场形成看法，还要对市场采取行动。我们的想法是交易和交易者之间的“过滤器”。

很多时候我们会有过激反应，不是因为我们交易的品种有异常，而是因为一系列的消极想法干扰了我们的业绩。比如说，我注意到，在开盘的几分钟内，尽管有人在买入股指期货迷你合约，但它的价格并没有超过前一天晚上的最高点。然后我观察到大户在进场买入。我认为市场不会持续走强，价格不会突破前一天晚上的最高点。我进一步推断价格会跌到昨天的振荡区间，回到均价。我希望纽约证券交易所的跳动指数反弹到一个高点，但不要创造新高，这样我就会乘机做空股指期货。我想到了自己本周一直是亏损的，所以我想尽快兑现利润。市场在买盘的作用下上涨了一点，我的账面利润减少了，现在我感到特别担心。我兑现了利润，不过利润很少—结果却眼睁睁地看着市场下跌到了我的目标价格。

这到底是怎么回事？焦虑影响了我的业绩，使一个好的交易计划变成了糟糕的交易。但是，焦虑与市场行为没关系，市场行为并没有否定我的思路。实际上，当买盘使股指期货价格在短时间内上涨时，市场给我提供了一个理想的加仓机会！我不仅错过了从好的思路中获利的机会，还错过了一个全垒打的机会。在大多数情况下，尽量小亏，打出全垒打，从长期来看，还是会盈利。

很多交易者的问题不在于不会处理亏损，而在于不会应对机会。

有时，焦虑是对强烈和异常波动市场的一种合情合理、恰当的反应。毕竟，如同我在博客中所写的那样，焦虑是我们的身体对预期危险的适应反应。但是，可能只是个人的认知认为是危险的，客观现实并不危险。我开始进行交易时，提出一个思路，然后按照这个思路交易就赚钱了。但是，在某些时刻，我没有关注市场状况，我关注的是自己当周亏了多少钱。关注亏损会产生危险感和恐惧感。我没有针对市场做出应对策略，而是太关注于自己的利润率。我的思维过程导致我没有认真分析市场，最终我亏损了。

等我冷静、镇定下来时，我清楚地看到，我的交易思路的有效性与我在过去几天如何交易绝无关系。然而，如果我在交易的过程中对收益感到担忧，我的观点就影响了我的交易行为。我没有全神贯注于市场，我失去了焦点。我因为不确定性和不安全感而进行操作。

我们如何改变自己的焦点，坚持自己的计划，以客观市场波动为基础？第一步是识别出我们的思想杂念。思想杂念是典型的在交易时能带来负面影响的想法和忧虑。过分关心利润率是一种思想杂念，获得预期利润时兴高采烈也是一种思想杂念。任何在你交易时对自己做出好坏评价的思想都是思想杂念。一旦你知道了自己的思想杂念是什么，你就能控制住自己的思想杂念，就像不理会窗外的噪声一样。

换句话说，不是对业绩有想法，而是你对这些想法的认同使你偏离了自己的焦点。这是一个重要的特征。每个人都会时不时地产生思想杂念。但是，如果我们认同了这些杂念，那么我们的注意力就放在杂念上面了。我们就会忘了去关注市场和计划。

消极想法不可避免，问题在于你是否受其影响。

沉思是一种非常有帮助的练习。沉思通过专注消除所有使人分心的内在对话和冲动，帮助人们实现心境平静。你可以尝试做简单的沉思：在交易开始前花 15 分钟，以舒服的姿势坐下来，缓慢而有节奏地呼吸，同时将注意力集中在耳机放出的宁静的乐曲上。你要尽可能全神贯注于音乐，如果分心了，就将注意力拉回到不同乐器发出的声音上。

一旦你能在几分钟内保持聚焦状态——当你坐着、注意力集中、有节奏地深呼吸时——你就会开始思考自己的业绩，你可以一次想一件事（例如，担心自己的利润率），然后摒除这些想法，将自己带回音乐中。不要让自己被意外想法打扰，而是保持镇静和聚焦的状态，有意识地将某种想法带入头脑中，认真处理，再放下这种想法。你还可以一边缓慢地深呼吸，一边想象自己将消极思想像扔垃圾一样扔进了垃圾桶。不要回避你的消极想法，而要在头脑中确认这些消极想法并像扔垃圾一样将其扔进垃圾桶。

请每天花几分钟做这项练习，这样就可以控制自己的消极思考模式。最重要的是，你有能力观察自己的思想并确认哪些是消极思想。如果说你可以观察自己，那说明你和自己是有心理距离的。如果你不认同自己的消极思想，那么即使是最消极的思想和感觉也不会让你做本不应该做的事。每日的沉思是一种强大的策略，能让你观察自己的内心并坚持改变。

训练提示

无论何时，只要你发现自己在想自己赚了多少钱或亏了多少钱，你就停下来，做几次有节奏的深呼吸，把你的想法说出来，自己评判一下。你的目标是关注市场，不是关注自己。在平静、放松的状态下聚焦于市场，坚持这么做就可以形成积极的习惯模式。要做到身心一致。

第 8 课　创作改变生活的剧本

要想改变我们的生活，就要面对“先有鸡还是先有蛋”的问题。为了改变行为模式，你不得不放弃你原有的行为模式。然而，如果你有能力放弃原有的行为模式，你在一开始就不需要改变。

想自我训练的交易者都会面临这个障碍，他们不知道如何摆脱重复的、错误的行为模式。

为了体会如何使自己从旧的问题模式转换为新的积极模式，我们需要了解戏剧的一些概念。尤其是，从我们自己在生活中所扮演的不同角色这个角度来思考生活是有益处的。莎士比亚说“整个世界是一个大舞台”，而我们是舞台上的各种角色。

我们喜欢自动扮演一些角色。比较典型的情况就是我们在早期习惯了扮演一些角色，如此一来，我们会过度地去扮演某些角色。例如，为了引起父母的注意，我们会哭闹、任性或破坏规矩。时间久了，我们就养成了习惯，当我们内心冲突的时候，我们就会哭闹或任性。小时候为了引起父母的关注，你可以哭闹，也可以恣意妄为，但是，成人后这些行为会妨碍我们的事业和恋爱关系发展。

我们在交易时也喜欢扮演某些角色——喜欢重复某些模式。刚开始时，我们小心、认真地进行交易。之后，我们一亏钱就开始变得沮丧。由于沮丧，我们违反交易规则，忽视止损点，遭受严重亏损。平仓后我们感到彻底放松了，并决定以后一定要仔细、认真地交易——直到再次沮丧。这和以下的情况真的有所不同吗？情侣下定决心要好好相处，之后开始争吵、打架、沮丧以至于要分手，结果还是决定和好，彼此都感到轻松，并郑重发誓停止互相伤害。或是一个人发誓不再赌博，结果还是意外地赌了几次，亏钱，然后为了使自己感到宽慰，他又决定远离赌场，坚持不再回去。

> 交易要求头脑能够自由处理数据，选择适当的行为。但如果总是套用过去的剧本，我们就不再拥有自由的意志。

现实戏剧性地表明，我们在重复扮演我们在成长过程中曾经扮演过的角色：迫切地想获得成功的角色、受委屈的配偶角色、拒绝规则限制不受约束的角色，等等。与我一起工作的一个交易者从小受到了父母的过分保护，他的父母具有很强的控制欲望。他从 10 多岁的时候就开始叛逆，只要他的行为受到了限制，他就会发怒。他总是破坏各种规则，包括婚姻规则和交易规则（公司的风险管理规则），结果一次又一次地失败。他的剧本只能给他带来不幸的结局。

如果我们能通过亲身体验获得剧本，那我们就能够通过扮演不同的角色来获得新的剧本。与我一起工作的另一个交易者总是粗心大意，没有纪律性。他不仅在交易时如此，在生活中也是如此，他的房间也很混乱。他后来参加了一个健康俱乐部，聘请了一位私人教练，然后取得了突破。一系列正规课程和锻炼使他恢复了正常体形，并且他强迫自己努力自我完善。当他精力充沛时——对自己的体形感到满意的时候——他开始主动打扫房间，遵守交易规则。这次训练提供给他一个新剧本和积极体验，这种体验造就了全新的自己。通过扮演新角色，他以一种新方式体验自己，并渗透到了他生活的方方面面。

再举一个例子。多年以来我总是没有耐心，对自己、对他人、对交易，我都容易急躁，甚至对我的心理病人，我也急切地希望他们能快速康复。但是，玛吉和我有了两个孩子之后，我发现，如果自己想成为一个好父亲，就要扮演新的角色，不能没有耐心。很明显，两个孩子的个性与我不同，我必须以他们的方式和他们沟通。扮演有耐心的父亲是一次完全不同的体验，从那以后，我发现自己比以前更加有耐心了。无论是在开车时，还是在为陷入困境的客户提供心理辅导服务时，我都很有耐心。新角色催生了新颖、积极的剧本。多年来抚养孩子形成了比较好的自我投射，实际上，我已经改变了对自己的看法。现在我是一个相对镇静、有耐心的人，这已成为我的性格。

要想了解更多新体验催生新角色和新剧本的内容，请登录我的博客：http://traderfeed.blogspot.com/2006/11/cross-cultural-journey.html

我给你布置的任务是：确定你想要成为的人，参与社会活动——扮演角色——实现理想。如果你想变得更有纪律性，你可以学习武术，参加培训等。如果你想变得更有耐心，注意力更集中，可以参加沉思训练或与你关心的小孩一起做些事；如果你想在社交方面更自信，可以尝试公开演讲；如果你想更激进地交易，可以进入适合你交易风格的聊天室并积极地参与讨论。创造你渴望的角色，按照你所选择的剧本模式生活。如果你总是模仿你想成为的人，你就能成为这个人。改变开始于新体验，但需要重复进行。

训练提示

如果你想成为你想要成为的交易者，你可以考虑带一个学生。有人观察你、向你学习时，你的表现是最好的。有了教学剧本，你就能实现在孤立状态下无法实现的行为模式。另外，你还要向导师学习，以导师为目标，这样，你就能实现最好的行为模式。

第9课 如何建立自信

交易者通常都要面对他们不能控制的市场状况，所以说交易是最富有挑战性的工作之一。心理研究表明，自信的一个重要基础是自我效能——相信自己能控制结果，这点很重要。但是如果我们不能每天赚钱，那么作为交易者，我们该如何保持自信呢?

最近一名交易者给我打电话，他对自己的业绩非常失望。市场有行情时，他多半能正确捕捉到市场方向。他的交易行为比较激进，当市场快速回调（或反弹）时，他被迫出场了。当我们分析他的交易记录时，发现他的盈利交易的平均交易量大于亏损交易的平均交易量，但是亏损的笔数明显比盈利的笔数多。不断发生的亏损交易侵蚀了他的信心。

那么他的问题在哪里?

这位交易者，当市场向他预期的方向波动时会满仓进行交易。当他建仓后，市场已经有了一波行情，此时剥头皮交易者要兑现利润。因为他是满仓的，他的仓位无法忍受市场的获利回吐，他的资金管理规则要求他平仓。市场在控制着他，他无法控制自己的交易。这样，丧失自信就不可避免了。

在这种情况下，恢复自信的关键是将注意力从赚钱（或亏钱）转移到交易的实际过程中。我们可以采用一个简单的交易量规则，根据这个规则，交易者建仓时只能持有一个单位（最大三个单位）。如果仓位是赚钱的，然后资金曲线出现了正常的回撤，此时可以增加第二个单位。如果仓位是亏钱的，一定要止损，止损额是最大止损额的三分之一。交易者不能控制市场波动，但可以控制仓位大小。这个过程增强了这位交易者的自我效能感，对他重获自信是非常重要的。

> 你负责控制好自己的交易，市场负责给你发工资。

这是按规则进行交易很重要的一个原因。你不能控制自己的盈亏，但你能控制自己是否遵守交易规则。你的焦点应该是把交易做好，而不是赚钱。能遵守每条规则，认真交易每个品种，这就是一种成功体验。经过一段时间，你就会得到利润（只要规则是对的），但是信心来自你的自控能力。

自我效能感的另一种强大来源就是充足的准备工作。当你为第二天或下一周做好了准备时，你会感觉自己能控制好交易。当你的准备工作充分考虑了市场各种可能的走势时，你更会感觉自己能控制好交易。成功的经历会让你认为自己能控制好交易，如果你在内心针对各种可能的走势制订了应对计划，这种内心练习也是一种成功的经历。作为一名心理学家，给我留下深刻印象的是，做了缜密准备工作的交易者会强烈地认为自己应该成功。有些交易者平时只是随便看看报纸、图表或网站，然后就立即进行交易，这种交易者不会强烈地认为自己应该成功。

很多交易者搞不清自信和积极思考的区别。自信不是期待最好的结果，而是在内心深处清楚自己能应付最差的情况。自信的交易者能正视止损点，即使止损出场了，他也能坦然接受。自信的交易者明白亏损是交易的一部分——再好的思路也有亏钱的时候。自信不是骄傲自大，也不是过分乐观地看待世界。自信是一种“我经历过，我能处理”的平静心态。

> 总是把事情做对并不会产生信心；经常犯错，但能生存下来的时候才能产生信心。

面对逆境时获得成功能够产生信心。当你训练自己时，你的一个主要任务就是产生积极的交易体验。一天早上，我收到一位交易者的一封电子邮件，两年来他在市场中遭受了令人痛苦的亏损。面对正常的亏损，他现在无法保持乐观的态度。他的交易没问题，但他训练自己的方式有问题。当我们遭受创伤时，就会产生消极体验。我们会感到无能为力，没有掌控全局的信心。每当我们进行交易时，想到的不是发挥自我效能，而是担心会亏损，我们的自信心受挫了。

树立信心的一种好方法是观察你在逆境中如何交易。如果信心源于成功地走出逆境，那你可以在交易对你不利时，改进自己的交易方式，从而树立自信心。你的重点是做好交易，既不能太早退出亏损的仓位，又不能让亏损的仓位给你带来伤害。当你接受了正常的亏损时，你会感觉自己控制了交易；当资金曲线回撤后，你顽强地让资金曲线再次上涨的时候，你会感觉到自己控制了交易。当你从亏损中走出来的时候，你的恢复能力增强了。你不能控制单笔交易的盈亏，但你能控制亏损多少，你能控制何时接受亏损。

所有交易者都要为亏损制订一个计划。你的止损单就是你的止损计划。连续几天亏损的时候要减少交易量；资金曲线回撤时，要关注成功概率最高的交易。在军事学院，部队会让新兵参加最残酷的体能训练。一旦新兵完成了训练，他们就深信自己能够应付任何战争环境。你可以将自己的亏损交易和亏损经历看作军事学院的严峻考验。

亏损交易和亏损经历是你恢复能力和信心的严峻考验。

你将如何应付重大的亏损？你将如何应付亏损最严重的那天、那周和那个月？你将如何保证可以依靠自己的优点从亏损中走出来？你的任务就是为亏损制订计划，并在内心练习如何面对亏损的仓位。

在心理学中，危机确实能提供机会：它否定了我们的幻想，强迫我们改变自己的思考方式和行为方式。你在训练自己时最大的困难就是预测各种可能的市场走势并采取应对策略，这样才能从危机中找到机会。你还要为此做练习。为了应对飓风和龙卷风，社区不仅要起草防灾救灾计划，还要提前进行演练。充足的准备和训练是改变的前提：训练的目的是更好地快速反应，当市场灾难逼近时，你就能自发地做出快速反应。

训练提示

就在我写到本节之前时，一个很有经验的交易者联系我，说他违反了自己的一些规则，把上周的利润回吐了。他非常苦恼，还写了备忘录，以确保他能从这次经历中学到东西。他将备忘录寄给我，并坚决要求在几天后和我进行一次交谈，以确定他遵守了备忘录。这是一个很好的例子，展现了交易者如何对待亏损的交易，并将其转化为自我改进的机会。如果没有改正自己的错误，他是不会放手的。

这就是交易者将失败经历转化为信心的过程。当你爆仓的时候，请写一个详细的备忘录，说明哪里出错了，为什么出错，如何避免再次犯错。然后，将备忘录寄给一个你尊重的交易伙伴监督你，让你对自己负责。如此一来，所有重大错误都会促使你做出改变。

第 10 课　有效持续改变的五个最好练习

我从医的头两年在社区心理康复中心工作，我负责帮助个人、夫妇等处理情感问题，治疗范围从抑郁到滥用药物。第三年，我到康奈尔大学实习，这是我第一次有机会与相对健康的人一起工作，解决个人发展问题。我之后又将在社区积累的工作经验和实习经验带到了位于纽约州锡拉丘兹的上州医科大学。在那儿，我从事心理辅导和治疗工作 19 年，服务对象是医学、护理和其他保健科学专业的学生和专业人员。就是在最后的工作中，我学会了用快速疗法治疗年轻人的问题，这些年轻人一般从事高压高收入的工作。我的经验表明我的治疗方法也可以用来帮助交易者。

在锡拉丘兹期间，我每年平均接触 150 名学生。将这个数字乘以 19，你就能知道，我看到了多少已经发生和未发生的变化。有辉煌的成功，也有令人失望的失败，所有这些都呈现在我的头脑中，仿佛发生在上周一样。

如果你在自己的职业生涯中与这么多人接触过，你就能知道人们是如何改变的，你还能知道有些人为何不能改变。无论是社区里的受虐者、常青藤大学里患有考前焦虑综合征的学生，还是第一次让病人死于自己手里的医科学生，都无关紧要。改变有特定的结构和顺序，有些因素能加快一个人的改变，有些因素会延缓一个人的改变。当我做交易教练时，我发现以下五个因素很重要。如果你能利用好这些因素，你的自我训练必定会成功。

1. 把握时机和做好准备

心理行为和交易一样，把握时机很重要。普罗察斯卡和迪克莱门特的研究表明，当人们准备做出改变时，他们才最有可能改变。很多时候我们并不知道自己是否真的要改变，我们并不确信要放弃老方法。最近我与一名交易者谈话，他前不久亏了很多钱，他的亏损比原计划多。这名交易者同时满仓持有三个品种，而这三个品种是高度相关的。他的判断错了，爆仓了。当我和他分析他的交易量的时候，很显然，他不喜欢轻仓的手法。他头痛的是自己的思路错了，并没有因为自己违反了资金管理原则而头痛。我的工作是帮助他为自己将来的改变做好充分准备，就像一位戒酒顾问帮助一位酗酒者为戒酒努力做充分准备一样。当你准备好做出改变时，你才会改变，而当你意识到自己需要改变时，你才会为改变做好准备。正如我前面所讲的，只有在情感上理解了自己行为的不良后果，我们才会做出改变。

2. 各就各位，预备，跑

当交易者迫不及待地想改变自己的时候，他们很多时候会犯一个错误，这个错误就是想一步到位地改变自己。结果是，交易者为自己制订了过多的目标，分散了注意力，最终没有实现任何目标。如果你想改变五个方面，那么请选择你最想改变的一个方面——你想立即改变的一个方面。每天为实现一个目标而努力，直到最终实现了目标，然后再实现下一个目标。实现第一个目标带来的动力会促使你实现其他目标。如果你没有动力实现第一个目标，那么你的全部训练都会停滞不前。你的目标应该是可行的，还要循序渐进地完成。成功地实现目标有助于你做出改变。

当你训练自己时，将注意力集中在努力上，让一次成功激励更多的成功。

3. 不断重复

你第一次努力做出改变时，不要放松。你要重点关注如何才能做出改变并付出双倍努力。你要制订目标，以实现改变。交易者经常在取得初步成就后就开始放松。就像在拳击台上，你让对手受伤了，却没有再接再厉赢得比赛。你应该取得进步，给自己鼓劲，而不是让坏习惯影响了你。我们发现改变的敌人是“旧病复发”：如果我们没有刻意采用新方法，就很容易沿用旧方法。改变的关键在于防止“旧病复发”，经常采用新方法，使之成为习惯。任何值得追求的改变，值得在 30 天内重复 30 次。无名氏戒酒会（Alcoholics Anonymous）中，有决心的新成员将在 90 天内出席 90 次戒酒聚会，他们的口号是“心随身动”。始终如一地坚持改变，你就会真的改变。

成功的训练意味着像开始改变时一样努力地维持改变。

4. 保持主动

心理学文献指出，当我们主动要求改变时，我们才最有可能实现改变。就是说，我们通过采用新模式——即新的做事方法——而不是口头说想改变，来实现改变。我经常开玩笑说，交易者对待训练就像很多人对待做礼拜一样：他们每周做一次礼拜，当时感觉自己道德高尚，而在接下来的六天便将一切都忘记了。一个真正笃信宗教的人想要每天活在自己的信仰中。如果你想让你的交易也如此神圣，道理也是一样的。这就是为什么每个目标都应该用具体的日程规划来辅助完成。如果你的目标是做好资金管理，那么你就要为每笔交易做好资金管理计划。如果你的目标是保持更好的精神状态，那么你每天都要进行特定的练习，来保持镇静和聚焦状态。你不能通过改变想法来改变自己的行为。一旦你采用了新的行为模式，你的思维就不同了。

5. 保持积极的态度

有些交易者的理念是“如果没坏，就不要修补”，他们最终爆仓了。如果你交易得很好，这时就是你训练自己的最好时机之一。你的目标不是改变有用的方法，而是让自己的交易变得更加具有持续一致性。尽量多采用有用的方法是一个重要的目标，能在你做得出色时，帮你把握优势。另一可能的做法是，当你赚钱时，坐着享受自己的荣耀，这样会带来舒适感，而不是卓越的成就感。前不久我和一位交易者有过接触，他是轻仓交易的，业绩很不错。我看了他的夏普比率和交易业绩，发现如果他在坚持使用自己的交易模式的前提下加大仓位，那么他能赚更多的钱。我们据此制订了一个计划，他的交易就实现了从优秀到卓越。通过制订积极的目标——尽量做正确的事——他充分利用了自己的优势。就是因为这个原因，我经常告诉人们，当你做得很好或很差的时候都需要训练自己。

我发现最优秀的交易者是那些把自我成长作为一种生活方式的人。这样的交易者对工作、身体健康和娱乐都很认真。他们能做最好的自己，由此获得更大的满足。优秀运动员也是如此，他们热爱锻炼，不断挑战自我。当一个人把改变当作自己的生活方式时，他就能做出最好的表现。到那时，自我训练成为一种生活哲学—— 一种有条理的原则——而不只是从一天或一周内众多活动中分离出来的一个活动。

训练提示

在交易上，你最想改变哪个方面？制订一个能帮助你提高交易水平的每日行动计划。无论是改善自己的财务状况、人际关系、身体状况还是棋类比赛水平，关键是加强自己的优势。你的目标是做出改变，改变生活的方方面面。改善你的生活，是交易者实现自我训练的方法之一。

第二章

压力和痛苦

交易者的创造性应对方法

> 如果你设定的目标大于你能实现的目标，那么你很可能每一天都不快乐。
>
> ——亚伯拉罕·马斯洛

交易者寻求训练时，最常提出的请求之一是帮他们减小压力。他们认为压力越小越好，这样的话，当他们彻底消除了压力时，就能做好交易。但果真如此吗？

本章我们讨论压力、痛苦及其区别。我们还会探索应对压力的方法，会确认哪些方法有效，哪些方法无效。

我们在高强度竞争领域中进行训练时遇到的难题是，不能让正常的压力变成了影响业绩的痛苦。这意味着在实践中我们要将交易中的压力和我们无意间施加在自己身上的压力区分开来。

下面让我们看看在训练自己时如何利用好压力。

第11课　了解压力

人们常常建议交易者要消除或减小心理压力。当然，这是不可能做到的，因为人们在交易时要面对风险和不确定性。我们在这样一个环境里进行操作时，必然会有心理压力。如果你的目标是把压力降到最小，那么你就不该从事交易这个行业。

很多交易者、交易教练混淆了压力和痛苦。不是所有的心理压力都会导致痛苦，同样，不是所有的心理压力都不好。如果你要训练自己，使自己取得交易成功，就有必要了解压力：压力在怎样的条件下有助于提高业绩，在怎样的条件下变成了痛苦，在怎样的条件下会干扰决策。

那么，我们先来看一个日常例子。你在公路上驾车，做长途旅行，现在你感到有点无聊。突然，风速加快，下起大雪，能见度大大降低，你能感觉到道路变滑了。很快你就会伏在方向盘上，透过挡风玻璃目不转睛地盯着前方，降低车速，无聊很快就转化为了警觉，因为驾驶难度增加了。

这就是心理压力：身体状态和认知状态加强，使我们准备好应对挑战。这叫作飞行/战斗反应，你的压力会调动身心以应对具有挑战性的市场状况，或者是面对这种情形。肌肉变紧张，开始警觉，肾上腺素流动，这些表现都表明我们感受到了压力。

请注意，在暴风雪中提高警惕是一种自适应状态。如果你仍在使用自动驾驶功能，你可能还没有降低自己的车速，也没有采取措施避免事故发生。压力调动了你的能量——你不再无聊——你要应对眼前的情况。你可能会认为在这种情况下谈论将压力降到最小是多么愚蠢：在肆虐的暴风雪中开车，你的身心应该被充分调动起来！

> 压力调动身心，能提高你的业绩。

再举个例子，做进一步说明。我住在纽约州锡拉丘兹市20余年，当地的暴风雪虽具挑战性，但对我来说并不陌生。之前我已经历过类似情况，当这样的情况出现时，我知道该做什么。因为我从不认为暴风雪是一个严重的威胁，所以我的压力绝不会成为痛苦。

假如我来自佛罗里达州，从没经历过这样的暴风雪。我听说过在暴风雪中会发生汽车连环相撞事故，我很担心自己的汽车失控。对我来说，暴风雪就是一个很大的威胁，我感到自己无力掌控它。我的压力很快就会变为痛苦，警觉也变成了焦虑。

这个简单的开车例子说明，正是认知和体验使压力和痛苦有所不同。我在杜克大学读本科时和大卫·阿德尔曼一起做了一个实验。我们让两组实验对象演讲。两组人都收到了消极的评价。第一组被告知，演讲能力与个性相关，不能改变。第二组被告知，他们能轻松地提高演讲能力。在实验后期，我们发现第一组实验对象明显比第二组痛苦，原因并不是第一组实验对象获得了消极评价而产生了痛苦，而是他们认为自己没能力改变消极局面而痛苦。

我们对环境的解读会使压力变成痛苦。

那么，这和交易有什么关系呢？你让自己的资本承受风险时，就像在积雪路面上驾车的那位司机。你会很警觉，要及时处理信息，快速做出必要的调整。如果你将亏损看成交易的自然组成部分，之前也经历过亏损，后来又回本了，你还有办法限制亏损，那么压力不太可能变成痛苦。交易亏损使人厌烦，就像暴风雪耽搁了你的旅行。

然而，如果你不认为亏损是正常的、自然的——特别是如果你没有限制仓位大小，没有通过止损来控制亏损的时候，那么当交易对你不利时，你的压力会很容易变成痛苦。你聚焦的能力、中途迅速调整的能力也会因此降低。你就像来自佛罗里达州的司机被困在东北的暴风雪中一样。

仓位大小控制、交易计划和止损点就像轮胎上的防滑链：当一切进展顺利时，它们似乎对你没有丝毫作用，但当你面对不利条件时，它们一定能帮助你。在风雪中，慌张的司机不能控制好汽车，有经验的司机知道自己能控制好汽车。同理，慌张的交易者不能控制亏损，而有经验的交易者知道亏损总是有限的。

自我训练时的挑战是接受压力——要保证压力不致变成痛苦。一个极好的值得你努力的交易目标是，在每天开始交易前，确定仓位大小、每笔交易的亏损额、每笔交易的价格目标和每天的亏损额。每笔交易你愿意承担的风险应小于潜在利润。你愿意每天亏损的金额应该明显小于你最赚钱那天的利润。如果你频繁交易，单独一笔交易的亏损不能影响你在当天赚钱，一天的亏损也不能大到使你当周没有利润。准备和熟悉的过程不会让压力变成痛苦，因为它们增强了你的控制感。如果你有止损计划并对其做了认真检查，那么你就做好了准备。请看图 2.1 所示的简短问卷，评估你的压力是否变成了痛苦。

请用下面的级别回答下述问题：

1 = 极少或从不
2 = 偶尔
3 = 有时
4 = 经常
5 = 大多数时间

以下各项多长时间干扰你的工作和/或人际关系一次？

（1）焦躁或焦虑—
（2）消沉或沮丧的心情—
（3）挫折或愤怒—
（4）内疚或自责—
（5）酗酒等上瘾活动—
（6）急论或打架—
（7）疲劳或疲惫—
（8）睡眠问题—
（9）头痛、胃痛和肌肉紧张—
（10）忧虑、消极想法—

请注意：单项得分为 4 或大于 4 时要特别小心，建议咨询专家（见本章末尾的“资源”），问题长期存在（持续一年以上）则更要小心。几项得分为 3 或大于 3 时，也要小心。本书第四章到第六章将介绍具体的快速治疗技术，可以解决这些问题，尤其能解决因市场状况造成的这些问题而非慢慢形成的习惯性问题。

图 2.1 简单的痛苦问卷

> 如果你为逆境做好了准备，那么你只会有压力，不会感到痛苦。

交易时始终是有压力的，但自我训练能保证交易时不会充满痛苦。请记住，你的工作是维持一种心态——让自己保持高度的自信，有较大的动力。在这样的条件下，你将更努力地工作，学到更多的东西，让自己的资金曲线慢慢上扬。这么做并不意味着能消除压力，而是在压力和痛苦之间建立防火墙。风险管理就是最好的心理防火墙之一。

训练提示

你要为交易中的每个细节制订应对计划，比如找不到你的经纪人，无法上网，设备出现了故障，或者行情数据提供商倒闭了。我自己的交易平台很小，但我为意外做好了准备。我有多个经纪人、多种上网方式、多台计算机和多个行情数据来源。当我持有仓位时，如果发生了意外，我都有后备计划。这些意外只是压力，不是痛苦。

第12课 消除有害的交易想法

我们对生活的期望成就了我们的情感体验。如果我们期望美好的事物，我们就会乐观，精力充沛。如果我们认为结果是负面的，我们就会感到焦虑。如果我们预期无法取得成功，就会感到气馁和沮丧。如果我们追求完美，就会不断对现实感到失望。

从某种程度上说，我们的情感就像晴雨表，期望是否实现了都会通过情感表现出来。这是一个重要的原理，因为心理学研究表明，如果现实与我们的期望有所偏差，我们可能会产生扭曲的情感。

对于成长中的交易者来说，情感和期望之间的关系尤其重要。如果你在做自我训练，那最优先考虑的应是培养一种积极体验，这种体验能促使你不断学习。气馁的、失败的和胆小的人的学习过程没有效率。如果你想保持专注，想尽量学到更多的东西，那么你就要全身心地沉浸于市场中。一个人在苦恼的状态下是无法认真分析市场的。

艾恩·兰德建议人们在得到矛盾结论时要“注意自己的表达方式”（“我应该快乐”比“我不应该自私”要好）。根据这个建议，现在我要求你重新审视你期望的东西——特别是你在学习和提升自我过程中感到痛苦的时候。以下是交易者的想法，但都是有害的。

1. 盈利的一天才是美好的一天

这种观点导致我们的情感随盈亏而起落。通常我们会将盈利的一天等同于美好的一天，我们期望每天都是美好的，而当正常的市场不确定性使我们亏损时，我们就会失望。美好的一天应该是指我们进行了完美交易的一天，包括熟练地执行交易，认真地进行资金管理。有时美好的一天能产生利润，有时不能。我们可能会误打误撞地获得了利润；就像棒球明星也会丢分一样，即使系统的胜率为66.7%，我们在交易时有时也会亏损。如果正确地执行了交易就意味着美好的一天，那我们应该期待每天都是美好的一天。如果一段时间内正确地执行了交易，但没有产生利润，那我们可能需要改进我们的交易方法。但是，如果我们每天都期望获得利润，必然会失落。

如果你不能彻底控制目标的实现，就不要树立目标。

2. 在交易中努力意味着更频繁地交易

这种观点认为，如果你的交易笔数越多，那你学到的东西就会越多，并能快速掌握技术。这么做相当于过度交易，时间久了，你的利润都被做市商和经纪人赚去了。每笔交易在一开始都是亏损的。如果你按市价买入并卖出，那你亏损的是买入价和卖出价的价差，你还亏损了手续费。对于日内交易者来说，如果某笔交易本来是不赚不亏的，但是在交易时，因为滑点的原因亏损了一个点，再加上手续费，他一天就要亏损几千美元。如果我们在没有任何优势的前提下频繁交易，我们的经纪人会越来越富，我们就会越来越穷，恐怕最终要去做经纪人了。在掌握交易技术的过程中，执行交易只是一小部分内容，大部分内容是研究交易思想，进行模拟交易和实战交易，运用资金管理原则并做好止损。我们想学会交易，但不要过度交易，这样会使我们失去资金和交易的动力。

3. 成功意味着以交易为生

这种观点只会让你感到沮丧和气馁。任何交易者在交易生涯的头几年都无法以交易为生。高尔夫球运动员或网球运动员需要在大学的球队中做很多年的非职业选手，然后才能开始职业生涯。很多演员都要在地方戏院表演很多年之后，才有机会在百老汇出名。一个人要先学医 4 年，做 4 年多的外科住院医生，还要花费更多的时间接受相关专业训练，然后才能行医谋生。想在第一年就做到以交易为生是完全不现实的。比较现实的做法是把亏损保持在一个合理的水平，支付每个月的账单，并提高交易能力。任何竞争性的技术都是需要时间积累的。如果你希望快速实现以交易为生，速度比其他行业还要快，那么你最终会失望、失败的。

消除这些有害观点的好方法是将你的期望值写进交易日记中，具体包括每天的交易期望值——正确交易的目标，以及一段时间内对自己进步的期望。我自己的交易业绩目标很适中：去除交易成本后，只要收益率大于无风险收益率就行了。为了达到这个目标，我将风险控制在无风险收益率的数字范围之内。换句话说，我的目标是在调整风险后实现正收益比国债收益高即可，我还要同时调整我的业绩目标和交易方法。如果我每个月的风险小于1%，收益率是1%，我就非常高兴了。

不要关注绝对利润率，要关注风险调整收益率，这样我们才能兼顾交易过程和收益目标。

作为一名交易者，你要依据你的交易水平和风险忍受度制订目标，我的目标也许不适合你。目标的数量并不重要，重要的是我制订了现实的、可行的目标。如果我达到了自己的期望值，就会有骄傲感和成就感。如果未达到，我能快速确认这一事实，减少风险，做必要的调整。

积极的交易行为是：总是希望自己能成功，实现了富有挑战性的目标就是成功。写出你对一天、一周、一个月和一年的期望值——确保是可行的——那你作为一名交易者必然会有丰富的体验。

训练提示

写交易日记时，你要回答一个核心问题："如果我没有赚钱，我判断当天是否成功的标准是什么？"这个简单的问题能直接促使你思考交易方法——你可以控制自己的交易方法。

第13课　妨碍交易决策的苦恼来自哪里

我们持仓的品种本来有机会到达价格目标，但是我们因为焦虑而提前平仓了。我们心情不好，没有遵守原来的交易计划，就胡乱建仓了。我们害怕错过交易，结果在最差的时机建仓了。价格到了原先确定的止损点，但是我们不愿意止损，结果亏得更多。

作为交易者，以上这些情况我们都经历过。交易中蕴含着许多人生哲理，前辈们总是极力阻止我们犯错，但我们偏偏还要去犯错，唯一的收获就是成长。长期生存的关键就是在你亏掉老本之前尽量多犯错，这样你就积攒了东山再起的经验。结婚前总是犯错，该呈现的缺点都呈现了，反而能让婚姻关系维系得更长久。在模拟测试时犯错，实战时就可以取得很好的业绩。在风险最小的时候尽量犯错，这是成功的重要原因。

但是，是什么导致我们犯错的？是什么导致我们苦恼，从而没有遵守原先的计划和持续一致的可靠交易决策的？如果我们能弄明白具体原因，我们就能减少痛苦，快速成长。

> 行为金融学和神经经济学阐明了情感如何影响金融决策，请参阅本章末尾的参考文献。

交易者认为交易中的苦恼是由市场引起的。当市场变得低迷并开始震荡时，估计交易者就变得不耐烦了，他们开始进行过度交易。当市场反转时，交易者就会感到郁闷并进行冲动交易。因为是市场事件触发了交易者的情感，所以交易者就认为是市场导致了情感反应。当然，经过片刻思考后，交易者就能否定这种看法。毕竟，如果市场有能力迫使交易者做出情感反应，那么所有交易者应该做出同样的情感反应。然而实际情况并非如此，并不是所有交易者面对低迷市场时都会不耐烦而过度交易，也不是所有交易者在情况不利于自己时都会变得郁闷而冲动交易。导致我们情感变化的因素不仅仅是外部事件。

为了让一个市场事件使人产生消极情感反应，交易者得将这个事件视为威胁性的事件。比如说，我是一名交易者，发现市场在中午变得低迷，开始震荡。如果我将其视为一个机会来更新计划并为下午做准备，那低迷的市场丝毫没有使我感到烦恼。我可以利用市场的震荡机会理清头绪，这样，下午可以头脑清醒些。这再次说明低迷的市场既没影响我的情感，又没影响我的交易行为。

然而，如果在开盘前我就告诉自己每天至少要赚几千美元，那么当市场横盘震荡时，我就有可能实现不了当天的目标。震荡的市场意味着没什么机会，利润就会减少，就不能成功。很明显，在这种心理框架下，我会将震荡的市场看作对我事业的威胁，也难怪震荡的市场会让我感到苦恼并进行过度交易。

当然了，并不仅仅是低迷的市场使我产生消极情感并导致了我的行为，我对市场的认知对我的影响更大。认知是我们在事件和我们对事件的反应之间使用的过滤器。如果我们通过哈哈镜看事物，那我们就是用扭曲的方式看世界。如果对市场和自身产生了扭曲的认知，那我们将以扭曲的方式进行交易。

我们能改变自己的认知吗？第六章会讨论用认知方法来改变思维过程。

我们的“过滤器”把正常的交易变成了异常事件，该如何改变这个“过滤器”呢？

道理很简单：如果你不知道自己的“过滤器”是什么，你就不能改变你的“过滤器”。期望和信念形成了认知，先了解你的期望和信念，才能改变你的认知。

这里有一个简单练习，能帮你了解自己可能存在的扭曲的认知。

当市场让你产生了明显的消极情感反应时，你就问自己：“我是如何察觉到当前市场具有威胁性的？”这样你就会关注你的认知过程，你就有机会将感知威胁和真正的威胁区别开来。

我最近的交易就能说明这个问题。我非常希望能在资金曲线高点结束一周的交易，而且在星期五上午做多的交易中我获得了不错的利润。由于市场对我有利，我将止损点移到了保本的价位。市场继续对我有利，然后出现了小反转，随后市场震荡了几分钟。我发现自己开始感到紧张，仿佛价格要跌到止损点之下。

我马上问自己："是什么原因让我紧张的？为什么我会感到如此不安？"思考片刻，回顾了一下市场情况，我告诉自己，这笔交易其实做得非常好，一切都在计划之中。我渴望本周能赚钱（补充一句，是在业绩平淡后才产生这种想法的），所以我把可能的反转看成了威胁。我分析了一下，如果市场在上涨后开始震荡，我想这可能是一个加仓的机会。我重新计算了回报风险比（考虑了总体仓位和平均成本），然后少量加仓了。我的加仓量不会大到明显地影响利润率或风险，但这么做体现出了重要的心理变化：我将感知威胁变成了机会。

这里的关键是分辨出实际威胁——即市场确实没有按你期待的方式波动——和感知威胁。这要求考虑市场和个人的观点。一旦我看到交易正常进行，我就知道"过滤器"之前误导了我。

> 如果你能做到自我审视，你就不会形成消极的思维模式了。

你确定将正常事件变成了威胁的认知后，下一个挑战是找到在那个正常事件中存在的机会。我与妻子意见不一时我会感到受威胁，但是这种威胁能够转化为成功沟通和解决问题的机会。如果一笔交易一开始是赚钱的，然后又止损了，我们可能会觉得市场是危险的，但是这种危险可以变成机会，我们可以反转仓位，或重新评估我们的观点。

确认感知威胁，将感知威胁转化为机会，这是两个步骤。这两个步骤能确定交易决策中的情感反应。交易者在写日记时要重点关注你的思考方式和感知方式，采取两个步骤，将它转化为你实战时的习惯模式。

训练提示

当你研究当天的交易时，请注意你描述市场时使用的词汇：好、差、平静或活跃。要特别注意你的语气。你的语气和言辞通常能说明你是在顺势而为还是逆势而为。如果你认为市场应该按照你的思路走，那么当市场不这么走时，你很可能在逆势而为。

第14课 写心理日记

我刚开始进行交易时，写日记时喜欢在图表上面加很多注解。我会寻找股票市场中每一个主要的转折点，研究指标和价格/成交量的模式，这样就能对趋势的变化保持警惕。随后我能发现某些模式再次出现。通过这样的观察，我学会了确认各种股票和板块的最高点、最低点和波动情况。随后，我用了新工具，如市场三角洲（www.marketdelta.com），将这些工具也加入到了我的模式中。对于我来说，日记是一种用来识别模式的工具。只有在图表上长期研究模式识别后，我才有能力在真实的市场中发现这些模式。只有在真实的市场中做了认真的观察，我才能在实战时自信地下单。

当我们写心理日记时，其中的学习总结与实战中遇到的问题是很不同的。首先，日记是一种识别交易者自身模式的简单工具，交易者的模式包括如下几种。

（1）**行为模式**——在指定情况下以特殊的方式进行交易的倾向。

（2）**情感模式**——对特殊事件以特殊心境或状态做出反应的倾向。

（3）**认知模式**——在面对个人或与市场有关的情况时，采用特定思考模式或产生特定心情的倾向。

很多交易模式都是这三种模式的融合：我们习惯以一种特定的思考、感觉和行动方式对我们当时所处的环境做出反应。有时，这些模式会对我们不利。这些模式会导致我们草率做出决策，干扰了我们的分析和计划。在这种情况下，日记（和其他心理练习）能帮助我们改变自己的模式。

要想获得更多关于如何写交易日记的内容，请访问以下网址：http://traderfeed.blogspot.com/2008/03/formatting-your-trading-journal-for.html

但是，为什么会存在这些模式呢？为什么即使一个人知道结果是什么，也总是重复无用的思考和行为模式呢？有时，交易者对他们一再重复的消极模式感到很沮丧，他们也明白那些模式无法让他们成功。然而，即使知道是有问题的模式，交易者也无法做出改变，一再责怪自己只会让心情越来越差。

正如我在《重塑证券交易心理》中强调的那样，本想解决某个问题，结果却消化不良。处理某些问题时，我们学会了某些特定的方法。这些方法一开始确实有用，只是后来这些方法被滥用了，变成了习惯模式。

一个很好的例子是，当一个人与其他人发生冲突时，他有责怪自己的倾向。生活在一个充满争论和争吵家庭中的小孩可能会在他遇到问题时责怪自己，而不是责怪他人，来避免风险和冲突。在以后的生活中，在那种固有的模式下，即使是正常的冲突，都可能会引发他自责和沮丧的情感。这样的人在亏损后可能会花很多时间和精力责备自己，而不是从亏损中吸取教训。

当我们在交易中重复使用某些模式时，会不断亏损或错过机会，可能的原因是我们以前喜欢使用这些模式，这些模式以前能帮助我们，但现在情况已经变了。你接下来的任务就是忘记这些模式——在努力做到这一点的过程中，心理日记会提供帮助。

正如我通过写交易日记可以敏锐观察市场模式，心理日记能使我们对干扰合理决策、反复思考，感觉和行动模式的差异在数据面前得到充分认识。这样的日记，如我所提到的带注解的图表，都要求在开始时进行观察：我们要回顾自己的交易，注意能影响交易的所有模式。最初的目标不是改变这些模式，而是更好地识别这些模式，这样，我们就能在模式出现时识别出它们。

> 心理日记是观察内心的工具，能看出你在什么时间做什么事。

我最喜爱的日记格式是将一张标准的纸分成三栏——第一栏描述市场情况，第二栏用来总结当时的思想、感觉和行为，第三栏用来强调特殊认知、情感或行为模式所产生的后果。

前两栏有助于我们了解当时的情况。久而久之，我们就能对模式更加敏感。第三栏强调模式在我们思想中所产生的消极后果，包括苦恼、亏损或错失良机。当看到不良模式的消极后果时，我们就有动力改变不良模式。第三栏应详细说明不良模式如何干扰了你的快乐心情，如何阻碍了你的成功。你越了解这些模式，就越能感受到你要付出的代价。当这些模式出现时，你就会及时改变这些模式。

然而，你现在的目标应是，识别出并认识到自己反复出现的模式及其带来的后果——不必同时改变这些模式。如果你不了解情况，那么你就不可能改变。心理日记是一种有用的工具，能让你了解产生苦恼的原因。如果你连续30天写日记，就可以知道你经常采用哪些模式。你可以将自我观察变成习惯模式——习惯模式是一种积极模式，对你的生活和交易都会有所帮助。

训练提示

请开始写心理日记，关注每笔交易，看看是什么心态导致你执行不力。换句话说，看看是什么心态导致你没有遵守规则，思路错了不算。在你的大脑中回放这些交易情景，更好的做法是用摄像机拍下你的交易过程，然后直接观察，简略记下原因（记在A栏内）、思维（记在B栏内）和对交易的影响（记在C栏内），重点关注这么做的代价。经过练习，你就能自我审视，情况发生时你就会特别留意。这将会使你有机会为自己的剧本写一个不同的结局。

第15课 压力——当你拼命想赚钱时

压力表现在为了赚钱而强行交易。重仓交易和频繁交易都表明交易者有压力。人有压力时就会力图去证明某些事。这种做法和有机会时再动手完全不同。在第二种情况下，你会在市场向你预测的目标靠近时再乘机动手。当你有压力时，你迫不及待地想赚钱。

讽刺的是，那些有能力，渴望成功的交易者常常为压力所累。他们非常痛恨失败，以致为了取胜什么事情都会做——包括胡乱交易！

交易有点像驾驶战斗机或下国际象棋，它需要你控制好自己的激进心态。交易时，你要知道什么时候有机会，什么时候没机会。要想控制好自己，就要遵守交易规则。交易规则涉及仓位大小、止损价位、何时进场、何时出场、趋势交易，等等。只要你一直遵守你的交易规则，你就有能力控制好自己。从孩子身上我们可以观察到这一过程。他们经常被告知要尊重长辈或注意卫生，最终他们能自动地遵守这些规则。

正确的交易行为在开始时是规则，之后逐渐发展成习惯。

自动的行为不需要经过思考，所以很重要。如果我们每次遇到情况时都要经过思考才能遵守规则，那么我们就太累了——我们就无法顾全大局。人类思维的最大优点就是能自动遵守规则，这样就能让自己同时面对其他挑战。这迫使我们必须在自控（即在规则控制下）状态下面对其他挑战。

那么，我们如何才能做到自动地遵守交易规则呢？答案是需要将遵守交易规则转变成习惯。当你很小的时候，你的父母可能要每天提醒你起床后刷牙。多次重复之后，这种规则变成了习惯，大部分人不需要提示，也不需要特殊动力就能遵守这种规则。我们在交易时也要做到自动遵守规则：当遵守规则成为我们生活的一部分时，我们就不需要特别注意了。

当我们急于赚钱时，就会忙着去交易，忽略规则。当我们对自己的业绩感到不满时，就会产生压力。也许我们亏损了、错过了机会、资金曲线一直上不去，这些挫折促使我们努力创造机会，而不是等待市场的机会。

与市场共舞时，我们需要由市场领舞。如果我们想控制步调——即我们想预测，而不是判断现实情况的时候——我们和市场间的步调就紊乱了。当我们有压力时，我们想领着市场走。本来市场是震荡的，亏损本来不大，但是我们自己的行为最终导致了大亏。

那么，如何自动地遵守交易规则呢？其实就像刷牙一样，通过重复。以多种方式多次重复你的规则，你就会逐渐将它们内化并转变成习惯。你仍然会体验到市场的正常压力——没有人能排除风险和不确定性——但是如果你坚持自己的决策，可能就不会成为痛苦的牺牲品。

当你自我训练时，在当天交易之前或交易时，你可以为重复遵守规则创造机会，过程分为以下几步。

1. 写出最重要的交易规则

这些规则至少应包括风险管理、在大亏或多次亏损后休息一下、在指定信号点进场，以及为第二天做好准备。如果你没有明确交易规则，那么你不可能期待将它们变成你内心自动遵守的交易规则。

2. 在交易前复习这些规则

内心演练是重复这些规则最有力的手段。你可以在自己平静，注意力集中的时候在内心思考每条交易规则。你可以想象市场可能出现的走势，并思考自己应该遵守的规则。你想象得越丰富、越详细，就越有可能自动地遵守你的交易规则。

> 对于你制订的交易规则，你想得越多，内心练习得越多，它们就越有可能成为你的一部分。不断重复，你就能自动遵守这些交易规则。

3. 交易当天要暂停一下，以检查你是否遵守了规则

中午市场波动放缓，是清醒大脑的最好时机，你可以借此评估上午的交易，提醒自己下午需要做什么。你可以把你的交易规则以检查表格的形式列出来，这样你可以很容易地以“是”或“否”来检查早盘你是否遵守了每条规则。如果你没有遵守某条规则，在另一张纸上写下这条规则并贴到显示器屏幕边框上，下午要密切关注。

4. 收盘后做一份报告

收盘后回顾当天的交易，你可以借此评估自己的交易、进场、风险管

理以及平仓情况。每一条规则都有 A、B、C、D、E 的等级。如果得到了一个 B 以下的评级，那么第二天就要重点关注自己的交易行为。这样，就确保了你最需要改进的规则能得到高度重视。

当你不遵守规则时，使用这种方法能够觉察到，这样就能防止你在形势不好时强行交易，你就不会继续违反交易规则了。然而，当你通过重复巩固这些规则时，你没有让沮丧的心情影响你的交易，这等于是在做自我训练。毕竟，我们可能在早上起床时心情不太好（也许我们睡过头了），但是我们不会违反习惯的——还是会洗脸、刷牙的。通过反复训练，无论我们的情感如何，我们都能长期坚持这种行为模式。这就是真正的自控。

好的自我训练是有能力解决交易问题。成功的自我训练就是养成习惯，总是防患于未然。你从自己的心情和越来越少的亏损中可以看到成果。

训练提示

不要一次性让自己遵守太多规则，先遵守最重要的规则：进场规则（获取好价格）、仓位大小规则（限制每个仓位的风险）以及出场规则（止盈和止损）。这三条规则可连同交易基本原理，形成你的交易计划，你就可以据此控制好自己的交易了，而且你也不会因为压力而去交易了。

第 16 课　当你准备放弃时

交易者面对的最大痛苦是绝望。我发现即使是最优秀的交易者，也会出现这种状况：你努力工作，觉得自己好像要突破了，突然又遇到了挫折。你觉得自己好像进退维谷。你厌烦了失误，厌烦了亏钱。过去每天开盘时你很兴奋，现在变成了恐惧。令人感到困难的是，你无法再继续做研究，在早晨做准备工作。你的姿态说明了你的想法："这有什么用呢？"你准备放弃了。

很多交易者都曾经有过放弃的想法。我认识很多交易者，他们交易了很多年，但是连保本的水平都没有（或许他们天赋不够）。如果你真的打算做些事——符合你的能力、技术水平和兴趣的事，那在头一两年中，你的学习曲线是很明显的。如果你的学习曲线不明显，那么你可能不适合做这件事。那就不要做这件事了，去做一些能真正发挥你特有能力的事情。这不算放弃，也不算怯懦，而是在止损，然后去寻找更好的机会。生活和交易都要面对这个抉择。

不过，如果你已经稳步前进，并在一段时间内展现了你的能力，那战胜气馁和沮丧只是困难时期的挑战。你要做好自我训练，引导自己度过那段黑暗的时期。

我读研究生的时候，杰克·布莱恩教授认为：沮丧是动机被压制的一种表现形式。当我们发现有希望实现目标时，我们自然而然地就会感到快乐、有活力，我们会更加努力，以实现目标。反之，当我们知道不能实现目标时，本能反应就是压制这种动机。既然无法实现目标，付出双倍的努力也是没有任何意义的。动机被压制后，人们表现为气馁，甚至是轻度沮丧，它会使人们感到很不愉快，但是我们也有自己的适应方式。它使我们放弃那些我们不应该追寻的目标，使我们花更多的精力去做其他事。

从这个角度看，想放弃的想法中包含了有用信息。这并不是需要你克服的消极情感。气馁使我们察觉到在真实的我（现在的我）和理想的我（未来的我）之间存在着一个不可逾越的鸿沟。我们不再觉得能控制自己的未来，因此有能力实现目标对我们来说很重要。如果我们想有效地训练自己，就需要重视这种认知。

> 真实的我与理想的我总是相差很远，问题在于我们是否认识到自己有能力逾越这个鸿沟。

消除现实和理想之间差距的第一种方法是：找到实际操作中的某个错误。或许是我们以前在交易中依靠的那种优势不再存在，或许市场模式已经改变，因此之前对我们有用的模式不再有用。如果是那样的话，我们所产生的放弃的想法会让我们警觉，可能我们应该暂时放弃，看看哪些方法有用，哪些方法没用。上面那句话中的关键词是“暂时”。失败时并不一定意味着我们应该假装快乐，或许我们的动机被压制是有理由的。退一步说，对于我们的不同感觉，我们可以进行调查。

有时候，当我们气馁时，可能表明我们的期望不太现实。如果我们希望或期待每个交易日都能赚钱，那面对无法预料的连续多笔亏损或连续多天亏损时，我们就会很失望。我们的动机被压制不仅仅有市场原因，还有我们自己的原因。当我们期待最好的事情发生时，却没有为最坏的事情做准备。

失去动力的第三个原因是感到筋疲力尽了。当我们要求太高时，内心就会感到筋疲力尽。交易者感到筋疲力尽意味着他们的生活不平衡：交易的压力太大，没有娱乐、社交和身心上的放松。在短时间内沉浸在压力中是可能的，有时甚至是必要的，但从长期来看，沉浸在压力中会使交易者心理受损。这样，与其说是动机压制，倒不如说是动机耗竭。当我们超负荷工作时，就很难维持我们的精力和热情。

当我们要求过高，无法实现时，就会感到筋疲力尽。

交易者应该将自己失去动力的现象当作一个信号，找一找原因：或许是市场变了，或许是对自己的要求太高了，或者是生活失去了平衡。如果你对近来的交易感到气馁，你要确定原因，然后采取应对方法。

如果市场的趋势、热点或波动性都已变化，导致你的收益率下降，那么你要搞清楚哪个品种、哪种模式或哪种方法能够让你赚钱，然后购买新品种、采用新方法或新模式去赚钱。你还要回顾最近的交易业绩，看看之前是哪个品种和哪种模式让你赚钱的。你要降低风险，重新评估你的交易，保住本金，尽量把失望转变为机会。

如果放弃的想法与你的自我要求有关，你的任务就是付出双倍努力来设定目标，以确保每一个交易日和交易周开始时你都有现实的、能实现的目标。当篮球运动员消沉时，他们的教练就会给他们设定比较合理的目标，使运动员恢复信心。同理，你要设定合理的目标，恢复信心，以取得进步。

最后，如果心理倦怠使你丧失了乐观精神，那么你的任务就是安排时间参加体育运动和社交活动。实现生活多样化的完美策略就是在交易之外，你要有其他重要的生活目标。如果你只关注交易，那么当利润很少时，你会很难维持精力旺盛和热情饱满的。

自我训练并不意味着刻意让自己感觉良好。有时，缺乏积极情感必有其理由。高级教练会倾听那些理由，并用那些理由来刺激交易者做出重大改变。

训练提示

你的心理有多少面？在你的社会生活、家庭生活和情感方面，会经历多少压力和痛苦？在各个方面，你会获得多少满足感？当交易进行得不是很顺利时，使你坚持下去的动力是什么？什么问题会从你的个人生活渗透到交易中？你的健康状况如何？你的睡眠质量如何？你能做到专注吗？你能做到精力充沛吗？每月回顾生活和市场收益，对它们做出评价，这样做是有价值的。如果生活的其他方面给你带来了苦恼，这种苦恼早晚会损害你的注意力、决策和业绩。

第 17 课　害怕时该怎么办

恐惧是面对危险时表现出的一种正常情感反应。害怕时，我们要么逃跑，要么抗争：逃离危险或是面对危险。正如我们所知，有时候我们以为很危险，其实并非如此。如果我们总是把正常情况当作威胁，那么恐惧就变成了焦虑。我们想逃跑，想抗争，但是没有任何事情需要我们逃离或抗争。危险存在于我们的认知中，而不是存在于真实环境中。

如果我们在交易时感到紧张，重要的是要知道我们是恐惧还是焦虑。危险是真的存在于市场环境中，还是只在我们的头脑中？

举例说明，我做空标准普尔 500 指数（代码是 SPY），价格到了之前的支撑水平。随着纽约证券交易所综合指数急剧下跌 500 点，标准普尔 500 指数也创出了新低，但是我注意到其他指数——如纳斯达克指数和罗素指数——并没有创出新低。综合指数下跌 500 点后仍高于以前的最低点，我发现卖盘正在枯竭，我紧张地看着是否有新的卖单进场。我已经把平仓单设置好了，只要一点鼠标，订单就会被执行。几秒钟后，市场下跌了一个点，上涨了一个点，又下跌了一个点。成交量下降，我越来越紧张。在那一刹那，我听从自己的情感平仓了。我断定市场会在支撑点处反弹，再不平仓就没利润了。

前一天我也做了交易，在这种情况下，我的恐惧心理适应了这次的环境。这次确实有风险（随后半小时市场又大涨了）。我知道，我要相信自己的感觉并根据恐惧心理平仓，因为我能确定这些危险：价格下跌到了支撑点、成交量缩量了、综合指数的下跌减缓了、罗素 2000 指数和纳斯达克 100 指数不一致。多年来的日内交易经验告诉我，如果整体市场不一起下跌（包括综合指数和成交量），那么市场就不会下跌。

> 当利用恐惧心理确认了真正的危险时，恐惧心理就成了交易的朋友：对交易感到不安表明市场要变化了。

请注意，如果我认为恐惧心理是一种消极情感并试着忽略或忽视它，那么我就失去了一个重要的主观交易线索。当你自我训练时，你的目标不是消除情感或贬低情感。相反，你的任务是挖掘这些情感背后的信息。这意味着坦率面对你的情感体验，有时要相信你的体验。当我们焦虑的时候，如果因为情感问题而胡乱行动，就会导致灾难性的后果。但是，忽视情感体验同样充满了危险，一旦你忽略了自己的情感，你就无法感受到市场的波动。

当你在做决策时感到紧张，怎么办？

在《重塑证券交易心理》这本书中，我把这种紧张的感觉比作汽车仪表盘上的警示灯。这种紧张的感觉是事情不太对劲的一种警告和征兆。当你看见车上的灯亮时，你肯定不会忽略，也不会把它遮住。当你看见警示灯亮了之后，你会问自己：出了什么问题？我该怎么办？也许你看到某个警示灯亮了以后，会把车停下来，或把车开进汽车维修店。这就像出场一样：风险太大，不能继续持仓。

当你感到紧张的时候，你要做的第一件事就是承认你紧张了。你可以对自己说“这笔交易让我不安”，这意味着你要从中找到线索。下一步，你就要问:“为什么我会感觉不自在？在交易中有什么重要的事改变了吗?”

后一个问题至关重要，因为它可以帮助你区分真实恐惧和在不熟悉或不确定的情况下你可能产生的正常焦虑。最近，我增加了每个品种的仓位，起初我感到有点紧张。当我问自己“为什么我会感到紧张”时，我并没有发现任何错误，我正在赚钱。我承认我只是对每笔交易增加的风险感到焦虑。我安慰自己说止损点和交易计划都是正确的，那么我就有能力度过焦虑期，从增加的风险中获益。然而，我必须通过内心对话来了解自身的警示灯——即紧张——来源于市场问题，还是我自己的认知问题。

> 恐惧是一个警示灯，而不是自动的行动向导。这等于我们的思想和身体在表达以下看法：“有些事情不太对劲。”

类似地，如果对建仓感到恐惧，你就会想问：“为什么我对这种想法感到不舒服？在这笔交易中我真的具有优势吗?”这样的问题会促使你审视你的交易思路：是顺势交易吗？这笔交易的回报风险比够大吗？我过去靠这种模式赚钱了吗？这个市场的成交量和波动性是否够大？

当与一名交易者以现场方式（即在他们交易时对他们进行训练）工作时，我要让他们大声讲出自己的交易思路。我会评价他们的交易思路，这样，我就能帮助他们弄明白何时的紧张感是正常的（结果确实不好）以及何时的紧张感是不正常的（交易思路很好，只是因为你的资金曲线下降了，你不确定）。

当你自我训练时，你可以采用这种自我对话的方式——如果你在经纪公司的交易室里与其他交易者一起进行交易——你可以用检查列表来检查你的思路和交易。简单来说，检查列表就是一个很短的列表，上面列出了进出场的理由。当你感到紧张时，你可以区分一个好计划所带来的不安和一个不好的计划所带来的不安。很多时候你害怕的是未知数，恐惧心理是变化的副产品。正如迈克·贝拉菲奥雷在第九章中提到的，恐惧心理并不意味着你不应该进行交易。

我进行交易的时间很长，我的检查列表在我的头脑中。过去我也需要将它写出来，放在面前。当我的仓位在赚钱时，成交量是否在放大？此时是不是放量了？买盘大，还是卖盘大？就像战斗机驾驶员在危险的战斗中检查仪表和注意雷达荧光屏一样，短线交易者也能快速检查这些规则。恐惧心理提示你要检查自己的标准，以确定你的交易是有根有据的。

你可以把恐惧作为一种线索，以深入检查交易情况，认真调整你的交易思路。

如果用这种方法看待恐惧心理，消极的情感也可能成为交易工具，甚至是朋友。你的任务就是设计一个检查列表，然后，在交易感到不确定时（或在下单前）一一检查这个列表中所列的内容。这个检查列表会告诉你你的建仓理由和持仓理由是否还在。这样，即使你非常紧张，也能训练自己做出最好的决策。信心并非来源于无畏的心理，信心来源于在面对压力和不确定性时你仍知道自己会做到最好。

训练提示

找出交易中会使你感到不安的积极改变，并把它作为你的目标。正如我在《重塑证券交易心理》中所描述的，因为当我们放弃了大家都知道和熟悉的方法时，我们会感到焦虑，所以焦虑表明我们成熟了。交易新品种，按照新的模式进行交易，提高交易量，在价格到达目标价位前一直持仓——这些行为都会让我们感到紧张，这表明我们在成长。从这个角度看，恐惧心理标志着机会的降临。

第18课 担心业绩——最常见的交易问题

想象一下你将为一群人做报告，这个报告也是你求职面试过程的一部分。你非常想得到这份工作，并且你已经为这个报告做好充分的准备。有一段时间你会感到紧张，但是你提醒自己，你对报告内容很了解并且以前也做过报告。

你开始演讲时，注意到听众不是很专注。在你演讲时，一个人拿出电话开始编辑短信，另一个看上去在打盹。你就开始想，自己的报告不够吸引人，你没有抓住他们的兴趣，并且你担心你可能会失去这份工作。你决定临时做一些有创意的事情来引起注意，但是你的紧张不安阻碍了你的表现。你找不到思路，结结巴巴、局促不安地继续按准备的原稿讲。你担心自己的表现，结果影响了自己的演讲。

任何时候，当我们担心自己的表现不好，从而影响了自己的表现时，就表明我们焦虑了。如果我们在考试时过分担心，大脑就会一片空白，把学过的知识都忘了。如果在篮球赛结束前我们努力想得到一个罚球机会，结果可能会把球投在篮筐上，最后输掉比赛。我们需要注意的是，我们对比赛结果的关心会使我们不能专注于比赛过程。

这也是交易者面对的共性问题，我发现很多交易公司对冲基金的交易员都遇到了这个问题。有时，交易者本来做得很好，当他想加大交易量时，他就焦虑了。有时候交易者的资金曲线回撤了，交易者害怕亏钱，结果交易时真的亏钱了。交易者迫切想赚钱时，可能会急于兑现利润，本来可以赚得更多，可惜最终没赚到。就像那个做报告的人，焦虑导致他总是怀疑自己，最终表现不佳。

要想了解更多关于焦虑及其解决方法的信息，可以访问以下网址：http://traderfeed.blogspot.com/2007/04/my-favorite-techniques-for-overcoming.html

如本章所讲，不仅环境能导致苦恼，我们对环境的认知也会产生苦恼。如果我确信很多公司都会聘用我，我的选择面很广，那么在面试时我就不会感到有压力。我研究生毕业时，去纽约州找工作，面试时主任医师要我说出我最喜欢的治疗方法。我笑着告诉他，我喜欢原始的尖叫治疗法。我的回答打破了僵局，我们俩都笑了，之后的面试进行得很顺利。我知道，如果这次面试没结果，还会有其他的机会。这种想法让我很放松。

如果我认为那是唯一的工作机会，我非常需要那份工作，就会产生很大的压力。面试中我可能太紧张，根本无法开玩笑，表现得木讷又没有风度。如果把失去工作看作一场大灾难，我肯定不会出色地完成面试。

交易者沉浸在自己的悲惨经历之中时，没把失败看作在不确定情况下正常的、意料之中的现象，而是看作对自我认知或生计的一种威胁。交易者赚钱时，他们会觉得未来充满希望，对自己感到很满意。当连续几天亏损后，他们就被亏损挫败了。他们交易的目的不是赚钱，而是确保不亏钱。就像在工作面试中紧张的那个人，交易者无法做到自然地、自动地发挥出自己的才能。

交易者常犯的错误是试着用积极的想法取代那些悲观、消极的想法。他们反复告诉自己“我一定能赚钱”，给自己一个美好的希望。然而，他们关注的仍然是行为的结果，而不是行为的过程。专业人士不会对自己正在做的事做出好坏的评价。相反，他会全神贯注于行动。一名专业的女演员关注的是群众的反应还是第二天评论者的评论？一名专业外科医生关注的是手术的成功还是失败？都不是，他们杰出的原因是他们能集中全部精力充分发挥自己的才能。

做事时总想着结果的好坏会影响做事。当你认真做事时，结果自然很好。

专业人士的信心并非来自积极思维，而是当遇到挫折时，他们知道自己有能力面对困境。如果一名专业女演员在某个晚上表演得不是很好，她知道自己要加强排练了。如果一名专业外科医生手术后病人出现了并发症，他知道要迅速确定并处理那些并发症。这些专业人士能防止不良结果进一步恶化，从而避免会造成严重后果的焦虑。

我发现克服交易中的焦虑最好的办法是，把最差的交易认真记录下来并从中学到东西。把失败变成自我训练的机会，失败就不会只是失败。

比如说，你有一种可靠的交易模式，这种模式告诉你股价会上涨。你就购买了某只股票，股价的确按照你的预期上涨了。然而，突然间，股价反转，跌破进场点。你发现反转时的成交量很大，就止损了。你可以选择责怪自己运气不好，咒骂市场，并给自己施加压力，以在下一次交易中弥补亏损。所有这些消极的做法会使你感到有压力，它们对你的交易不会有所帮助。

或者，亏损后你可以重新审视市场：这个板块的其他股票都在下跌吗？大市在下跌吗？有什么消息对股票、板块或市场产生了影响吗？当趋势下跌时，你本应该买入，但是你并没有买入，对吗？你是不是动手太迟了？所有这些问题让你有可能从亏损交易中汲取经验，在接下来的交易中你很可能会成功。例如，如果你注意到这个板块中的上市公司发布了预期亏损公告，导致本板块中所有的股票都在下跌，此时你可以反转仓位并从中获利。自我训练时，你会发现有些交易思路中看不中用。如果市场符合你的交易思路，你要敢于交易；如果你不敢交易，说明你应该提升自己。每个交易日（如果你通常持仓过夜，就以周为单位）你要排除一种不能让你赚钱的交易思路，这样就能让你思路清晰。亏损的交易会告诉你市场有什么变化或你的交易问题，或两者兼而有之。然后，你的任务是暂停一下，搞清楚市场透露的信息，针对自己的交易做出必要的调整。

有了亏损代表机会这种想法，你就会利用好亏损。它使你继续学习和进步，使你应用积极思想来实现进步。每次挫折都是为了帮助你成长，使你变得更强大。但只要找到应对策略，焦虑就会逐渐消失。

训练提示

紧密跟踪交易结果一段时间后，你就会了解资金曲线的回撤情况：回撤多久，回撤幅度多大。一旦你了解了资金曲线的回撤情况，就会知道资金曲线还会上涨。当回撤刚开始出现时，你可以减小仓位，这样就可以限制回撤幅度。最重要的是，如果你认为回撤是正常的，就不会产生焦虑。实际上，回撤会迫使我们在市场中找到新的机会并适应市场行情的变化。很多成功都包括在逆境中发现的机会中。

第19课 交易者的定位

《提高交易者的业绩》的主要观念之一就是每个交易者都能发现自己

的利基并据此进行操作，以提高自己的利润率。利基包括以下几个组成部分。

1. 特定的市场或品种

不同的市场结构不同，行为不同。有些市场波动性强，有些市场波动性弱；有些市场能比其他市场提供更多的信息。市场的个性必须符合交易者的个性。有些人，比如我，善于收集成交量和情绪指标数据，能在信息充分的股票市场中赚钱，但在货币市场中就不容易赚钱，因为货币市场的成交量和情绪指标会瞬间转变，难以理解。

2. 核心策略

交易者的核心策略使其可以捕捉到供求关系。有些交易者喜欢顺势交易，有些交易者喜欢逆势交易。有些交易者喜欢方向交易；有些交易者喜欢价值交易，比如价差交易和配对交易。一些交易者喜欢用直观工具进行交易，他们会充分利用图和技术模式；一些交易者喜欢使用统计数据，根据模型来交易。

3. 时间框架

剥头皮交易者能够迅速处理信息且持仓时间只有几分钟，他们和日内仓位交易者不同，和持仓过夜的波段交易者更加不同。基金经理能够做到在同一时间采用不同的思路在不同的市场交易，他和只交易单一品种的做市商的思考过程是不同的。时间框架决定了你关注的重点：做市商非常重视订单情况，基金经理可能会关注宏观经济的基本状况。时间框架还可以确定做决策的时间、执行交易的时间和研究交易的时间。我厌恶风险，所以选择在比较小的时间框架下，我会有选择性地进行交易。据我所知，有些交易者会频繁交易，有些交易者则会长期持有。时间框架影响着交易的风险，它能确定交易者的特性。

4. 决策框架

有些交易者是主观交易者，他们会根据市场的信息进行直觉交易。有些交易者会在做出决策前进行大量的分析。有些交易者采用明确的模型进行交易——有些纯粹是机械交易系统。有些交易者可能会遵循通用规则，但并不会使它们形成规则。我的交易则是头脑和勇气的结合——我会研究并制订计划，但是我的交易风格是主观交易。每个交易者都以不同方式将分析和直觉融合在一起。

你的认知方式和你的优势决定了你交易什么品种，如何交易。

我与交易者一起工作以及读书时获得的交易经验说明——如果你不按照自己的优势进行交易，那你会感到苦恼。泰德·威廉姆斯是具有很强打击力的名人纪念馆棒球选手，提出了一种很形象的说法。他把场地分成很多个区域并计算出每个区域的安打率。例如，他发现在低的投掷点他的安打率是最低的。高的投掷点和确定位置上方是最好的位置，在那里他的安打率很高。对于某些确定投掷点，威廉姆斯是一个普通的击球员。对于他的优势投掷点，他是一个球星。据他自己陈述，他很伟大是因为他学会仔细观察确定位置并等待他的优势投掷点的出现。

交易者的利基决定了交易者的优势。同样的市场，我能赚钱，别人不一定能赚钱。在特定的交易时段，我能赚钱，别人只能打平。如果我改变了我的时间框架，我就会亏钱。如果我使用自己不了解的模式进行交易，我就会亏钱。就像威廉姆斯一样，当我等待的投掷点出现的时候，交易会进行得很顺利。如果我打低球或远球，我就失败了。

第九章会谈论有经验的交易者知道要在哪些“投掷点”出击，他们知道等待“投掷点”的价值。

道理很明显：我们的情感能说明我们是否在根据自己的利基做事。有关事业、人际关系和交易的道理都是一样的。如果我们做的事是我们喜欢做的事，那么我们的情感状态就很好；如果我们做的事是我们不喜欢做的事，那么我们就很苦恼。从这个角度看，消极情感很有用，它会警告我们做错事了。

当你自我训练时，你的工作是发挥自己的利基，提高“安打率”。这意味着你要知道何时交易，何时不交易。同样重要的是，一旦你的优势出现了，你要抓住这个优势。活跃交易者的共同特点是他们在不该交易的时候频繁交易，导致亏损；当真正的机会出现时，他们又不敢动手了。不充分利用机会就会导致失败。

最近我和一名日内交易者进行了一次对话。他相信如果每次他能持仓几天，就能赚相当多的钱。虽然看图表时我们会觉得坚持持有仓位是很简单的事，但是实战时要困难得多。这是因为交易者并没有利用自己的利基。确定了日内时间框架的机会和风险后，当试着长时间持有仓位时，逆向波动就会让他恐慌。更糟糕的是，他混淆了时间框架，想把亏损的仓位变成长线仓位。他忘了自己的利基，像新手一样交易，最终只能取得新手的结果。

你的利基是什么？在市场中你做得最好的事情是什么？如果你只会使用一种策略在同一个时间框架内交易一个品种，结果会如何？你是否知道下列问题的答案：你真的对过去的交易做了记录和分析吗？你知道哪些方法有用，哪些方法没用吗？

公司在新产品上市前会认真研究市场，同理，你也要认真研究你的利基。就像管理学书籍告诉我们的，大公司要坚持它们的核心竞争力，我们在交易中要充分利用我们的优势。第八章会说明，你不仅仅是自己的交易教练，而且是自己的交易经理。这意味着你要检查自己的业绩，明智地分配资源并适应市场行情的改变。

> 过度交易带来的最大问题是它使我们忘记了自己的利基，导致业绩不佳。

下面是一个简单的练习，它会使你成为自己的交易经理。给每笔交易贴上标签 A、B 或 C。贴有标签 A 的交易充分利用了你的利基，它们是你的收入来源，是最好的交易。贴有标签 B 的交易是好的交易，它们不一定是全垒打，但它们能持续获利。贴有标签 C 的交易是比较差的、投机性的交易，这些交易看起来似乎不错，但不是自己的利基。

你可以跟踪 A、B、C 三类交易的利润率，这样就可以知道是否利用了自己的利基。你还可以跟踪仓位大小，以确保在最有优势时仓位是最大的，最没有优势时仓位是最小的。

你越了解自己的利基，就越善于利用自己的利基。长此以往，你不但能赚钱，情感状态也会不错。

训练提示

如果像上面一样，把交易按 A、B、C 的方式分类，当你的资金曲线回撤时，你的风险管理并没有问题。当市场没有按你所期望的状态发展且你已经失去优势时，应当减小仓位，只做 A 类交易。很多时候过分自信，忘记了自己的利基，会导致资金曲线回撤。如果 A 类交易没有赚钱，你就要降低风险（减小交易量）并重新判断市场趋势。

第 20 课　市场波动性和心态波动

最近我在交易者博客上发表了一些重要的文字。我在研究两个标准普尔股指期货电子迷你合约—2008 年 1 月份的合约和 2008 年 5 月份的合约，比较它们在 30 分钟图中的平均波动性。波动性指数表明大市的波动性明显减弱了。问题是，这里逐日计算得到的波动性对于采用比较小的时间框架的交易者来说，是否意味着更弱的波动性？

结果让人大开眼界：对于 2008 年 1 月份合约，当波动性指数很高时，30 分钟图中的平均振幅是 0.006；对于 2008 年 5 月份合约，当波动性指数较低时，振幅缩小到 0.0028。换句话说，对活跃的日内交易者来说，2008 年 5 月份合约的波动性是 2008 年 1 月份合约波动性的一半。

请思考一下上面的结论对交易者的情感有什么影响。交易 2008 年 1 月份合约和交易 2008 年 5 月份合约的不同交易者的收益相差很大。如果波动性弱，价格无法到达目标价位，即使一开始是赚钱的，价格很快也会反转。日复一日，周复一周，交易者一直重复这样的经历，必然感到深受挫折。在这种情况下，交易者加倍交易，很多交易者就会因此大亏。

如果交易者喜欢波动性弱的市场，他可以把止损点设置在进场点附近，这样可以控制风险。随着市场波动性增强，交易者被止损了——即使原来的思路最后被证明是正确的。交易者可能会再次感到郁闷，并可能违反交易规则。

以上两个例子很好地说明了糟糕的交易是如何给交易者带来苦恼的。看起来好像是挫折导致纪律无效——在一定程度上是这样的——但主要原因是没有根据波动性的变化调整策略，最终导致心情郁闷。当市场波动性变化时，必须相应地调整止损点、价格目标和仓位大小，否则收益完全不同。正是由于这个原因，市场波动性的变化能引起情感的波动。我们并不是根据市场上正发生的事进行调整的，我们对市场的反应太迟了。

糟糕的交易——执行不力、糟糕的风险管理和交易管理都会导致苦恼。交易影响我们的心理和我们的心理影响交易的程度是一样的。

个性研究表明，每个人的个性不同，风险忍受度也不同。不同的仓位大小，不同的品种代表了不同的风险喜好。当市场波动性越来越弱时，激进的交易者会感到很郁闷。当市场波动性越来越强时，厌恶风险的交易者会感到有威胁。当波动性变化时，对应的风险和回报也会发生变化，所以会引起交易者情感的变化，如我在博客中讲到的市场在几个月内就发生了这样的改变。

请注意，当交易者改变市场时——如从标准普尔 500 指数市场转到石油市场或换股，他们也会遇到同样的问题。日内交易者喜欢快速换股，从一个板块换到另一个板块，而不同板块的波动性是不同的。如果他们不相应地调整自己的止损点、目标点和仓位大小，快速被止损，无法实现的价格目标和过大的亏损都会让他们感到郁闷。

很多交易者吹嘘自己在某笔交易中赚了很多钱，很多时候这是靠重仓交易赚到的。虽然他们赚钱了，但是这可能说明他们的资金管理水平太差了。交易 1000 股小型技术公司的股票和交易 1000 股道琼斯股票是十分不同的，尽管它们的价格可能相同。技术公司股票的 β 值较大，对应的利润和亏损都比大盘股大，也就是说收益波动大，对交易者情感的影响也大。

风险和回报成正比：追求高收益，资金曲线回撤也大。成功的关键在于，根据你的风险忍受度进行交易，那市场波动就不会改变你的观点和决策。

你知道自己所交易的市场的波动性吗？在波动性较弱的市场中，你是否愿意接受比较小的利润和亏损？在波动性较强的市场中，你是否愿意接受比较大的利润和亏损？如果交易不同的品种，你是否根据不同的波动性调整了自己的期望值？你无法在拥挤的高速公路上开快车；同理，在波动快和波动慢的市场中，你也不能用同样的方式交易。

对于以上观点，对我起作用的一种策略是，算出在不同持仓期内——比如 30 分钟、60 分钟的 20 天平均振幅。我会关注接近平均振幅的品种包括波动最快的和波动最慢的品种。有了这些信息，我可以完成以下几件事。

（1）对于每个交易日，我能判断出今天的振幅是否不同于过去 20 天的平均值，这样我对交易当天市场的波动性就会有所了解。这样的了解能帮我在交易时调整期望值。例如，标准普尔电子迷你市场最近在早盘会波动 12 个点。我的研究告诉我，市场只会波动 12 个点左右，所以我不会追涨杀跌，我会及时兑现利润。

（2）如果过去 20 天的波动性不强不弱，我就能集中精力执行好交易，将止损点设置在进场点附近，紧紧跟随利润目标。这样，在波动性弱的市场中，我能比较激进地交易；当行情反转时，我能理所当然地接受它。

（3）如果过去 20 天的波动性越来越强，我就会放宽止损范围，提高利润目标，调整交易量，这样灵活性会强些。我通常会在波动性比较强的市场中设置多个价格目标。当到达第一个目标时，我会兑现部分利润，让剩下来的仓位向第二个目标前进。

请注意，在以上情况下我是根据市场波动性来控制交易的。我没有让市场波动控制我，而是根据交易当天的市场状况积极调整交易。当你在交易中感到苦恼时，自主地控制交易是比较好的办法，你可以把波动转变为潜在机会。

第十章讲解的Excel技术有助于你跟踪过去的平均成交量和波动性。

自我训练时，要随着时间推移监控自己的情感。当你发现自己很沮丧时，就要看看市场是否已经改变了，从而导致了你的情感发生变化。我所说的市场改变是指你所交易的品种的波动性发生了变化。你可以针对不同的波动性制订不同的规则，这样交易能赚钱，情感状态也会很好。

训练提示

如果你在任意时刻都知道你所持有的品种的平均成交量，就可以迅速判断出当天的波动性强弱。如果你知道当前成交量与平均值之间的关系，就能识别出横盘突破，此时很多交易者都参与了这次突破。如果你判断出市场的行情在趋缓，你就可以相应地减仓。

第三章

心理满足

增加交易经验

> 幸福是生活的意义和目的，是人类生存的全部目标和终点。
>
> ——亚里士多德

最近一项关于积极心理学的研究深入探讨了满足感的重要性，满足感指积极情感。仅仅应对压力并减少痛苦是不够的，如果打算取得最好的业绩，我们需要充分挖掘自己的能量。我曾经多次目睹交易者们仅仅因为疲劳过度，状态不佳，结果错过了一次好机会。奥林匹克运动员肯定都想以最好的状态进行比赛。然而，当交易者睡眠不好、过度疲劳或注意力分散之后，他们常常会拿自己的资金冒险。你如何管理自己的交易在某种程度上取决于你如何管理自己的人生。但是，什么是满足感？我们能放大满足感吗？大量研究帮我们回答了这些问题，其中大部分研究是在过去 10 年间进行的，很多交易者甚至交易教练都不了解这些研究。让我们看看该如何训练自己，以便获得更多积极的体验和更好的业绩吧。

第 21 课 感觉良好的重要性

在交易心理学中，对交易或市场的热情被高估了。不同的人对激情有不同的理解，我认为激情与交易者的努力程度关系不大。为了赢利而不顾一切的交易者、像赌徒一样上瘾的交易者以及24小时只关心交易的交易者都声称对交易充满热情。然而，这种热情会让交易者赚钱，也会让交易者亏钱。欲望和动力对于交易成功是必要的，但是只有这两样是不够的。

交易者最好还是关注自己对市场的总体感受，而不是把注意力放在热情上。在研究市场、学习技术和交易的时候，你体验到了幸福、满足和干劲儿吗？你真的喜欢做自己正在做的事情吗？

积极的情感就是心理学家们所说的心理满足感。一个具有极大满足感的人会时常体验到：

（1）积极的情感（幸福）；

（2）可观的期望（乐观）；

（3）良好的身体状态（精力）；

（4）积极的自我和生活评价（满足）；

（5）良好的人际关系（友爱）。

没有人可以一直感受到上述所有体验；实际上，根据环境的变化，这五种体验也在不同程度地发生着变化。然而，心理研究表明，有些人会有更多的满足感。造成这种差异的部分原因是个性不同；部分原因来源于环境，我们的模式有时候能赚钱，有时候不能赚钱，所以满足感不同。

> 心理满足感在很大程度上是一个人和社会环境及工作环境之间相适应的体现。

当人们长期情感状态不佳时，我们可能会认为他们很沮丧，有抑郁症。包括焦虑症在内的情感问题可能会阻碍人们享受生活并感到满足。在这种情况下，人们有必要向有经验的注册心理健康专家寻求帮助。当慢性症状影响我们的情感时，实际的治疗（有时配合药物）常常能够产生很好的效果。当你长期情感不佳时，你不必痛哭、卧床不起或自杀。

> 第一章的“资源”部分包括由贝克认知疗法研究所提供的有关“快速治疗”的介绍。

然而，随着生活环境的变化，大部分人的情感也在发生变化。当他们的价值观和需求在生活中得到肯定和满足时，他们的情感是积极的。当他们的需求在生活中得不到满足时，他们会感到苦恼、沮丧和无精打采。从这个角度看，情感是生活状态的晴雨表，能告诉我们做对或做错了哪些事情。

这样，你就能明白为什么积极情感对交易如此重要了。如果你交易顺利，并且不断地学习、进步，通过努力取得成功，那么久而久之，你的情感大多是积极的。你在工作中的情感应该是自豪、满足和有一丝成就感，这种成就感给予你力量和乐观态度。如果你交易不顺利，你没有取得进步，你努力了，但并没有成功，那么你的体验是消极的。在大部分时间里，你会感到沮丧、压力和气馁，你很少会感到满足、精力充沛和快乐。

积极情感之所以重要，是因为幸福感和个人满足感产生的能量和乐观精神符合交易者的学习曲线。能量和乐观精神使交易者集中精力，也可帮助交易者掌握赚钱的模式。拥有很大满足感的交易者更有信心捕捉到赚钱的交易，回避亏钱的交易。具有积极情感的交易者不会由于沮丧而轻易进行冲动交易，他有能力熬过亏损期。简而言之，当我们情感状态好的时候，我们的表现也好，我们的收益就多。

> 满足感提高了自我认知。当我们感觉良好时，我们的思考能力也会达到最好的状态。

自我训练时，你要监控自己的情感。你可以准备一份列表，每天收盘后进行对照，看看自己的情感状态如何。图 3. 1 就是这种列表。

你不必在每个交易日都感觉很不错，这也不现实，重要的是在消极情感和积极情感之间找到平衡。如果你在收盘时经常感觉很糟糕，这表明你请确认你的感受，从以下各组形容词里面选择一个最接近的。

（1）幸福，一般，不幸福。
（2）满意，一般，不满意。
（3）精力旺盛，一般，精疲力竭。
（4）乐观，一般，悲观。
（5）聚精会神，一般，心神恍惚。
（6）平静，一般，有压力。
（7）有能力，一般，没能力。
（8）成长，一般，没有成长。

评分方法：如果你选择了第一项，加1分；如果你选择了第二项，0分；如果你选择了第三项，减1分。然后把所有的分数加总。如果总分大于或等于4分，你的情感是积极的，你要去确认你做对了哪些事；如果总分小于或等于-4分，你的情感是消极的，你要确认你做错了哪些事；如果总分在-4分到4分之间，你要去确认做对了哪些事，同时做错了哪些事。通过分析你每天的行为，你就能在积极情感和消极情感之间找到平衡点。

图3.1 简要的情感状态检查列表

交易不顺，或者市场方向对你不利，或者是你的目标不清晰。

通过每天收盘时测量自己的“情感温度”，你就能知道哪些行为是积极的，哪些行为是消极的。当我在实战中深刻地意识到特大亏损不仅减少了我的年收益，而且破坏了我对交易的兴趣时，我就学会了止损。随着时间的推移，当我赚钱时，有成就感的时候，我学会了重视自己的优势。不带情感地进行交易是无稽之谈，因为当我们冒险投入资金并追求利润目标时，只要我们关心自己的业绩，我们就会有情感。如果我们通过自我训练，保持一种积极的情感并充分发挥自己的潜力，这样的情感就会对我们有好处。

训练提示

当生活发生巨大转变时，例如生小孩、购新房、搬家、分手、家人去世、大病初愈等，要特别注意自己是否有满足感。很多时候压力很大，没有满足感，甚至像生小孩这样令人高兴的事情也能够导致工作压力增加，睡眠减少。财务状态的恶化更会导致我们有压力，失眠。在交易时，你要充分考虑这些情况，并想办法减少相关风险。

第22课 建立自己的幸福

心理满足感的两个关键要素是快乐和满足。对我们所做的事情具有积极的感受很重要，对我们的生活拥有一定程度的满足感也很重要。快乐和满足能带来长久的幸福。

就像本章开头所引用的亚里士多德的名言所表明的那样，幸福是生活的中心。当希腊哲学家们提到幸福时，他们并不是简单地指积极的情感，而是把幸福和成就感联系在一起，成就感指能成为自己想成为的人。从这个角度看，一个幸福的人能够经受住悲伤、亏损、焦虑和挫折的考验。实际上，有目标的生活都会遭遇挫折。令你感到幸福的原因是你深深地意识到自己正走在正确的道路上，意识到自己正在做自己最想做的事。

亚里士多德所说的幸福的反面并不是悲伤，而是某种不安，即一种模糊但又普遍存在的内疚感。这种内疚感源于你错过了机会，没有发挥自己的潜能。愤怒、焦虑和沮丧这些消极情感，很多人都谈到了，但这种痛苦的内疚感，很少有人谈到。它虽然不像恐慌或大发脾气那样引人注目，但它具有挥之不去的侵蚀作用。如果你感觉在事业、爱情和个人成长方面一直表现不佳，你就无法在此基础上建立持久的自信心和自尊心。

相反，当你沉浸在真正令自己满意的活动中时，满足感就会凸显出来。作为一个心理学家，当工作任务接踵而至时，一想到能够帮助别人，我就能度过缓慢、渐进、困难的工作时期。同理，事先想出一个极富挑战性的交易想法，有计划地执行它，然后看自己赚了多少钱，这样做会产生幸福感，这种幸福感是仅靠运气交易所不能得到的，即便获得的利润相同。自豪（不是傲慢、自负，而是一种内心对自己的选择深信不疑）是亚里士多德所说的幸福的一种重要表现形式。

不幸的是，交易并没有给很多交易者带来这种满足感。没错，他们在赚钱时快乐，亏钱时痛苦。他们缺乏那些有使命感的人才可能有的极大的内心满足感和快乐。大部分交易者希望利润会带来幸福，但事实恰恰相反，只有先感到幸福才能带来利润。当我们追求幸福的工作时，工作会给我们带来收益。在肉体上征服对方并不能赢得爱情，买彩票中了大奖并不能体会到创业者的艰辛，交易赚钱并不能为交易生涯带来动力，它们是令人愉悦的成果，但不是幸福之源。

遗憾的是，很多交易者的交易方式都不会带来满足感。他们追求利润，就像一个轻浮的艺术家追求性一样。他们有时成功，有时失败。然而，他们做事没有累积性，就像人们在酒吧建立的关系无法长久一样。交易者认为长期待在屏幕前的经济价值为零，这么做没有意义，他们感到不满。他们不一定会焦虑、抑郁或者沮丧，他们仅仅是空虚。

我们可以识别出快乐的交易者，因为即使不是开盘时间，他们也沉浸在交易之中并自得其乐。我每天会对交易者博客的流量进行跟踪，注意到周五收盘之后以及整个周末，访问量会突然减少。毕竟，如果市场没有开盘，那就没什么乐趣了。这就是交易“常客”的心态。快乐的交易者会在研究和认识市场、准备第二天和下周的交易、分析交易收益和提高业绩以及研究新思路和新方法中找到乐趣。对于这类交易者来说，工作日和周末没有什么差别，就像对于专心致志的艺术家或者科学家来说，工作日和周末没有什么差别一样。实际上，这些交易者在晚间或周末会大量阅读：他们沉浸在交易的全部过程中，而不仅仅是从交易中赚钱的过程。

你会明白，当你全神贯注于所做的事情，以至于不想休息的时候，你正在追求幸福。当你爱上某个人时，你的所有活动中都充满了爱，爱并不仅仅局限在夜总会或卧室里。当你在市场中获得了满足感时，市场就融入了你的身心，而不是在赚钱时你才觉得市场重要。我给你安排一个任务，从下周开始观察自己，看看你在休市期间花了多少时间研究交易，看看你的感受如何。当你发现新的模式和思路时，你是否由衷地高兴呢？当你的业绩提高时，你是否会感到自豪呢？当你了解了市场，提高了业绩的时候，你是否会感到自豪和满足呢？

如果你在休市期间做研究所花费的时间没有开盘的时间长，那么也许交易不是你的使命。你能想象一位牧师只是在朝九晚五地工作吗？你能想象一位画家仅仅在画展期间绘画吗？当交易真正成为你生活的一部分并带给你幸福时，你最可能做的是提高技术水平和寻找模式，并沉湎其中。因此，要想成功，你必须找到自己的利基，然后让自己沉迷其中。交易可以是一项伟大的工作和一项很赚钱的事业，但前提是，交易是你的使命。

训练提示

很多交易者把满意和满足与懒惰和自以为是的沾沾自喜混为一谈。他们扬扬得意，不知道什么叫满足。结果，交易者对自己的交易行为不满，开始沮丧。你可能对目前的交易进展满意，但仍然要继续前进，重点是要建立短期和长期目标。这样当你达到短期目标时你就满意了，但是仍然渴望那个更大的目标。

第23课 进入状态

大部分有经验的交易者都有进入状态的感觉：市场方向太明显了，一出手就能赚钱。心理学家亚伯拉罕·马斯洛将这种状态称为波峰体验，研究者米哈伊·柴科金特米哈伊将其称为沉浸时期。进入状态的标志是进入巅峰状态，以高度娴熟的方式运用技术，似乎不必刻意地努力。

进入状态能带来满足感，而且无疑也会被消极的情感扰乱，但是它并不是一种情感状态。进入状态要求人们沉浸其中，即全身心投入到自己所做的事情上。在这种意义上，进入状态是一种高度关注的状态，让你聚精会神地参与到一项活动中。

值得注意的是，在我们没有沉浸在活动中，即没有进入状态的情况下，我们也能够自动做事，甚至驾轻就熟。像在空旷的道路上驾车或在城市马路上步行这样的重复的日常行为并不要求精力集中，通常也不会带来任何满足感。要想进入状态，人们必须全神贯注地做事。虽然进入状态后做事看起来不费吹灰之力，但实际上并非如此。

之前，以及在《提高交易者的业绩》中，我强调了利基的重要性，即一个人应该从事最能发挥他才能、技术水平和激发其兴趣的工作。判断一个人是否在根据自己的利基做事，就看他进入状态时的时间长短。对我来说，在写作时我常会沉浸其中。我很少事先列好详细的大纲，然后开始创作。相反，我会设定好主题，然后边打字边让想法和文字涌出。同理，我为别人做心理辅导时，我完全集中于他们所说的内容，分析内容的含义，然后思考如何利用这些信息帮助他们。当我与某人会面时，感觉时间过得飞快，这一点也不稀奇，因为我完全沉浸在交流中，以至于没有了时间的概念。

当我积极地了解市场——致力于研究——做短线交易时，我就进入状态了。重要的是，使我全神贯注的是交易难题，而不是下单的过程。如果我不参与到解决难题的过程中，而是以一种机械的方式做交易，那么我会发现自己会在心理上厌恶交易。就像和别人毫无边际地谈话一样。我没有集中注意力，我没有进入状态。

最有破坏性的心理模式之一就是交易者假装进入了状态，然后重仓交易。换句话说，交易者本来对市场和交易过程并不感兴趣，他们只想重仓交易，这是他们的兴趣所在。他们的问题显而易见，即：他们会遭受特大亏损，有可能会爆仓，而且心理上也会遭到重创。一旦交易者习惯了一种风险水平，则需要更大的风险水平才能吸引他的注意力和兴趣，就像瘾君子每次都需要增加吸毒剂量才能达到高度兴奋一样。最后，需要高风险刺激才能产生兴奋感的交易者爆仓了。这实际上是上瘾，而不是对市场充满热情。

你可以在《提高交易者的业绩》和以下网址中找到更多有关交易上瘾现象的信息：http://traderfeed.blogspot.com/2006/11/dr-bretts-heartfelt-plea-when-trading.html。

防止上瘾的方法之一就是把注意力集中到自己身上，而不是业绩上。如果你一心想破纪录，你就不能全神贯注地发挥自己的强项。在交易期间关注是否赚钱的交易者在一定程度上没有关注市场。如果在交易时总想着自己的业绩，这是焦虑的表现，容易带来灾难。

当我写第一本关于交易的书时，在与出版商签订合同前我就决定要完成所有的写作。我当然想出版我的书，但是我不想为了版税或名声而写作。这本书是写给我自己的，是为了阐明自己的想法，丰富该领域的知识。当我以这样的心态写作时，我就不必担心读者会影响我的写作思路，也不必照顾编辑的喜好。我所做的仅仅是关注自己的写作。为了工作表现而努力反而不会有好的表现。一方面想写出好的内容，一方面猜想这些内容会不会被认可，这么做肯定不利于写作。一旦你追求工作表现，而不是按照自己的愿望去做事，你就会想着工作表现的事，很难有好的工作表现。

交易者也是如此。如果一个交易者需要赚钱，那么熬过市场的起伏期并仍然关注于执行交易思路和计划是很难的。如果今天的交易必须为明天提供伙食费和房租，那么你就无法进入状态，因为每当利润受到威胁时，你就会焦虑。同理，如果我受身份和自尊心的驱使，一心想赚钱，我就无法控制我的交易了，市场的波动已经控制了我的情感。波峰体验要求能控制自己所做的事。

也许不同的比较会阐明该问题。我和我的妻子玛吉发现免税债券的收益明显大于长期债券（要缴税的）的收益，也大于银行利息的收益，于是我们就投资了很多免税债券。我们的计划是长期投资，而不是短线交易。一段时间后，我们发觉即使免税债券的收益率下降到和缴税品种的收益率一样，免税债券的收益还是很可观的。因为投入的钱还不到我们存款的10%，所以我们可以轻松自在地做投资。我们把剩余资金分散投资在其他品种上，所以即便短期内债券行情对我们不利，也可以保证我们总体上是赚钱的。我们投资多样化，并不指望任何一个仓位会赚大钱，所以我们可以持续关注整体投资情况。

> 无论是在生活当中还是在市场中，多样化都可以减少业绩压力，并使我们完全沉浸在自己所做的事情中。

同理，当交易者轻仓交易时——他不必急着赚钱——亏损了也不构成威胁，所以他能认真执行交易计划。

这是个心理悖论，即要想提高某一方面的表现，同时提高多方面的表现有助于提高该方面的表现。如果我的父亲、丈夫和心理学家的角色都是成功的，那么我就不需要靠卖书赚钱了，也不需要靠交易赚钱了。这恰好说明了多样化能让我专心写作和交易，并从中获得令人满意的收益。

自我训练时，你没有必要把太多的时间、精力和情感放在交易上。实际上，如果你把所有的注意力都放在交易上，那么你必然会亏损，业绩不好。相反，你可以训练自己，使自己确信生活中有意义的事很多，交易只是其中一件事。你还可以关注宗教信仰、艺术活动、运动消遣、社会生活、知识生活、家庭、社区和业余爱好。如果你在这些方面也做了时间安排，你就可以熬过行情的起起落落，因为你不再迫切需要赚钱，你的注意力可以放在交易思路和执行力上面。

所以，我给你安排了一项任务：针对以上所提到的各种活动，你可以给自己评分，看看自己的兴趣如何、满意度如何，你是如何分配你的时间并感到满足的，然后选择一个领域进行培养，以增进你情感的多样性。你不仅会找到新的乐趣和成就感，还会获得安全感和满足感——获得满意的业绩。

训练提示

离开计算机屏幕，稍作休息。休息可以有效地帮助你重新集中精力，暂时离开竞争激烈的市场。休息有休息的好处，能够让你进入另外一种状态。健身是一种状态，和喜欢的人交谈也是一种状态。当我和我的猫吉娜玩耍的时候，或游泳的时候，我完全沉浸其中。这些活动使我的思绪远离我所做的事情，然后使我带着新的观点回来。当你完全沉浸在市场中一段时间之后——要转换精力——把身心投入到其他活动中，这些活动能增强交易的有效性。

第24课 精力充沛地进行交易

精力充沛是心理满足的重要标准之一。当你感觉身心疲惫时，很难保持幸福、热情、活力和满足状态。疲劳就没办法集中注意力，精力充沛才能让人感到积极，有活力。

连续工作很长时间以后，我们会疲惫不堪。专注和专心要求我们付出努力，最后我们用尽了精神能量，便无法集中精力。这将导致我们犯交易错误：错过良机、忽略了关键的数据或忘记了交易计划的关键内容。当我们疲惫不堪时，我们也最容易回到过去的通常是错的习惯性模式中。当我们能量耗尽时，我们可能会发现自己由于无聊而不停地吃东西；当事情不顺时，我们容易发怒，或变得比较消极。

可以这么说，坚持目标需要长期保持注意力。为了积极地引导自己，我们需要保持一种警觉和积极的心态。当我们变得疲惫时，我们就不再积极，变得消极，只对事件做出反应，而不是去完成目标。

积极交易和消极交易的区别很重要。积极的交易者会研究市场，确定明显的机会，然后有意识地执行和管理交易，从而尽量增加机会。对积极的交易者来说，任何事情都是事先计划好的，包括机会在哪里、在哪观望、在哪兑现利润以及在哪止损。做到这些需要时间、精力和长期的注意力。从这个角度看，好的交易就是明确的交易行为。

当我们身心疲惫时，就无法保持聚焦状态。我们忽略了自己的研究结果，也不能正确地计算风险和回报。我们根据简单的分析做交易——根据图表模式或价格做交易——这种方法回报风险比较低。更糟糕的是，当我们疲惫不堪时，我们会变得情绪化，没有认真考虑自己的策略，就开始追涨杀跌，或机械地遵守规则（在强势上涨的市场中买了弱势的股票）。

交易时，你要合理地安排你的生活。

1. 正常睡眠并保证睡眠质量

尽管你已经躺在床上很长时间了，但是间断的睡眠仍然能影响你重要的睡眠阶段，使你感觉不安。

2. 合理饮食

血糖过高或者过低都会使你很难聚精会神地做事；大量的咖啡因和糖可能使你暂时兴奋，但是过后还是会恢复原样。

3. 保持心态平和

我发现长期而言酒精等对交易者产生了不利的影响，比如头一天晚上参加了聚会，第二天的交易业绩就会比较差。相反，在生活中专注的人，在交易时也能做到专注。

4. 保持身体健康

大部分人在做交易计划时都忘了做健身计划。连续几个小时地坐在屏幕前不利于健康，我们应该加强有氧健身。如果不这样做，久而久之，我们失去了调节能力，我们的“精力电池”也就没电了。

5. 稍作休息

很少人能够做到一整天盯着屏幕看行情而不分心。当市场波动放缓时，你可以稍作休息，给自己补充能量，这样当市场波动加快时，你就可以做到聚精会神了。

> 交易是马拉松比赛，并不是短跑比赛，赢家知道如何控制自己的步调。

上面所提到的这几项，看起来很平常，但是大部分交易者都做不到。我们总是在为交易做准备，但是准备工作总是没做好。如果我们没有做到自律，我们如何才能有纪律地执行交易决策？

自我训练时，不要太累了，以避免工作无法继续开展。你不能忽视自己的身体状况，不能像笔记本电脑的电池性能一样越来越差，最终导致自己的状态越来越差。我建议你从两方面来判断你的盈利能力：一方面是你的身体状态，身体状态好就表明你在赚钱；另一方面是你的交易模式，主动交易就表明你在赚钱。你可以在你的日记中做一个检查列表，这个列表可以帮助你了解自己的身体状态、精神状态、意向性和收益。

> 如果你缺乏精力，就会缺乏注意力；如果你缺乏注意力，就会缺乏意向性；如果你缺乏意向性，就会缺乏遵循交易计划的能力。

关于以上五个方面，除非你认真做了分析，否则你是不会坚持去做的。一旦你意识到了自己的身体状况与交易（收益）息息相关，你就会促使自己养成健康的生活习惯，比如按时睡觉，按时吃饭，去健身。如此一来，你在离开屏幕时就不会感到内疚，也不会害怕，并且会意识到市场波动是一种机会，你的投资能力也是一种机会。

训练提示

很多交易者沉浸在交易之中，而忽略了家庭生活（配偶和孩子）。这样他们会有一定的内疚感，从而导致交易业绩不佳。如果他们肯花时间陪伴家人，其实他们的业绩会更好一点。利用假期或周末放松一下，这样就能够恢复家庭关系并给工作注入活力。如果你的个人生活已经让你疲惫不堪了，你的交易可能也没有效率。当然，你也不必过完全平衡的生活——只有少数人能做到——但是如果你的生活不平衡，这种不平衡会逐渐削弱你的精力、注意力、快乐和斗志。

第25课 意向性——通过实战锻炼大脑

《重塑证券交易心理》这本书的核心概念之一是意向性。我们将意向性定义为长时间有目的地做事的能力。注意力集中，不断地尝试，最终解决了问题，这就是意向性的体现。

之前已经说过，意向性和心理满足感之间存在着有意思的联系。关于沉浸这种现象，米哈伊·柴科金特米哈伊发现当一个人完全沉浸在工作中时就会进入状态。只有当我们全心全意地做事时，我们才能进入到一种近乎不费力气，完全自然的状态。对于有创造力的人来说，这是一种令人非常愉快的状态，这种状态本身也是一种心理回报。事实上，创造者的工作热情让他进入了状态。优异的工作表现给他带来了回报：内心的成就感。

这有助于解释研究者迪·安基思·西蒙顿的研究成果，即优秀人士做的事都是有创造力的事。他们知道如何发挥自己的特长，只要坚持就能实现目标。激情导致了最好的工作表现，激情的副产品是生产力的提高。

就像埃尔克诺恩·哥尔德伯格在他的优秀著作《执行大脑》中提到的那样，多方面的意向性——注意力、计划、推理——是大脑额叶皮层的功能。他的研究也表明大脑具有惊人的可塑性，也就是说，就像去健身房增强肌肉和忍耐力一样，你可以锻炼这些大脑区域并且加强它们的功能。在任意时刻，意向性能力是一定的，加强锻炼可以提高它：我们必须多多锻炼大脑，大脑才不会感到疲劳。久而久之，通过锻炼额叶皮层的功能，我们就能够开发大脑的意向能力。就像举重是增强力量的最好方法一样，有目的地持久付出努力是培养我们意向能力的最好方法。

当我们努力追求目标时，便增强了意向性和自由意愿。

有人会认为交易是锻炼头脑的一种极好的形式，然而，实际上并非如此。我们可以随意点击鼠标进行交易。前面已经讲了，这是消极交易。如果不是聚精会神地交易，我们就不能成功地利用精神力量。从大方面说，如果我们随波逐流地过日子，我们的肌肉都会松垮下去。有些人总是换工作，他们似乎并不注意自己行为的长期后果。他们投入金钱，结果负债累累；他们和别人交流，结果像过去一样矛盾重重。葛吉夫把这种现象解释为机械的生活方式。我们在退休人员当中可以看到这一点：他们被动地工作了很长时间，退休后再想从事工作时，就会感到非常吃力。当生活变得单调时，意向能力也就衰退了。

就像仅仅锻炼一块肌肉组织不会加强其他肌肉组织一样（或像有氧运动不会增强肌肉一样），发展一种形式的意向性未必能提高我们在其他方面的自我控制能力。最好的例子是频繁交易的日内交易者，他们有非常强的能力关注股价的日内波动和价格，但是他们没有能力判断市场的长期趋势。很明显，我们只对自己感兴趣的、最擅长的事情保持持久的关注。有创造力的天才在一定程度上有能力达到这种状态，那是因为他们坚持了自己的利基：才能、技术和兴趣。如果没有坚持这些利基，为收获成果而付出不懈努力，没有获得预期成果而产生的挫折感，脱离我们的价值观和兴趣而产生的厌烦情感，都无法让我们进入状态且会破坏我们的意向。

这就是我在《提高交易者的业绩》中描述的动力：才能激发了兴趣，

兴趣促进了技术水平提高，技术水平提高促进了能力提高，能力提高促进了进入状态并提高业绩。进入状态和意向性加快了学习进度。没有进入状态，才能便无处发挥，就无法掌握高超的技术。

很多交易者没有根据自己的天赋、兴趣和技术水平确定相应的策略进行交易，所以他们失败了。因为他们从事的事业并非自己感兴趣，又不能发挥他们的特长，所以他们很少能进入状态。也就是说，他们的交易几乎不能带来满足感。不能进入状态，这些交易者就没有动力，这将阻碍他们培养意向性。因此，他们就想知道为什么他们不能坚持交易计划，或者为什么他们要进行冲动交易，从而破坏了自己的交易计划。

> 杰出人士的学习在增强技术水平的同时培养了意向性，这意味着一段时间后，杰出人士利用技术能取得比其他人更多的成果。

提高业绩的第一步要做什么？最常见的回答是练习。练习的确十分重要。但是在练习前，人们应该参与尝试。尝试能告诉我们哪种事业有趣。当我们真正进行尝试时，我们才会发现其中的乐趣和挫折。大部分交易者都没有进行尝试，也没有找到自己的利基，就决定参与交易。他们没有尝试不同的交易风格，没有尝试交易不同的品种，没有尝试在不同的时间框架下交易。他们不知道持仓时间长短有什么不同。他们不知道模式识别和基本面分析有什么区别。他们想模仿别人的交易方法，想找捷径，想使用付钱的图表模式或指标模式。靠这些方法无法学到高超的技术，也无法拥有意向性。

杰出人士绝对不会放弃尝试。正如画家进行素描，运动员参加队内分组赛，演员参与即兴演出，尝试是一种自我发现的方法，有时我们会发现自己不曾发现的热情和天赋。本课的任务就是选择以前没用过的品种、交易风格或时间框架，然后进行模拟交易，看看业绩如何。在做模拟交易时，你要真实地记录交易和盈亏情况。模拟交易应该像真实的交易一样，有利润目标、止损点、加仓策略和减仓策略。

比如，我有一个单独的小账户，这个账户用来检验长线交易思路。我可以用少量资金测试我的研究思路并寻找优势。也许在本账户中测试的交易思路大多无法赚钱，但是努力并没有白费，该努力将打开新的机遇之门。这样我的头脑还是比较灵活的，当我做短线交易的时候，我还能掌握大局。最重要的是，我能知道自己真正喜欢哪种交易思路或策略，这样我有可能找到新的利基。当你交易时，不要停滞不前，你要去寻找利基，这些利基能够维持你的意向性和业绩。你可以用这种办法增强精神力量，这种精神力量可以推动你的业绩达到更高水平。

训练提示

就像每天健身一样，如果每天认真做交易准备，那么每天你都会有所进步，从而保持意向性。最近我注意到一个交易者，他很坚定地建仓了，结果止损了；他根据新的信号再次建仓，又止损了；他第三次建仓，这次赚了很多钱。坚持不懈能带来不屈不挠的表现：即使遭遇疲惫和挫折，也能长时间坚持目标的能力。他每天都在努力地做准备工作，当他遭遇挫折时，也许大部分人会考虑放弃，他则会更加努力。当你努力提升交易水平时，你不但在思想上准备好了，而且调整了意志。

第26课　培养平静的心态

一想到心理满足感，我们就会自然而然地想到欢乐、愉快和活力。事实上，平静也是满足感的一个侧面：毫无杂念的思想。在很多方面，平静对提高业绩是至关重要的：冷静的思想可以使你把注意力完全集中在市场模式上。

我们之中的大部分人都因花太多时间体验各种各样的刺激而不能达到高度的平静状态。社交活动、电视、收音机、音乐播放器、手机、广告牌和计算机，我们大部分时间都被这些事物吸引了。它们在吸引我们的注意力，引起我们的兴趣，但是导致我们无法激励自己。

当我们无法激励自己时，很多人会把缺乏激励和无聊同等看待。无聊是一种空虚的状态，一种没有任何兴趣的沮丧状态。通过仔细分析，我们不难发现无聊流露出了一种内心的空虚，没有能力发现内心和外部世界的乐趣。

害怕无聊是很多交易问题产生的原因。为了消除无聊，交易者会制造交易机会，进行过度交易——然后亏损。为了保持兴奋，交易者的仓位太重，风险太大。具有讽刺意味的是，很多交易者认为情感是他们的敌人，事实上平静市场带来的无聊才是他们的敌人。

害怕无聊的心理会以一种更微妙的方式破坏交易。就像我在《提高交易者的业绩》一书中强调的那样，成为交易专业人士的关键是发现并采用杂乱数据表现出的模式。内隐学习的实验表明，即使我们不能描述某些模式的具体性质，但是我们能看出这些模式。市场行情出现了异常或别人的谈吐出现了异常时，我们同样能感觉到。小孩在没有人教语法规则的前提下就学会了语法规则：他们已经学习了如何正确说话，他们知道什么听起来是对的，什么听起来是错的。同理，交易者也知道哪些模式能赚钱。

这种本能的感觉不仅仅是预感，也是所有有效直觉的基础，是复杂模式多次重复的结果。第一次驾车时，我几乎无法按照行车道驾驶。现在，我前面的几辆车要出事故，我都能提前感觉到。交通意外还没发生，我就已经开始警觉并踩刹车了。如果我们在生活中做任何事都要依靠明确的推理的话，我们也就不能对危险迅速做出反应了。从进化的角度看，这对我们理解现实很有意义。

平静的心态能培养直觉；直觉好的人不会因平静而感到厌烦，而会通过它获得成功。

当我们注意力分散时，我们就失去了感觉。这是因为隐式模式识别是一种微妙的意识过程。如果我不注意那些微妙的身心暗示，就会错过那些信号。在这样的状态下，我们就不能觉察别人言论的异常，也不能在开车时察觉道路上的异常。我们失去了有价值的信息，也丧失了大部分基于内在模式迅速反应的能力。

更糟的是，如果注意力总是不集中，我们就不能在内心记住复杂的市场模式。

所以，我说平静的心态很重要。有了平静的心态，在进行模式识别的时候，我们就能注意到细微的变化。当我们注意力集中时，就能看见正确的信号，也能看见假信号。有经验的交易者了解市场，知道多种市场因素之间的相互关系，所以相信自己的直觉。这既不神秘又不荒谬，就像一个会说马语的人可以和马交流一样。只要掌握了沟通的技术，一个有经验的交易者就能够听见市场的声音。

但是如果心情很烦躁，他就无法听见市场的声音。

害怕无聊的人绝不会拥有这种平静的心态。

拥有平静心态的两个关键步骤先后是安静和集中思想。生物反馈对交易者来说非常有益，它能让人们学会平静下来。我现在采用的生物反馈产品是心脏数学公司（www.heartmath.com）的产品，叫“em Wave”。它能提供心率和心率变异性（HRV）的测量。使用者将其手指伸入一个小的传感器中，这个传感器与装有生物反馈软件的计算机相连。心率变异性的数值显示在图表中，当数值较大时，图形像正弦波；当数值较小时，图形就是锯齿状的不规律的图形。我们的目标是尽可能实现正弦波图形。该软件还有一个特征——显示一段时期内高、中、低心率变异性的比例，还有声音提示。因此，你可以闭上眼睛（沉浸在想象之中），然后平静地跟踪自己的心率变异性。即使是小孩子，也能够使用该设备，他们可以应用电子游戏功能玩游戏，这样心率变异性的数值就很高。

使用这台设备一段时间后，你就会发现保持平静、集中注意力和保持深而有规律的呼吸是产生高心率变异性的最好方法（使用者可以设置不同的难度水平，以掌握技术）。因此，“em Wave”是一种教使用者如何控制身心的训练工具，也可用于在一段时期内观察自己的注意力。还有一些类似的产品（例如 Journey to the Wild Divine），简单的使用方法和富有吸引力的图形界面会受到多数交易者的青睐。如果我必须购买一种心理工具，用于辅助交易工具的话，那么这种生物反馈工具将是不错的选择。它携带方便，交易的时候也可以使用，你可以把界面最小化，只听它的声音。

> 生物反馈是让你身心平静的一种工具。

自我训练时，保持良好的心态正如运动员保持良好的身体状态一样重要。我发现开盘前的5~10分钟很有用，有利于在交易中保持平静的心态。在这段时间里，你可以完全平静、舒适地坐在位置上，缓慢而有节奏地深呼吸。你可以一直闭着双眼，关注自己的呼吸、想象或耳机中轻柔的音乐，关键是要保持《重塑证券交易心理》中描述的尤达（Yoda）状态——非常放松，但又非常警觉和聚焦的状态。每天练习，你就会掌握该技术，只要你愿意，就能通过深呼吸进入平静的状态。当市场疯狂的时候，你就可以平静地面对市场，不会冲动交易了。

就像你通过研究市场波动、分析图表和确定机会而为交易做准备，开展心理方面的准备工作来执行自己的交易思路也是有意义的。你的任务是每天早晨花点时间做心理方面的准备工作，让自己平静下来。如果你做不到或很难达到尤达状态，你可以考虑使用生物反馈方法，就像运动员每天都要在跑步机和举重器上锻炼一样。控制你的心态是提高业绩的关键：如果你能在市场最烦人的时候保持平静，那么你就会在行情开始时捕捉到机会。

训练提示

如果金融市场交易让你觉得很刺激，那么你必然会过度交易。在市场行情低迷期间，你可以和其他交易者交流思想，这样就不会感到无聊了。对于专心致志的交易者来说，总有一些他们感兴趣的事情，例如其他品种和不同的时间框架。

第27课 恢复到正常状态

三个交易者交易同一个品种，他们都亏损了。第一个交易者变得气馁，开始咒骂市场，当天不再交易了。第二个交易者也很气馁，他发誓一定要把钱赚回来，更加激进地交易，结果当天亏得更多。第三个交易者平仓后重新评估自己的策略，等待良机出现，最终当天不赚不亏。

他们的不同之处在哪里？心理学研究文献把他们之间的差别叫作恢复力——即使面对重大压力，也能正常做事的能力。例如，一个有恢复力的人失业了，但是他的状态仍然良好，他会去找工作。缺乏恢复力的人在失业时会苦恼不已，这将干扰生活的其他方面，并使他很难找到新的机会。

很多人没有恢复力的关键原因是他们过分在乎消极的经历。他们的部分价值观会影响到结果。当事情进展顺利时，他们感觉很好；当他们遭遇困难时，他们就变得气馁、疑惑和沮丧。他们没有直接、积极地处理问题，而是受到了情感的影响。作家维克多·弗兰克在纳粹集中营中幸存下来的经历是有关恢复力的鼓舞人心的例子。他在拘禁期间开始着手写书（起初是零星的几篇文章，然后开始构思），写作赋予了他生活的目标，也是他努力活下去的理由。其他具有相同可怕经历的人都没有类似的目标，最终他们都死了。坚忍不拔需要一个理由，这个理由就是远大的目标和愿景。

目标和愿景比较大的人活得比较长久。

前不久我研究了一种新的模式，我打算利用这种模式进行交易，开盘后我很快就看到了机会。我很犹豫，不知道是轻仓好，还是重仓好。这笔交易可能会对我不利，我也没有验证过这种思路，我不想为此亏损。如果是轻仓交易，我就不会担心这次交易的亏损对我的投资组合的影响。重仓可能会让我的资金曲线下跌，那将使我沮丧不已。所以我建了一个很小的仓位，实时观察该模式，最终赚了一点小钱，之后，我开始把该模式融入我的日常交易中。

在选择交易量大小时，我让自己的心理恢复力决定我能承受的风险大小。在恢复力范围之内，亏损对我没有影响。“如果我止损了，心情会如何？”这个问题决定了我的交易量大小。说实话，这么做也有负面效果。承担的风险小，潜在的收益就会比较少。关键是要了解自己，特别是要了解自己的恢复力。我偶尔也会幻想自己按照某种思路做交易，赚了巨额利润。然而，我意识到这种交易可能的亏损太大，我可能无法从中恢复。一旦行情对我不利，即使是正常的回调或反弹，我也会害怕亏钱而感到有压力。毫无疑问，这会妨碍我有效地管理交易。

成功的交易者会学会不断加强他们的恢复力，还会加强自己的耐压能力。和我在 20 世纪 70 年代末的第一笔交易相比，前不久的交易称得上是大笔交易了，不过我并没有感到有压力。经历加强了适应能力，我们可以轻松地处理类似的问题。

> 就像打怪升级游戏一样，挑战越来越大，我们也要相应地加强自己的恢复力。

加强情感上的恢复力的有效办法是反复忍受资金曲线的回撤，并确信资金曲线还能涨上去。我们经受的亏损使我们在情感上坚信能够熬过亏损期并且最终取得成功。经历过很多生活磨难并且挺过来的人往往更坚信自己在任何形势下都能屹立不倒。经历过资金曲线回撤、随后资金曲线又创新高的交易者，知道正常的资金曲线回撤并不可怕。

当你自我训练时，最大的挑战是你不仅要保持高度的恢复力，而且要不断增强恢复力。比较有价值的做法是回顾最近的交易并设想市场可能的走势。换句话说，一旦你设置了自己的止损价位，就应该设想一下，一旦价格到了止损价，自己会感觉如何，又会做何反应。最重要的是，你要想好自己的下一步操作和下一笔操作。换句话说，就是从心理上演练自己想要培养恢复力的行为。你可以把自己想象成一个具有极强恢复力的人。只要你坚持这么做，这个人就会变成你自己。正如尼采所说的那样，当你按照自己的理想状态做事时，你就会发现自己的伟大之处。

> 我们在交易中成长。每次成功都是一次克服贪婪和自负的机会。每次亏损都是一次增强恢复力的机会。

请注意，恢复并不意味着在亏损后立即交易。有恢复力的交易者在经历了预期的正常亏损后，仍然能保持良好的心态。当你缺乏恢复力时，你总会向后看，总在悔恨最后一笔交易，没想过要集中精力研究市场趋势。即使面对亏损，有恢复力的交易者也总是向前看。因此，一个有恢复力的交易者在亏损后会根据经过时间检验的计划和策略决定停止交易或者重新开始交易，并非进行冲动交易，该举动恰好诠释了真正的恢复力。

训练提示

如果我问一个交易者做得如何，然后他说自己赚了多少钱或亏了多少钱，我就知道有问题。有经验的交易者是以百分比而不是以具体的金额来考虑自己的收益的。比如他们会这样思考，如果今年亏了5%就不做了；每笔交易的亏损要限制在25个点之内（他们投资组合总市值的25%）。如果你总是计算金额，当你的总资金增加时，你就不方便计算加仓量了。用百分比计算就比较好，你会发现自己具有更强的恢复力。总资金200万元时亏损了2万元不会比总资金5万元时亏损了500元可怕。同理，当你止损时，如果看亏损金额，可能会觉得自己亏得并不多，但用百分比来计算就会比较客观，有利于做好资金管理。

第28课 持续一致地做正确的事

本书中的很多课程都是先提出一个交易问题，然后找到解决办法，给出建议。本课则先直接给你一个建议，再解释原因。现在，你的任务是阅读艾恩·兰德的小说《源泉》（*The Fountainhead*）。如果你已经读过了，那么你的任务是再阅读一遍。

对不熟悉该书的人，我解释一下，《源泉》是关于建筑师霍华德·洛克的故事，他是一个反传统的创作天才。他的思想遭到了很多人强烈的反对，其中包括他深爱的女人。他发现只有少数天才能通过迎合大众口味而取得商业上的成功，他在考虑要不要坚持自己的理想。《源泉》从不同的角度探讨了持续一致地做正确的事的困难和重要性。

没有自我就不会有自尊——不会清楚地知道自己的身份和信念。别人的认可和账户金额大小都是假的自尊。事实上，了解自己并忠实于自己的价值观就是自尊：拥有一个能够实现的愿景并忠实于那个愿景。

很多交易者的愿景是赚钱。当然，赚钱并没有错。对于通过独立思考赚钱的人来说，这些赚来的钱恰恰值得引以为傲。然而，有些交易者想得到“圣杯”，想快速、轻松地赚钱。他们不想解读市场模式，不想根据市场模式、计划和判断做交易。认真谈恋爱的人和风流成性的人的行为差不多，但是意义完全不同。一种是尊重的表现，另一种通常是自私的体现。

在很多行业，因为我们只是团队中的一分子，只是一颗螺丝钉，所以我们永远看不到自己的劳动成果。交易的独特之处在于要自己为收益负责，每一天我们都能够看到自己的收益情况。

当你读《源泉》时，思索霍华德·洛克如何进入交易领域是十分有益的。他会到经纪公司开户吗？他会寻找有行情的股票吗？他会寻找强势股吗？他会寻找弱势股吗？这些问题是可笑的。他会像新手一样，参加研讨会，找书看吗？他会不假思索地使用某种模式吗？这是难以想象的。

就像建筑师洛克认真学习建筑知识一样，交易者洛克也会认真地研究市场。就像他不会在所有地点重复进行相同的设计一样，他不会在所有的市场使用同一种方法交易。相反，他会仔细考虑每个市场独特的状况，然后为当前状况量身定做一种策略。就像他从事建筑工作要事先勾画好蓝图一样，交易者洛克同样是经过深思熟虑后制订好计划才开始工作的。总之，洛克会像搞建筑那样进行交易：创造景观，创造新东西，创造有价值的东西，这是他的表达方式。像建筑师洛克一样，交易者洛克也有自己的表达方式。他会像分析建筑一样分析市场和市场的波动。他有自己的观点，他的观点并非来自传统或时尚潮流。他的观点并非是传统的，有些自封的交易大师很有可能会怀疑他的观点。但那不要紧，交易者洛克忠实于自己的交易思路。相信大众，还是相信自己？他会毫不犹豫地做出正确的选择。

我所认识的每一个伟大的交易者都拥有一套独到的属于自己的见解和方法。

也正因为这样，交易者洛克在金融方面的成功明确体现了他的研究和他所做的努力是正确的。这是结果，并不是原因。他搞建筑不是为了赚钱，他做交易也不是为了赚钱。建筑师洛克搞建筑是因为这是他喜欢做的事情。即使没有客户，他也照样在头脑中和草图上构思他的建筑设计。同理，交易者洛克在不持有仓位的时候也会跟踪并研究市场。他的工作是他自我的延伸，他所获得的利润是长年累月的努力研究的结果。

一个人要做的事可能会涉及抚养孩子、经营企业、设计高层建筑物、形成一套分析和交易方法等。对于任何一个方面，要想把它做好，都需要有愿景，为了实现这个愿景就要坚持不懈地努力。这是情感恢复力的真正来源—— 一种极强烈的自豪感和自尊感，即使面对挫折和失望也毫不妥协。

你自己的交易又有什么独到之处呢？你和其他交易者的最大区别在哪里？你的交易愿景是什么？这些问题的答案是你作为交易者的核心理念。当你的交易进展顺利时，你要忠实于该理念；当你遇到困难时，这种理念就是你的精神支柱。如果你不能具体地回答这些问题，你真的敢去冒险吗？你真的有信心使用借来的方法熬过逆境吗？请认真阅读本书的第九章，你会发现有经验的交易者会先搞懂市场，形成思路，再按照这条路一直走下去。

训练提示

本课表明了遵守自己的交易计划之所以重要的原因。这些计划可能并不完美，而且有时进展得也不顺利。然而，如果你对自己的判断有信心并训练自己一致地工作，那么除了按照自己的思路走，没有其他选择。你不能通过放弃自己的信念并否定自己的看法来培养信心。在不同的市场状况下，你的思路越清晰，你的交易就越轻松，这样你才能成长。

第 29 课 放大自信并坚持自己的交易

很多文章都在讨论风险管理和止损的重要性。理论上，一旦价格到了止损点，那就说明你的交易思路错了。只要止损点离进场点近，利润目标点离进场点远，那么回报风险比就大，就有利于交易者。一般你可以从交易者处理亏损仓位的方法中看出他是不是专业的交易者。在亏损时出场是自动的动作，不必惊慌失措。交易这种游戏中必然包含了亏损，你要接受亏损这个现实。优秀的交易者在亏损时会认真思考并修正自己的市场观点。所以，亏损的交易会带来盈利的交易。

对很多交易者来说，止赢更难。严格遵守止损规则的交易者很难做到让利润奔跑。他们过早地兑现了利润，导致回报偏少。如果长期这么做，那么总体利润可能会小于总体亏损，交易者很难成功。

交易者提前兑现利润的原因有几个。其中一个原因是他们没有像确定止损点那样确定利润目标。设置利润目标的方法有：根据整体市场的波动性设置，根据支撑点设置，根据阻力点设置，根据特定的模式设置。举例说明，我会分析一些特定的价位（前一天的最高点、前一天的最低点或轴点），然后把这些价位当作我的利润目标点。就像当你头脑中有清晰的目标时你更容易投入工作一样，当你头脑中有确定的目标时，你也更容易持有仓位。如果没有预定的利润目标，市场的上起下落会让你有时贪婪，有时恐惧，做出的交易行为会违反原计划。

交易者提前兑现利润的另一个原因是对自己的交易思路没有信心。模拟测试别人的交易思路的优势是，你可以知道自己的胜率有多大。这方面的知识能够给你带来必要的安全感，让你坚持持有仓位，直到市场到达利润目标点。如果你的交易思路是别人的，你并没有做模拟测试（模拟交易或历史分析），想要对这种思路充满自信是十分困难的。当市场在向利润目标前进的过程中出现了正常的回调时，你就忍受不了了。你没有意识到这是一次很好的加仓机会，反而会担心账面利润减少。

交易者提前兑现利润的最后一个原因是厌恶风险。下面两种交易情况，你会选择哪一种？一是100%的概率获得1000美元；二是75%的概率获得1500美元，25%的概率获得500美元。事实上，长期而言，第二种情况下你会赚得更多。然而，大部分人都会选择拿确定的1000美元。在这种情况下，大部分人重视的并非利润率，而是安心。同理，交易者提前兑现利润是为了得到确定的利润，不是为了使利润最大化。

一直持有仓位，直到市场到达价格目标，这要求你具有超乎寻常的对不确定性的忍耐能力。当市场走势对你有利时，你就有了账面利润。在这种情况下，即使回报风险比很高，风险也还是存在的。在账面利润增加的前提下坚持持有仓位，这需要对自己的交易计划特别有信心。讽刺的是，顺势交易竟然比在狭窄的震荡区间内交易更需要信心。

通常情况下，坚持持有盈利的仓位比建仓更需要信心。

如何才能做到让利润奔跑？如何培养这种信心？对交易者来说，回吐账面利润并不是真正的威胁。毕竟，如果交易对你有利，你可以谨慎地将止损价位提高到不赚不亏的水平，这样市场突然回调时就无法伤害你。回吐账面利润会让人感到失望，但对账户并不构成威胁。

威胁在于如何处理回调。多数情况下，回吐利润会让他们变得相当消极。他们可能会批评自己没有抓住机会兑现利润或感到沮丧。回吐利润本来是无关痛痒的，但是很多交易者都会责备自己。交易者要避免的是事后的自责和不安，而不是亏损本身。“兑现利润永远不会错”，很多交易者都这么想，但他们没想到更有必要赚大钱。

交易者通常认为他们过早地出场时是在管理交易，但事实上，他们是在管理自己对交易的想法和感觉。

信心的很大一部分是信任。因为你相信你的爱人，所以你对婚姻充满信心。因为你相信自己在复杂的道路条件下能做到安全驾驶，所以你对驾驶充满信心。如果你不按交易计划行事——即没把计划进行到底——说明你不相信自己的计划，这样你就削弱了自己的信心。就像怀疑你的配偶不能使你在婚姻中得到安全感一样，怀疑经过时间检验的计划也不能给你带来信心。你只有通过实战明白了“只要坚持自己的计划，就一定是盈利远大于亏损”，你就可以忍受回调时的不舒服感，就可以忍受交易中的不确定性。

自我训练时，给予自己信心是很重要的。以下两种办法不妨一试。

1. 灌输自信的思想

交易开始前，在心里反复练习，如果你把账面利润回吐了，你将如何安慰自己。你要培养“不去冒险，就没有收益”的心态，而不是自责、沮丧的心态。也就是说，如果可以赚到大钱，那么回吐一部分利润是可以接受的。预先为回调做好准备，这样就可使其威胁性大大减弱。

2. 先做小的改变

一种简单而有效的治疗原则是，先做小的改变，再做大的改变。如果你做对了一些事情，那么就要再接再厉。对于交易来说，这也很简单：在价格到达利润目标前平掉大部分仓位，剩下来的仓位要么能到达利润目标，要么就被止损了。这种举动既保留了利润，又减小了风险，同时，使你获得将自己的计划执行到底的亲身经历。经过一段时间，你就能够持有更大的仓位，并且通过该方法来提高业绩。

信心不仅受思维影响，还受行为影响。如果你相信自己的判断，你就有机会看见自己的判断是对的——你就会有信心。不幸的是，提前兑现利润等于打击了信心。你要带着信心做事，如果信心不足，你要把自己训练得充满信心。

训练提示

冲动交易者的对立面是完美主义者。我见过很多交易者提出了伟大的交易思路，却因为市场从来没有到达他们渴望的进场水平而没有按照这种思路交易过。你想出了一种重要的赚钱思路，按照这种思路也确实赚钱了，但是自己没有采用这种思路去做交易，这是很令人沮丧的事。交易的目的是赚钱，不是追求完美。如果你有一种极好的思路——比如你发现市场突破后就是趋势——你可以轻仓介入。如果趋势对你的仓位有利，你可以在回调（或反弹）时加仓；如果趋势对你的仓位不利，你可以止损出场。你应该用你的仓位来表达你的信念：一直根据自己的信心操盘对心理有好处。

第30课　应对——将压力感转变为满足感

如果压力感与满足感保持平衡的话，你就不会感到痛苦。如果工作是有意义的，坚持努力就有回报，那么人们就能够承受巨大的挑战、压力和不确定性。

我们能想出一套应对策略来面对压力，这样，压力就不会变成痛苦了。面对市场风险和市场的不确定性时，由于学习有一个时间过程，故交易者需要走很长的路才能实现情感平衡。

心理学的研究告诉我们，这个世界上没有单一的最有效的策略，具有不同个性和需求的人往往采用不同的方式来解决问题。当你自我训练时，你要知道如何处理压力，要知道如何应用这些策略，这很重要。

当我们遇到了很大的压力时，我们会用过去的应对方式，这些方式可能曾经有效，但是它们也许并不适合当前情况，所以说，了解这些策略特别重要。如果你和别人有冲突，你可以采取回避的态度，但是在快速波动的市场中，对亏损的仓位采取回避的态度，后果会是灾难性的。顺其自然未必是处理压力的最好策略。我们将在第五章了解到，以前处理压力的方式并不能真正解决问题。

有些交易者在遇到压力时会采取对抗的策略。很多交易者很要强，总是通过直面挑战来取得成功。这种策略在一个人必须谈一笔生意或必须处理一则坏消息的情况下可以起到很大作用。但是，在市场中，太激进不一定会有理想的结果。连续多笔亏损时——每个人都经历过——交易者会变得更激进，以致过度交易。当交易者对市场不了解的时候，这种处理挫折的方法会使他承担极大的风险——资金曲线会出现很大的回撤。

当你检讨自己的行为并搞明白自己的动机时，你就会明白自己错在哪里了。

那么，该如何应对不同的压力呢？以下是一个检查列表，对应着不同的交易问题。作为本课的练习，请回想一下你过去成功的案例和失败的案例。对于以下各种策略，如果你过去曾经成功地使用过，则在这种策略旁边画个对号；如果过去失败了，则画一个圈。

（1）我向他人寻求思路____

（2）我有步骤地做事，这样不会有过激反应____

（3）遇到问题时，我先平仓，再搞清楚下一步该怎么办____

（4）我不会大惊小怪____

（5）我从当前的状况中总结经验____

（6）我努力解决问题____

（7）我知道自己错在哪里，我会去改正错误____

（8）我决定暂时停止交易，清醒一下自己的头脑____

再次说明，这些策略的对错并不重要，关键是你要知道哪些策略对你有用，还要知道你过去遇到了哪些问题。

处理问题的一个重要方面是行动。有些人在遇到挑战时会快速行动；有些人则要先认真思考，咨询别人。处理问题时，另一个重要的方面是有些人关注的是问题，有些人关注的是情感。有些交易者先发泄，接着向他人倾诉并寻求支持，这样消极的情感就减少了。还有一些交易者会先把情感放在一边，然后分析情况并积极地解决问题。

很多时候，交易者还未制订出最好的应对策略时，就已经遇到了问题。如果交易者没有提前做分析、做计划，当他们遇到问题时，会受到伤害并大发脾气。有些交易者需要获得别人的支持，如果同行不支持他，或者同行让他感到气馁了，那么他不太可能会有效地应对问题。

> 如果你把自己最好的和最差的应对方法做比较的话——比较有效的方法和无效的方法——就能够确定自己需要做什么来平衡满足感和压力感了。

当你分析自己很赚钱时的表现时，你会产生一种处理问题的心理模式。在困难期间你可以按照这种模式做交易。你可以在你的交易日记中做一个表格，列出你的各种应对策略，它会提醒你在迎接下一个市场挑战时可以依赖的行为模式。

训练提示

把你最好的和最差的应对策略视为一连串的策略，而不仅仅是孤立的策略。以我为例，我先平静下来，然后集中精力，再解决具体的问题，这样就能做得很好。如果我亏损了，我会从头到尾进行分析——弄明白出了什么差错——然后从中总结经验。我采用的最差的应对策略是，我没有平静下来，反而责怪自己，在前一笔亏损的基础上加仓以摊平成本，希望能挽回亏损。在我最差的应对策略中，我没有分析亏损，反而把注意力转向更有希望的市场、品种或模式。这样，我肯定就不会从亏损中吸取教训，所以我很可能再次犯同样的错误。如果有一连串的应对策略，那么即使市场状况很严峻，我们也知道如何应对。即使有交易压力，你也不至于担心自己的业绩。

第四章

走向自我完善

训练过程

成功不是永不犯错，而是永不再犯相同的错。

——乔治•萧伯纳

自我训练的核心过程是什么？我们可采取哪些具体步骤在交易上做出改变，从而提高业绩呢？本章我们要探讨这些话题。

本章的大部分内容来自过去几十年辅导机构和治疗机构的研究成果。该研究中一个有趣的发现是，应用所有辅导方法都比不辅导好，但是又没有一种方法可以对所有人和所有问题都产生好的效果。这些辅导方法效果都差不多，原理也差不多。其原理就是抓住改变的本质—这正是我们做自我训练的动力。

第31课 通过写交易日记进行自我监督

自我监督是指长期跟踪自己的思维、感觉和行为。自我监督能告诉我们要改变什么，所以自我监督是很多其他自我训练技术的基础，本章会讨论这些技术。如果我们没有注意到一种模式的存在，我们就不能改变它。在快速疗法中，患者被要求在家做自我监督。就像我们只有先了解了市场模式，才能根据这种模式做交易一样，我们只有先了解了自己的模式，然后才能改变自己。

写交易日记是自我监督的普遍方法。活跃的日内交易者可能会在午休时和收盘时写交易日记，另外一些交易者可能会在每天收盘后写交易日记。其关键是在你的模式出现时尽快记下来，而不是依靠事后回忆，事后回忆容易出错。

你会注意到自我监督本身并不是一种改变技术，但它常常导致改变。一旦我们十分透彻地了解了自己的模式——包括它们的重大缺点——我们就能轻松地放弃这些模式。有时，自我监督可以使你发现自己的某些模式，而这些模式你之前并没有注意到。这是非常有价值的，因为发现这些模式是改变的基础，否则，你就不可能去改变。

无论何时，当你系统地分析自己一段时间的业绩以及影响业绩的各种因素时，你就是在自我监督。例如，我分析自己近来每笔交易的收益，然后发现轻仓亏损的点数比重仓亏损的点数大。这种分析使我意识到当我轻仓交易时，我没有认真设置止损点。尽管每笔亏损的金额不多，但是久而久之，这些小的亏损加起来就很多了。这导致我在下单前会先算出回报风险比，然后严格止损。自我监督使我对自己所做的事情有更清晰的认识，这也使我的交易进展顺利。

自我监督是取得所有训练成就的基础。

经验告诉我，如果你的业绩不好，那是因为你没有做到自我监督。没有能力自我监督，你就无法发现自己有问题的模式，就无法通过改变自我来成长。没有自我监督的目标仅仅是美好的愿景，没有改变就没有成长。

为什么一个看上去渴望成功的交易者不知道监督自己的想法、情感和业绩呢？我相信是因为很多交易者的动机是交易和赚钱，而不是了解自己和市场。这是一种重要的差别。我在这里引用鲍勃·奈特教练的话：他们不想知道如何成为赢家，他们想直接获胜。最优秀的交易者非常重视自我成长。这也是为什么他们在退休后仍继续交易的原因。

自我监督的最普遍形式是坚持写日记。日记基本上是下面这样的。

把每页分为三栏。在第一栏记录交易，包括交易量和时间。如果只有一个仓位，就把它作为一笔交易。同理，如果你的思路一样，但建仓的品种不同（例如，因为你想长线持有贵金属，所以你购买了三种不同的矿业股票），那么可以写在一起。因此，在第一栏，你可以总结自己为每种交易思路都做了什么、冒多大风险、何时建仓、成本以及建仓方式（例如，一次性建仓还是分批建仓，用市价单还是限价单）。如果你交易频繁，你应该考虑用 StockTickr（www.stocktickr.com）或者 Trader DNA（www.TraderDNA.com）等工具自动监督你的交易。

在第二栏，你应总结交易结果。这些结果包括你卖出的价格和时间、交易的盈亏比以及是怎样退出交易的（例如，是同时还是分批卖出，用市价单还是限价单）。

在第三栏，你要记录对每笔交易的观察结果：你当时怎么想的、你当时的感觉、你的准备工作、你的信心如何等。换句话说，第三栏记录的是你在交易时的心态、思维模式以及身体状态。第三栏还可以用于记录你建仓、管理仓位和平仓的好坏程度。无论好坏，都要记录下来。

> 在写交易日记的时候，要尽量做到实用。很多人做不好自我监督，就是因为华而不实的东西太多了。

对像我这样每天最多只交易几笔的交易者来说，写这样的日记相对简单些。然而，每天交易几十笔的交易者则会感到这样写日记太麻烦了。如果太烦琐，人们就容易放弃。如果你是一名活跃的交易者，又不会自动做交易记录，以下办法能帮助你写日记。

（1）你可以针对早上的交易和下午的交易分别总结一次，包括仓位、盈亏以及你的观察结果。

（2）你可以只记录最成功和最失败的交易。如果这么做的话，那么你要确保记录了最成功的和最失败的交易。这样，你就可以知道哪些是积极的模式，哪些是消极的模式。我们从这些模式中能学到很多的知识。

（3）如果你的交易很复杂，品种很多，方式很多，风险不一（如你是一名做市商或一名非常活跃的基金经理），你可以合在一起写。在日记的首栏中，你要分析自己的主要交易思路；在第二栏中，你要记录盈亏比；

在第三栏中，你应该记录观察结果。

这个世界上并没有完美的自我监督方法，关键是要找到适合自己需要和交易风格的自我监督方法。当你做了很多记录以后，你会发现自己的交易模式：最好的交易和最差的交易的区别在哪里。如何分析你的自我监督日记将是下一课的重点。你目前的任务是，密切关注自己的交易。

当你自我训练时，在做决策时难免会有疏漏之处，所以你要观察自己的行为。交易日记的作用是，让你定期自动地回顾自己的交易。如果你在一条熟悉的街道上行走，你几乎不用考虑应该如何走，一切都像是自动进行的。但是，如果在雷区行走，你会对自己走的每一步都十分小心。做交易既不是在熟悉的公园里行走，又不是在雷区行走，也许更像在一个美丽但又有些危险的公园中行走。你要享受漫步的过程，但是同时又要时刻保持警惕。交易日记的作用是，当你在享受自己的工作时，你还能监督自己。

训练提示

在第九章的内容中，查尔斯·柯克（www.thekirkreport.com）揭示了写日记的深刻意义。他将自己的观察结果输入数据库程序中，这样，就能够很容易检索到关于不同话题的日记记录。应用这种方法可以随时查找到自己解决问题的方法。

第32课　认清自己的模式

快速疗法的关键方法之一是聚焦于改变。旧的治疗方式要花很长时间——还要经过长年的精神分析——才有疗效的原因之一是这些方法想改变很多方面的个性。我们对于个性特征、生物和遗传的了解让我们的目标更加务实。任何形式的训练或辅导都不能重建一个人的个性。训练的目标是帮助人们扬长避短，这样，他们就能够尽可能积极和成功地表现自己的基本个性和技术水平了。

> 你不能改变自己的个性，但是你能改变它的表现方式。

很多自封的教练都缺乏正式的心理学训练，他们并没有接受过专业的培训。他们学到了一些自助方法，想用这些方法去解决所有的问题，结果就是用固定的方法来解决所有问题。这种行为的后果是灾难性的。传统的自助方法对交易常常不起作用。我前不久在一个会议上遇到了一个交易者，她过去很成功，但她过去一年的交易都不顺利，她正在考虑是否要放弃交易。她向我诉苦，说自己对交易丧失了激情，兴趣也不大了，自己还变胖了，情感状态也不好。她之前找了三个心理医生，但是都没有效果。和她简短地讨论过后，我很肯定地建议她去初级护理医师那里做个血液分析。她听从了我的建议去做了分析，分析结果显示甲状腺激素水平偏低。在接受了适当的激素补充治疗后，她的情感状态和精力恢复了，注意力也得到了提高，而且，她的交易做得很好。

有多少交易者因为不了解自己的问题而放弃了自己的事业？

你可能会问："像我这样不懂应用心理学的人，如何能确定自己有激素水平偏低等问题呢？如果有经验的心理医生都不能发现这个问题，我又如何能发现这个问题呢？"

有趣的是，我认为和商业教练相比，你更容易发现自己的交易问题。因为我并不想做她的生意，所以我立刻就能指出她的问题所在。她不用为我的服务付钱，我也不打算通过提一个又一个的建议来赚钱（注：我的客户仅限于交易公司、对冲基金公司和投资银行，我没有个人客户）。相反，大部分教练的客户都是个人客户，他们需要不断地招揽生意。出于私心，他们不会直接告诉客户最好的办法（比如进行血液分析和服用甲状腺药物），他们要想办法拖住客户，尽量多赚钱。于是，他们会推荐自己的某些产品（这样就能多赚点钱）。马斯洛曾经说过："当你只有一把锤子时，你就倾向于把每个东西都看作钉子。"

作为自己的交易教练，你就没有这样的利益冲突。你可以分析自己的模式并诊断自己的问题。如果你已经彻底研究了自己的交易日记，仍不能解决自己的问题，那么请发送电子邮件到 coachingselfaol. com，我会尽最大努力来为你指引方向。但是我觉得，一旦你学会几种基本技术，就会惊喜地发现解决自己遇到的挑战是非常容易的。

一旦你学会了自我训练，你就能一直成长。

下面，让我们一起看看你该如何根据上一课的交易日记来识别自己的模式。检查自己的日记时，你应该把它们分为两类：最成功的交易和最失败的交易。我们把第一类叫作方案模式，把第二类叫作问题模式。有时候，只要你发现了这两种模式之间的不同之处，就知道该如何提高自己的业绩了。例如，在赚钱时，你很有耐心，你交易笔数很少，仓位很轻。当你不赚钱时，你频繁交易，仓位很重。

通过对比最好的交易和最差的交易，你能看出你的应对方法的不同。例如，你可能会发现，当你非常关注问题时，你的交易很好。当你困惑、沮丧时，你没有等到明确的机会就动手了，结果你的交易结果并不好。

关键是你要找出有问题的交易模式，而不是仅仅找出赚钱或亏钱的交易。在每个交易顺利的日子里，你都可以草草记录几件自己做对的事情，然后看一看哪一件事情在日记中反复出现。同理，在交易不顺利的日子时，你可以写下自己的错误，并看看哪种错误总是在日记中出现。

你可以在成功的交易模式中找到自己的交易优势。

如果你找不到最好的模式，那么你可能需要在较长的时间里监督自己的交易。这样，你就可以分析更多好的交易和差的交易。你要寻找的是自己身上的共性，不要太早下结论。最值得研究的事情是那些最显著的事情，即给你留下深刻印象的事情。例如，当我已经开展了模式识别工作并且将我的最好和最差的交易进行了比较后，我发现仓位大小（最初的仓位既不太大又不太小时业绩最好）、交易时机（上午太早或下午太晚建仓的仓位业绩都不佳，在市场初露端倪时建仓业绩就比较好）和持仓期（在目标点和止损点明确的前提下短线业绩很好）不同都会产生不同的业绩。我也发现，如果我非常了解市场的长线方向，那么我短线就做得很好。当我一开盘就强烈坚持某种观点，没有在盘中修正观点，总是逆势而为时，最差的交易就发生了。

请注意，改变的第一步是要知道改变什么模式。交易者在很多时候并不知道要改变什么，所以交易者无法做出改变。他们含糊其词（“我要更加自律”），不知道具体做什么。通过对自己最好和最差的交易进行详细的比较，你可以找到工作的焦点并把精力用在最有建设性的方向上。一般来说，如果你知道了自己的模式——成功的模式和失败的模式——最终你就能做出改变。下面是你在分析自己日记时需要特别注意的一些模式。

（1）**情感模式**——交易顺利和不顺利时，特别是交易前和交易期间，你在感觉上的明显差别。

（2）**行为模式**——最好的和最差的交易期间，你在交易准备和管理上的显著差别。

（3）**认知模式**——最好的和最差的交易期间或以后，你的思维过程和注意力水平的重要差别。

（4）**身体模式**——交易进行得最好和最差时，你的感觉上的差别—即你的精力水平、紧张程度和放松程度以及举止上的差别。

（5）**交易模式**——最好的和最差的交易时，交易量、交易时间、进场和出场的方式以及品种的差别。

训练提示

你的模式有很多种，这些模式常常是相关联的。例如，你的认知模式可能会导致个别的情感模式产生，接着这种情感模式又与具体的交易模式相关。你要将模式想象成具有一定的顺序——就好像是串联的电路——而不是单独的现象。优秀的教练不仅能看出模式，而且能看出模式中的模式。下面是交易者要提防的一些最普遍的模式。

（1）多笔亏损后，冲动交易。

（2）亏损后，变得厌恶风险，无法成功地交易。

（3）赢利后变得过分自信，交易时仓位过重或不遵守计划。

（4）担心业绩，提前兑现了利润。

（5）重仓交易，以弥补之前的亏损。

(6) 忽视止损点，不愿意止损。

(7) 亏钱时，继续持有仓位，但在赚钱时提前平仓了。

(8) 只知道每时每刻地关注市场，不知道积极地管理交易、为下一笔交易做准备或管理投资组合。

(9) 亏损后责怪自己，失去了动力。

(10) 交易的目的不是赚钱，而是寻求刺激。

(11) 不是为了高回报风险比而交易，而是因为害怕错过市场波动而交易。

第33课 为各种模式确定成本和收益

对想要训练自己的交易者来说，所要迈出的巨大一步是了解与成功和失败交易相关的行为、思想和情感模式。不过，虽然其对于产生持久的改变是必要的，但又不足以成就持久的改变。这是因为了解一种模式和拥有——并保持——改变的动机是不同的。由于缺乏动机，我们的努力没结果，我们的事业没结果。很多人想健康饮食或定期锻炼，但实际做法和计划完全不同，知道和做到完全不同。

当你作为自己的交易教练时，你的艰巨任务是要促使自己改变，就好像一位运动教练要激励一个团队坚持训练一样。如果写日记并跟踪自己好的交易和差的交易只是例行工作——只是形式上的一项任务——你就不会有动力，就不会去努力。做出改变的决定是很困难的，尤其是自己正赚钱的时候。很多人对待事物的态度是“如果它没坏，就不要去修理它”，最终导致所做的努力于事无补。

自我训练还有一个重要的原因。当你交易顺利时，你以为自己很有优势，这样，你就想最大限度地增加收益。体育比赛、战争和棋类比赛中的高手都“嗜杀成性”：他们知道何时有优势，会利用这种优势一剑封喉。在交易顺利时赚的钱，正好可以弥补不顺时的亏损。对很多交易者来说，恰恰是在最顺利时赚到的高收益才保证了总体是赚钱的。

> 自我训练的衡量标准是你在赚钱时为交易付出了多大的努力。

交易顺利时或不顺利时，都要一样努力，这点十分重要。这并不是叫你去做于事无补的事，而是让你去做正确的事，你要尽量去做正确的事。相反，当你交易不顺时，不要沮丧，不要气馁。即使当你的消极模式出现时，此刻你所能做的事情只有止损，你也要继续写日记并继续识别好的模式和有问题的模式，这样你的工作才是有建设性的，你仍然在进步。

那么，优秀的交易者（和任何领域的竞技者）是如何保持动力的呢？他们的动力来源于一种强烈的竞争力和一种对胜利的极度渴望。我过去曾经和一些交易者一起工作，他们的交易收益一直都很高。他们看待市场的方式和别人不同，交易方法也不同。有些交易者很直率，有些交易者很睿智。有些交易者直觉非常准，有些交易者则善于分析。但是，他们都有个共同的特点，就是具有强烈的竞争性。他们与同行竞争，他们与市场竞争，最重要的是，他们与自己竞争。他们的自豪不仅来源于赚钱，还来源于追求进步，这样他们就能一直成功并舒服地退休。

其他交易者的表现如何？他们交易时的目标只是不要亏钱，不要失业，他们不想超越自己，他们不想发挥自己的潜能。

> 自我提升的动力与赚钱的渴望截然不同，这种动力十分可贵。

这些成功的交易者能够通过注意自己消极模式的成本以及积极模式的收益来保持自己的动力。当一个成功的交易者决定避免一种特定的交易或品种时，通常是因为他清晰地记得该思路过去曾造成亏损。最差的交易曾经给他们带来了痛苦，交易者们就会避免再次犯错。同理，了解自己的优势不仅仅是抽象的意识，它能和自己的自豪感和成就感联系起来，进而得到加强。

自我训练的最好方法——本课一项重要的任务——就是不仅要总结自

己最好的和最差的交易模式，而且要真实地写下最差交易模式的成本和最好交易模式的收益。换句话说，直到你与自己所写的内容建立起情感联系时，你才算真正完成了写日记的过程。当这些消极模式阻碍你，让你开始憎恨和厌恶它们时，你就会改变自己的消极模式了。当你看到积极模式的收益时，你就会想建立积极模式了。当你很好地训练自己时，写日记不仅仅是一种认知练习，而且是一种情感练习。

抽象的积极思维没什么好处。不停地自我暗示“我会成为一名成功的交易者”，这种做法最多算作幻想。这种积极思维不起作用的原因是没有和你日常的交易行为联系在一起。感觉好还不够，糟糕的感觉能让你下决心不再犯错。把交易时最好的情感——最快乐、最有成就的时刻——同带给你快乐的具体实践联系起来是很有益的。回顾最差的交易带来的痛苦，并发誓不再重蹈覆辙也是非常有益的。

想想足球、篮球和网球教练，他们在每个练习阶段都讲授技术，提供反馈，并增强学员的积极性。自我训练时也可以采用类似的方法。当你想到消极思维或行为模式的不良后果时，你就会迫不及待地想改变它；当你把一种积极的行为与它具体的收益联系在一起时，你就会迫不及待地想实施这种行为。

训练提示

当你破例让自己采用某些老方法时，自我改变的努力就功亏一篑了。你破例采用的是过去的消极模式。当你发现过去的消极模式也没用时，你只好选择改变。当你写日记时，你要培养一种态度，而不仅仅是草草地对所做事情做毫无生气的总结。如果你在自己的日记里看不到太多的情感文字——建设性语言——那么你的日记并不会让你下决心做出改变。

第 34 课　制订有效的目标

成功的训练要求将注意力放在改变上。很多交易者无法做到自己帮助自己，就是因为他们注意力不集中。有一天，交易者写了一篇关于仓位大小的日记，并想管理好仓位大小；第二天，他强调控制情感很重要；第三天，他强调快速止损。像这样关注的重点换来换去，就是注意力不集中的表现。

学习并非一蹴而就的。我们在研究中发现典型的学习过程需要进行很多尝试和反馈。如果我们想想自己以前学过的重要技术——从使用计算机到驾驶汽车——就会明白反复尝试其实是很正常的。当我要去一个新城市时，我会认真研究地图，虽然自认为已经看懂了地图，但是去的时候还是总会绕来绕去、找路牌、迷路、认错地理标志。如果我们有目的地进行学习——在一段时期内认真尝试并思考——就可以大大缩短学习进程。每天练习钢琴，每周上钢琴课，这么做的效果肯定比间断学习的效果好。

奥运会运动员的训练重视正确地提高技术水平——用心提高自己某方面的成绩，同时反复根据反馈做修正。

当我们缺乏具体的目标，今天想改变这个，明天想改变那个时，我们的学习曲线就不正常：我们的努力没有累积效果。作为你自己的教练，你需要确立并保持一个具体的方向，来引导自己的成长和发展。这是有效制订目标的关键。如果说动力是自我完善的能量，那么目标就是能量的管道。

当你认清了一种问题模式时，并不等同于你已经制订了目标，虽然认清问题模式通常会导致制订目标。问题模式会使你知道自己错在哪里。制订目标需要你彻底了解新的思考模式、感觉模式和行动模式，这样才能取代问题模式。目标阐明了在具体的情况下应该怎么办。如果你已经按近几课建议的方法写了交易日记并做了模式识别练习，那么你就有了目标。你的首要目标是使用最好的方法交易。

请注意，我把目标定义为一个过程，而不是纯粹的结果。这是非常重要的。很多交易者的目标是赚100万美元或以交易为生。这些最终的目标也许是一种动力，有一定的作用，但是交易者并不知道每天的具体目标是什么。交易者无法控制短期内的结果。也就是说，交易者看到有优势就下单了，但是市场走势怪异，让交易者亏损了。交易者只能控制交易过程，即如何交易。具体到每天的目标，应该是做好交易，而不是赚很多钱。运动员教练也采用同样的逻辑。一个教练可以强调战胜对手就是目标，但是日常练习的目标应该是投球（棒球）、传球（篮球）和防守（足球）。这些过程性目标可以让你在一段时间内聚精会神地练习，并保证产生有效的学习效果。实际上，每个教练都是一位老师。当你自我训练时，你就是在指导自己的学习与工作。

> 交易涉及很多种技术。你要一次掌握一种技术，这就是有效地制订目标。

当你检查自己的交易日记，分析最好的交易和最差的交易时，你会问"我的交易为何差别这么大"或"怎样才能做出最好的交易。"这些问题的答案为你的过程性目标的实现奠定了基础，并且会指导你每天取得进步。目标不能仅适用于特定的环境（"看跌看涨比率到达100天内的最高点时，我就买入"），也不应该含糊到无法指导具体行动（"尽量少交易"）。最好的目标是连续几周内每天都有具体的事要做。如果你在连续几周内每天都没有具体的目标，你就无法把新的模式变成好习惯。

就像之前讲的那样，同一阶段的目标不能太多。我在状态最好的时候能同时关注三个目标—— 一般只能关注一两个目标。这意味着我们要优先安排一些目标，这样就有了轻重缓急。你可以闭上眼睛，然后把自己想象成一个优秀的交易者，或想象自己当天的交易赚钱了。当你是个优秀的交易者时，你的交易方法会有所不同吗？你在完美交易日的交易与在糟糕交易日的交易相比有什么不同？你要想象自己正在做正确的事。你正在做什么？你是怎样做的？这些细节就是你的目标。

训练提示

我建议你去认识有经验的成功交易者。模仿他们的交易，这就是有效的目标。

第35课 尽力找到解决方案

到目前为止，前面的课程已经讲解了跟踪赚钱模式和亏钱模式的重要性。一般情况下，交易者只关心赚钱模式。交易中我们不但要规避自己的弱点，还要训练自己加强优点——聚焦于解决方案——这样就会产生出人意料的、惊人的效果。

> 要想了解什么叫作“聚焦于解决方案”，可以参阅《重塑证券交易心理》。

聚焦于解决方案对交易者有以下几点好处。

1. 动力

关注自己的优点比仅仅关注弱点要好，这样你会有动力，变得乐观。如果运动员教练总是抱怨运动员的缺点，时间长了，运动员就会气馁。如果我们关注的是优点，那么训练时就比较容易激励自己，同时也不忘做出必要的改变。

2. 制订目标

知道自己错在哪里并不代表知道应该怎么做。当你关注最好的交易时，你就能知道哪种模式赚钱，这种模式就是你的目标。

3. 以最少的投入获得最大的效果

仅仅致力于改善缺点似乎不太可能把缺点变成优点，最多使自己在这方面的水平达到平均水平。尽量利用优点并规避缺点，收益会更多。

我鼓励交易者做模拟交易，用不同的方法交易不同的品种，这样你就能知道自己的优点是什么，这很重要。当交易者发现自己擅长的事情时，就找到了提高业绩的利基。如果你不知道自己的优点是什么，你就不太可能发挥自己的优点并提高业绩。

你也许会感到困惑："如果我总是亏钱，我该如何聚焦于解决方案呢？"如果我们总是亏损，就很难找到自己的优点了！

当我们某天赚钱时，我们就认为当天的交易是好的交易；当我们某天亏钱时，我们就认为当天的交易是差的交易。如果这么想的话，该如何聚焦于解决方案呢？这种想法使我们在亏钱时不知道什么是好的交易了。但是，即使交易对他们不利，交易者也能够很好地进行交易——他们可以采用有确定优势的模式，管理好仓位大小并管理好风险。即使一个系统的胜率为60%，遇到连续多笔亏损也是正常的。如果你不是看结果，而是看过程的话，那么你对好的交易和差的交易的理解就不同了。即使资金曲线回撤了，你也能看到自己的优点；即使你赚钱了，你也能看到自己的缺点。

为了使自己聚焦于解决方案，你要问自己："我今天做了什么很棒的事情？这笔交易做得对吗？"经过一段时间，你就会发现自己的业绩发生了变化。并非所有的交易者都眼光差，交易能力差。如果你今天比前几天亏损得少，你做了什么使情况好转呢？如果你在几个亏损日内有很多笔盈利交易，是什么促成了这些成功交易呢？你要看看你在交易时所做的改善行为，你应该每天都这么做，这样才有意义。

"和上周相比，我有什么进步？"是指导下周工作的一个重要的出发点。多做有用的事是聚焦于解决方案的关键。

上一课提到要想聚焦于解决方案，你可以找到你尊敬的交易者并请教他是如何交易的。有时，别人的模式也是有用的，值得尝试。时间一长，你就会把这些模式和你的思考和交易方法结合起来，这样，这些模式就成了你的模式。例如，我曾经同不少对冲基金经理一起工作过，并从他们那里学到了如何有针对性地思考市场，即观察不同板块和品种，搞清楚它们的长期趋势。我跟踪的品种和采用的时间框架和他们的完全不同，但是方法是一样的。当我交易不顺时，可以模仿他们的方法，这样就可以顺势而为了。

另一种聚焦于解决方案的方法是专门记录你在交易中没有犯的错误。这些记录代表着你没有犯过的问题模式。如果你最近犯了一个错误，那么它会帮助你进一步了解自己没有犯错的情况。没有犯错的时候，你做了什么与平常不同的事呢？也许你预见到了问题，所以刻意改变了方法。也许你遵守了某个规则，所以不会犯错。无论如何，只要它可以帮助你少犯错，那么就是你的解决方案。

请留意你在什么情况下不会犯错，这样你就能知道如何避免犯错。

聚焦于解决方案方法的真正力量体现在，当你找到在最好交易期间自己所做的事情时，你就有了正确的模式。用不着把专家和大师的角色让给他人，通过发现专属于你的最好的方法，你就是大师了，你成了自己的榜样。这是自我训练最突出的特点之一，即发现表现最好时的自己，你就能够制订符合自己特点的目标。因此，你在学习的过程中可以加强你的优势。

我给你布置的任务是，回顾自己的交易日记，看看自己遇到了多少问题（差的交易），解决了多少问题（好的交易）。如果问题较多，那么就要用文字认真回答以下问题。

（1）在最近的交易中，我在哪方面表现最好？

（2）当我交易顺利时，我是如何避免过去的错误的？

（3）最好的交易期间，我是如何像我认为的完美的交易者那样交易的？

一位成功的运动员教练在改正运动员的弱点时绝不会忽视运动员的潜能。自我训练时要关注自己的优点，每天都要思考如何尽量发挥自己的优点。

训练提示

我们能了解市场，也能了解行为模式。当我们了解了市场和市场状况以后，就能根据我们的交易思路管理好风险。我们可以回避某些交易机会，充分利用某些交易机会。

第36课 抛弃旧的有问题的模式

当你连续写了几周日记以后，就会对自己的问题模式视而不见了。一个交易者的问题一般不会超过10个。也许他有一两个问题，但表现方式有10种。例如，一个交易者可能会错过好的交易、有时候没止损、仓位管理太死板、提前兑现了利润。也许这些问题看上去像不同的问题，每一个都需要认真解决。然而，在交易者检查了他的日记后，多半会发现，问题模式只有一种——消极的自我引起的焦虑——是产生所有这些问题的原因。交易者并没有很多问题（好像有很多问题），只是一个问题影响了很多方面。

从上面的例子中你可以看出，自我训练不仅要你发现模式，而且要你发现模式中的模式。这些模式中的模式通常形成了训练工作的重点。这就意味着，如果你准确确定了该核心模式，在相当长的一段时间内很多不同的交易难题就可以迎刃而解。一旦我们例子当中的那个交易者学会了控制焦虑，不再自欺欺人，他错过的机会就会减少，就能接受合理的风险并让利润奔跑。

> 你可以问自己："这些错误有什么共同特征？"通过回答这样的问题，你能找到模式中的模式。

这种核心模式将引发交易者产生一种感觉，这种感觉会反复阻挠交易者做出正确的决定。例如，交易者可能会焦虑、沮丧或自欺欺人。这种感觉可能每天都会以不同的方式影响交易者，导致交易者认为自己有很多问题。通过跟踪每个问题后面特定的认知（或想法）或情感（或感觉）状态，我们就能够确定原因，设计有效的训练计划来解决问题。

很多时候交易者知道什么是错的，却不知道什么是对的。如果交易者不知道解决方案是什么，就容易出现这种情况。例如，他们也许知道不要向下摊平成本，但不知道在止损后再次进场并赚钱。这要求交易者加强以下两个方面的训练：

（1）防止问题模式影响交易；

（2）制订规则和程序，这就是方案模式（下一课讲解）。

交易者不能立刻想到解决方案，该止损时还是要及时止损，所以，自我训练时的第一个目标是防止问题模式影响交易。医学中的希波克拉底誓词（Socratic）“无论如何，不能造成伤害”用在这里很合适。停止犯错不等于找到了解决方案，但是它可以使你花费足够长的时间进行深入研究，从而找到解决方案！

当你停止做没用的事情时，改变就开始了。

《重塑证券交易心理》一书中有一个要点：出现问题时要改变自己的状态。这意味着要注意问题模式是如何出现的。例如，当我把注意力集中在是否赚钱时，我就容易做出最差的交易。当我把注意力放在是否赚钱上面时，我就容易提前兑现利润，或者轻仓交易时止损幅度偏大了。我明白了一个道理，如果我在持仓期间开始计算利润，就需要重新调整我的注意力了。我通过暂时离开屏幕，把注意力集中在其他事情上并做几个深呼吸，来完成重新调整的过程。一旦我处于新的状态——即更平静和聚焦的状态——就不会患得患失了，而是关注与执行计划。

另一种迅速改变状态的方法是暂时离开屏幕，然后从事与交易无关的活动。这些活动可以是伸几个懒腰或做做操，与交易者聊天，吃点东西。做这些与交易无关的事情往往会使你融入不同的环境，即利用新活动帮助你转变思维和情感。我发现这些活动在遭受亏损后特别有用：到户外散步可以使我以全新的面貌回到屏幕前。

当你改变了自己的身体状态后，你就改变了自己体验这个世界和处理信息的方式。

转变状态的另一种方法是写日记或在特定的情况下大声说话。如果你单独进行交易，不会影响别人，你就可以大声说话。如果你写下或大声说出正在发生的事情，表露自己的想法，感受得到自己的思维和感觉，那么你就能观察自己了。如果你是一个活跃的交易者，迅速地进场、出场，你可能不会有时间写日记并以那种方式观察自己。然而，你仍然可以在看着屏幕的同时大声说话。事实上，和我在芝加哥一起工作的很多交易者在交易时都是这么做的。也就是说，他们在忙着交易的同时大声地谈论正发生的事情。

综上所述，我在交易时大声说自己赚了或亏损，是一种警示，说明我没有关注交易。如果我听见自己在说和交易无关的事，那么说明我已经分心了，我应该把注意力放在自己的仓位上。当交易者学会自我观察后，就能轻松地转移注意力了。

当你大声说出自己的想法和感受时，你就能观察自己的想法和感受。

自我训练时，你可以问自己：如果把较大的亏损笔数减少5%，那么你的总体利润有多大的变化？这种变化对交易者的利润率影响很大。当你减少了大亏的笔数（不仅仅错在思路上），你就实现了“无论如何，不能造成伤害”。差的交易通常是由特定的情感或思维引起的。当你出现了这些情感和思维时，如果你及时发现了，就能制止自己，这么做至少不会爆仓。

交易时，上面的方法很有用。也就是分析大亏的交易，找出其中的消极模式和具体诱因。以后，只要看见诱因出现了，你就要防止出现消极模式——让自己平静下来。优秀的教练懂得何时让运动员休息，何时让运动员去上课。当你自我训练时，有时你需要做一些类似的事情。记住：目标不是交易，目标是赚钱。从长远来看，有时最好的赚钱方法是，保证在所有的错误模式都发生的时候尽量不亏钱。

训练提示

当我准备建仓、管理仓位或平仓时，我很沮丧，就表明我不能这么做。我会放缓呼吸，将注意力集中在呼吸上。我会离开屏幕，稍做休息，搞明白我为什么沮丧，沮丧表明了什么（关于我和市场的问题），这对我的交易有什么影响。只有全部搞明白之后，我才会去交易。沮丧时停止交易，你不但阻止了自己做毫无目标的交易，还找到了自己沮丧的原因。

第37课 用规则来实现持续一致性

训练自己的重要目标之一是把积极的交易行为变成习惯，这是至关重要的。你也不希望每次看到一个机会以后要思考半天，最后才确认是真正的机会。实际上，你更希望自动地去做正确的事。当你思考的时候——尽力思考的时候——你已经分心了。当你能自动地做正确的事情时，你的注意力可以完全集中在自己正做的事情上。这样你才能灵敏地发觉市场在供求方面的微妙转变，这很关键。

规则是连接行为模式和习惯的桥梁。孩子不是天生就具有伦理观和责任感的。父母和老师会告诉他们各种规则，他们就具有伦理观和责任感了。一部分规则来自对别人的模仿，一部分规则是通过反复练习掌握的。人们可以通过内心的练习来放弃旧的模式，采用新的模式。

交易者学习止损的过程就是放弃旧模式，采用新模式的过程。当亏损造成的痛苦极其巨大时——此时很容易产生新模式——交易者就会思考止损规则。交易者此时会想到遵守规则的好处，不遵守规则的坏处。此时，交易者不会按照自己的想法做，相反，他们会寻求规则的指导。规则能防止我们冲动行事。如果我们的行为对人对己都不利，规则会阻止我们的。

> 因为我们在社会中总是做正确的事，所以我们可以不假思索地遵守社会规则。我们在交易时也要做到不假思索地遵守交易规则。

从小到大很少有人教我们如何赚钱，所以交易显得特别具有挑战性。我在我的博客上做过一次测试，也就是对比每月、每周和每日的上涨和下跌走势。在第一种情况下，几乎任何人都会确定趋势是上涨的；在第二种情况下，几乎任何人都会确定趋势是下跌的。然而，当你看到上涨的趋势后再买入，你的收益可能还不如大盘指数涨得多；当你看到下跌的趋势后再卖出，你可能会亏损相当大的一部分资金。因为上涨和下跌的趋势太明显了，你采用这么明显的追高杀跌策略会失败的。趋势显而易见时，所有的趋势跟踪者都已经进场了。趋势稍有变化，趋势跟踪者就会争先恐后地平仓，那些看到明显的趋势再建仓的交易者就亏损了。

我们制订规则，就是为了阻止人们的自然倾向。规则可以简单到“如果市场下跌到×天最低点之下就买入”。令人吃惊的是，这条规则用在大盘指数上效果还不错。另外一条规则是“只有回报风险比大于2时才建仓”。这样的规则会防止交易者在行情结束时才进场。

交易者常说的模式一般是指进场规则。如果交易者没有把这种模式形成规则——没有在心里反复练习过——那么交易者就倾向于违背这种模式。交易者害怕错过赚钱的机会时容易违反这种模式，在连续几笔亏损后也容易违反这种模式。当交易者把模式变成规则后，也许不是机械交易，但一定能实现持续一致性。不具有持续一致性的交易者往往是没有交易规则的交易者。

> 规则有助于实现交易的持续一致性。

当你自我训练时，不仅要自己制订规则，还要遵守规则。成功建立规则的关键是要认识到规则不仅仅是你的想法。一个好的规则伴有感情：意识到了违背规则的坏处和遵守规则的好处。是什么使一个糖尿病病人饮食有规律？又是什么使一个性急的孩子在课堂上耐心地等候回答问题的机会？这不仅仅是因为他们要遵守规则，还因为他们知道了违背规则的坏处。如果交易者认为“没有规则也行”，那么规则只是空白的文字和美好的期望而已。

无论是进场、出场、调整仓位大小、止损、分散，制订规则的秘密是，你要把规则与自己的情感联系起来。想象一下，如果自己违反了规则，会是什么后果。要将你的注意力集中在你遵守规则时所做的交易上。

规则不仅仅是指导方针，更是信念和信心。最好的规则不仅使你感到应该遵守，而且必须遵守。

你的任务是彻底分析你的交易规则：你制订了多少条规则？这些规则很明确吗？你是消极地想到这些规则，还是带着信念和信心在练习这些规则呢？如果你和大部分交易者差不多的话，你会发现自己有很多宽松的指导方针，但并没有多少严格的规则。这意味着你没有分析最好的模式和最差的模式，没有找到赚钱的模式，所以无法形成规则。

> 规则应该反映最好的交易方法。

记住：没有纪律就无法遵守纪律。规则越清楚，你对规则的感觉越深刻，它们越会防止你冲动交易，并规范你的行为。规则不是紧身衣，它们能让你释放潜能。想想将持续一致性视为美德的那些工作：飞机驾驶员使飞机着陆、外科医生做手术和赛车手在比赛。最好的执行者都是受规则约束的，因为他们强烈意识到不遵守规则的危险性。他们通过将规则融入内心来完美地执行规则。这也是你训练自己的目标——使规则成为交易核心，这样能创造更好的业绩。

训练提示

遵守规则是自我价值实现的重要基础。用检查列表的形式监督你是否遵守了规则，能让你每天遵守规则。你应该考虑制订并用来自我评估的规则如下。

（1）调整仓位大小的规则。

（2）用来限制亏损的规则。

（3）加仓的规则。

（4）交易量大小和风险大小的规则。

（5）每笔、每天交易量大小和风险大小的规则。

（6）建仓和平仓的规则。

（7）提前准备的规则。

（8）分散的规则。

这些规则不是对所有的交易者都适用，关键是要采用最容易赚钱的规则。你要把这些规则写在卡片上，每周做分析、做评估。

第38课　旧病复发和重复锻炼

旧病复发是训练最大的敌人。开始改变相对比较简单，但是坚持改变相当困难。旧模式是总自然而然地出现的模式：我们每天、每年都在做的事。我们过多地采用了这些模式，重复采用的次数太多了，导致我们可以自动地采用这些模式。如果没有坚持改变，那么习惯性模式自然就会乘虚而入。

实际上，这意味着对任何的改变来说，都有一系列的过程。

第一阶段——我们自动地重复旧模式，体验旧模式造成的后果，并尽可能避免那种后果。

第二阶段——旧模式造成的后果累积起来，尽管我们可能不知道如何改变，也可能对改变抱有抵触情绪，但是我们知道要做出改变。

第三阶段——我们再也不能接受旧模式产生的消极后果，通过改变思维和行为来做出改变。

第四阶段——当我们失去动力时，就会周期性地采用旧模式：一会儿改变，一会儿复发。

第五阶段——我们反复采用新模式，这样就可以自动采用新模式了，之后很少采用旧模式了。

那么，让我们举一个实例：在第一阶段，我们的夫妻感情不和谐，但是我们都尽量将矛盾减至最低程度；在第二阶段，我们认清了问题所在，但是我们不知道是否要打破现状，开门见山地和配偶谈论我们的问题；在第三阶段，我们清楚地意识到需要改变并在家讨论怎样解决问题；在第四阶段，我们有时候能融洽相处，有时候还是有问题，需要别人的辅导与帮助；在第五阶段，我们坚持接受辅导，改变交流方式，最终我们可以融洽相处。

这些步骤表明复发不仅仅是一个问题，也是改变的一个步骤。只有少数人可以突然永久地改变某些模式，旧模式和新的有建设性的模式在拔河。因为我们还没有反复采用新模式，所以自动采用新模式需要有意识地努力。在改变的早期，我们想不到要改变；在改变的中期，我们必须考虑改变；只有在改变的后期，我们才会自动地采用新模式。

在每个改变过程中，都会存在一个旧的问题模式和新的积极模式共存的中间阶段。在这个阶段旧病复发是正常的，而不一定是失败的征兆。

那么，什么能够使我们彻底地采用新模式，并让新模式为我们自动采用呢？回想自己学开车时的经历，在某个阶段，你会把注意力集中于与驾驶相关的各个方面，从打信号灯、转弯到变道。这些行为只有经过反复实践才能成为习惯，使你能腾出时间来集中研究道路情况、与过路人交谈以及探明不熟悉的地点。同理，反复体验交易中新的认知、情感和行为模式能巩固新模式，使你把注意力集中在市场上。旧病复发可以通过重复来克服。

多次重复新模式以后，我们才能自动地采用新模式，并能够防止旧病复发。

在目标设定的课程里我们讲过，自我训练时，你不要第一天设定一个目标，第二天设定另一个目标，然后在当周又设定一个与前两个不同的目标。交易者在写交易日记时容易犯这样的错误。交易者采取措施开始改变——即上面的第三和第四阶段——但是未能通过重复实践巩固那些改变。与尝试在短期内做很多改变相比，在几周或几个月内做一两个改变比较现实。

继续讨论前面所说的规则，你的任务是分析自己当前的交易目标，然后评估每天完成目标的情况。理想的状态是，你的目标和你尝试的改变应该成为你的第二天性，这样你就能每天自觉地行动。培养这种一致性的方法是每天做一个成绩报告单，给自己评级。你的目标是每天给自己评高分，而不是仅在特定场合才能实现目标。

同理，如果你每天都写下自己的业绩目标，就可以反复地思考和评估新行为。如果新行为控制了你的意识，那么你就会更愿意坚持新行为。谈论你所做的改变，把自己的改变写下来，每天给自己评分——最重要的是，每天交易时坚持改变。就像学习驾驶一样，不久你就会发现自己能自动地正确驾驶了。到那时，你就不需要动力了，你已经把目标变成了习惯。

训练提示

每天早晨你要目标明确，这样就有了动力。有些交易者目标不明确，我就叫他们每天健身。健身计划迫使他们一起床就要思考如何实现当天的健身目标，慢慢地，他们就懂得了交易也应该这么做。你不仅要训练自己更好地交易，还要训练自己在生活的各个方面都保持改变。

第39课 为改变创造一个安全环境

在上一课，为了巩固新的思想、感觉和行为模式，我们强调了重复的重要性。交易者无法提高自己水平的最普遍原因是他们开始有了改变，但是没有坚持改变。他们有了一点进步，就会放松下来，退回到旧模式中。一个成功的教练知道学员何时会放松，并且不让他放松。当你有了一次积极体验时，你要使它成为一种动力，不要自满，要继续前进。最好的训练就是这样获得动力，不断地成功，获得成就感。

问题是你需要花时间去实践。如果你是一个长线交易者，你要花费几周甚至几个月的时间才能完成实践活动。实践多了，你才能加速自己的学习进程，过去几个月才能实现的改变，现在只要几周就行了。

运动员和演员都是通过反复练习完成实践活动的。比赛时间在周末，但是运动员们必须每天练习，为比赛做准备。同理，演员在实际演出前每天都是要排练的。通过练习，练习者缩短了训练过程：他们知道了什么是对的，什么是错的，他们反复练习正确的动作，改正错误的动作，最后能够自然而然地去完成动作。在练习时你可以犯错，所以说练习是有价值的。运动员和演员在练习时可以尝试新的方法，即使失败了，也没关系，毕竟这不是比赛或表演。

练习加速了学习进程。

练习对自我训练非常有帮助。如果你已经确定了要做的具体的改变，可以先从模拟交易开始，这样你的资金不用承担任何风险。模拟交易可以下面几种不同的方式进行。

1. 简单的图表分析

有时你要改变进场、出场或管理风险的方法。如果这些是你的目标，你就可以分析图表，然后在交易时大声说出自己的决定。虽然这不是实战（不能代替实战），但是会放慢决策的过程，这样，你就可以认真研究新方法了。我喜欢在图表上每次向后移动一根竹线并大声说出我的思路和交易决定。这就好像初学开车的人在一个巨大、空旷的停车场中非常缓慢地学习驾驶一样。简单的图表分析在初学者学会“走”和“跑”之前为他们提供了充足的“爬行”时间。

2. 模拟交易

我的图表行情软件有模拟交易功能，我可以通过模拟交易来观察一段时间内的收益如何。行情数据都是真的，但你不必拿真金白银去冒险，所以说这个模拟交易功能是很有用的。通过模拟交易，你可以在一天之内体会到很多天的市场行情，能够将自己的注意力集中到最难处理和最具挑战性的市场状况上，你也可以练习新技术和新模式。

3. 轻仓交易

并非所有的改变都是创新，有些改变只是为了做调整。最近，我改变了利润目标准则，这样我就能更长时间地持有某个品种了。当我用新的准则进行交易时，我发现长期持有不太舒服，又把交易量减小了一半。如果我能轻仓交易——但是总出错——我会考虑恢复之前的交易量大小。

> 最好先在非常安全的环境中学习，再在较危险的环境中学习。如果你不这么做的话，就会注意力不集中，影响学习效果。

请注意，如果我要做出比较大的改变——从指数换到农产品——那么我要先花点时间做模拟交易，再实战。那些更实质性的改变需要花更长的时间才能做出，学习曲线也更长。一般来说，当我们尝试做巨大的改变而不是小小的改进时，我们会犯更多的错误。当你作为自己的教练时，应该为重大的改变提供更多的安全保障；如果要改变小模式，你可以在实战中改变，尽量轻仓。

交易者犯的最大的错误之一就是在一两次改变之后，还不了解新习惯的潜在收益，就立即重仓交易。我在交易实践中做出改变后，一开始一般都是亏损的，之后才会慢慢好转。这就像你不可能在学了几次驾驶技术后就开车上路，这么做风险太大了。就像《提高交易者的业绩》一书中强调的那样，你在心理上可能犯的最大的错误就是使自己遭受精神打击。如果你还没有为改变做好准备就大亏了，这对你的业绩和自我训练都会产生破坏性。你要合理地安排改变过程，尽量做到多次成功，要尽量避免令人头痛的亏损。如此一来，即使你犯了错，也能保持信心和自我效能。

很多交易者因为太心急而不能做好交易。他们渴望刺激和利润，但是他们很难做到先观察，然后模拟交易，再轻仓交易。他们不知道通过重复练习掌握新模式。一旦交易者在做改变的过程中亏损了，就会自我怀疑，不再改变。他们没有成功，也没有信心，反而害怕改变。多练习，多总结，实践出真知，这就是自我训练的关键。亏损后想做出改变，想要立刻重新进场并回本是人之常情。但是在这种情况下目标不应该是一下子把钱赚回来，而是采取正确的交易行为。如果你采用了正确的模式，那么结果自然就会很好。

你的任务就是每天安排时间认真练习新技术和新模式。如果你每天练习新模式的收获相当于两天学习的收获，那就说明你有一个好目标。你可以通过模拟软件实现这一点。

我从自己和其他人博客的流量统计中了解到，在收盘后，特别是周末和节假日期间，交易者很少花时间搜集市场信息。交易者在收盘后就远离了市场。每个人都想过平衡的生活，但是交易者、企业家、艺术家、科学家和运动员都不适合朝九晚五的工作方式。任何一个领域的杰出人士都不是朝九晚五地上班的。他们总是全神贯注地做自己感兴趣的事，因此他们比其他人学得多。他们的实践多，所以他们的技术比别人稳定，能力比别人强。

> 很多交易者在遇到交易问题时不愿待在屏幕前思考，因此减少了实践活动。资金曲线严重回撤时，你要尽量轻仓交易，但要努力研究市场。

你为改变自己和改变交易创造了安全的环境，就等于在模仿杰出人物的学习行为，例如钢琴家、国际象棋冠军和奥运会运动员。这种练习能让你发现错误，还能让你成长，这是一种乐趣。这就是最好的自我训练方法。

训练提示

收盘后观看市场行情录像也是一种很好的实践行为。你可以反复观察市场在不同状况下的模式。分析你错过的市场机会可以使你对未来的机会保持警觉。

第40课 利用想象改善改变过程

前两课已经说明了，要想巩固新行为并忘掉旧模式，重复很重要。通过反复练习，我们能自动地使用特定的模式做交易，这样就不必刻意关注自己的交易过程了。

人脑的巨大优势是能够通过想象模拟实践活动。如果我们逼真地想象出一种市场状况，并想象自己的决策和交易过程，那么这种内心练习的效果很接近实战效果。这样你就不必通过实战来培养自己的行为了。通过在头脑中创造逼真的状况，想象采用特定的交易模式，你就能加强自己的交易模式。

唐纳德·梅钦鲍姆提出的预防压力法第一次运用了想象。我们可以想象自己最害怕出现的市场走势，然后想象自己的应对方法，这样就没有压力了。这种心理准备工作可以应用在很多状况下，比如克服一些困难，或需要采用新的方法。

> 当我们预先想象充满压力的状况并做好准备时，我们的应对能力就被调动起来了。

有效利用想象的关键在于保证想象是生动的并能唤起真实的感觉。与简单的口头描述交易目标不同，想象能唤起相关的情感。想象将口头描述变成了更加真实的体验。当我们逼真地想象价格已经到了我们的止损点时，我们就会像真实发生一样感到害怕和沮丧。我们可以体验到逼真的情感（想象很少能够完全复制实际体验），我们能够练习使用最好的方法，使自己在面对压力时有计划并且训练有素。这种交易压力就像人体接触到了普通病菌：病菌强到足以引起适应性反应，所以人体产生了免疫反应，但是病菌并没有强到可以构成严重威胁。

很少有人推荐想象这种技术，采用这种技术的效果不错。下面是有效想象练习的五个方面。

1. 特殊性

不要去想有压力的事情，比如亏钱或错过了机会。想象应该是非常具体的，要想到具体的市场和市场状况、具体的价格和具体的市场行为。就是这种想象的真实性能够使练习像真的一样。

2. 动力说

想象就像放电影一样。同样的情景，看电影画面肯定比看书面文字要形象很多。想象是动态的，所以看起来很真实，这样才能产生预防效果。单调、不让人信服的想象不会引起我们做出应对，当然也不会提供有效的接近真实的交易体验。

3. 详尽的细节

如果让我指出人们想象过程中最普遍的缺点，那就是他们想象的时间偏短。长时间详细的想象要比非常简短的想象更有效。实际上，如果想象太简短，说明你想逃避压力！最好的方法是从头至尾仔细想象一种情况——然后反复想象，直到它不再引起你的情感反应。这种方法不仅加强了应对能力，而且增强了信心和成功感。

从行为学文献资料中得来的一种有趣的疗法是冲击疗法，即长时间想象具有高度压力的情况。因为交易者能在有压力的想象中控制自己，所以他们几乎对市场可能发生的任何事情都做好了准备。

4. 变化

交易者常常想象到某种有压力的状况，但是很快就转移到其他方面去了。我们已经明白，重复可以巩固学习效果。如果交易者不重复想象，就容易旧病复发。一旦你想象出了一种详细、逼真的交易情况，想好了应对方法，并通过重复掌握了应对方法，那么你一定会思考这种状况是否会有变化。例如，你可能会想，如果市场波动太快了，就容易让人郁闷。如果你的目标是在让人觉得郁闷的市场状况下学会如何应对，那么你就应先想象如何应对快速波动的市场，学会了之后再想象如何应对波动慢的市场。想象出了不同的市场状况，你就可以学到更多的应对方法，这样才能做好实战。

5. 持续一致性

任何单一的想象都不会持续数天或数周影响你的行为。每天重复进行这种想象才会产生持久的效果。很多交易者从最初的想象活动中受益，之后又恢复了常态。只有坚持练习，你才能自动地优先采用新模式。多次想象，这样自己也会意识到改变的必要性。

当你自我训练时，你不仅要想到成功，还要看到并体会到自己的成功。你要在自己心里练习技术，采用新的交易模式，如果能长期持续一致地成功，再参与实战。你的任务是，想象富有挑战性的市场状况，想象自己在这些市场状况下的想法和感受，并找到具体的对策。当你想象的时候，要感受恐惧、贪婪、挫折和无聊这些情感，还要想到你过去是不是采用了某些消极模式。你要想到自己的消极模式，下决心放弃消极模式，然后采用最好的方法。例如，你可以这样想象，价格已经到了你的止损点，你没有止损，反而加仓了；你确认了这种做法是错误的，下定决心要止损。

> 想象对交易者来说相当于运动员的训练场——在模拟训练环境里提高自己的业绩。

你要先在想象中持续一致地赚钱，然后才能开始实战。既然你能够做到每天通过想象而成长，那么你就没理由再花几个月或几年来改变行为模式了。很多人都是通过想象和练习达到了自我训练的目的。

训练提示

把自己想象成自己渴望成为的那种愿意承担风险的交易者、自律的决策者、有耐心的执行力强的人或从亏损交易中总结经验的精明交易者。如果你创造了一个角色并把自己想象成那个角色，最终你就能成为你想成为的人。

第五章

打破旧模式

自我训练的心理动力框架

> 人们喜欢消极情感，这真是奇怪，难以置信。
>
> ——P.D.邬斯宾斯基

到目前为止，我们已经讨论了如何改变，如何提高业绩。现在我们开始研究心理动力。这会重视过去到现在的连续性——研究旧模式是如何重复出现的——研究以前的消极情感如何引起了旧模式。

心理动力和长期的心理分析有关系，和训练关系不大，但我发现关系体验非常有助于提高交易者的业绩。本章会解释心理动力与交易的关系，还会解释在自我训练中，动力框架激发自身努力的方法。

当我遇到了很严重的交易问题时——尤其是以前就遇到过这些问题——我主要利用心理动力进行解决。我们还没有开始交易，就会担心失败、怀疑自己、没有安全感，这些问题都要去面对。

心理动力是一种思维方法，这种方法让人们相信过去不会影响将来。本书提出一个观点：我们和市场之间有关系，当我们和市场建立其他关系时，有些模式会重复出现。让我们看看该如何摆脱这些模式……

第41课 心理动力学——摆脱过去关系的束缚

西格蒙德·弗洛伊德提出了心理动力学，他的跟随者发扬了心理动力学。在这个演变过程中，心理动力学不再认为本能和性本能主导人类的行为，而是一再出现的冲突主导了人类的行为。同时，心理动力学也否认了治疗是长期的，更加重视积极的短期改变方法。令人吃惊的是，大众并不了解这个演变过程，所以觉得这种方法是陈旧过时的，但事实并非如此。

心理动力学的核心观点是，冲突和模式反复出现导致了问题。同样的关系持续了多年，就容易产生问题。当我们拥有积极、肯定的关系时，我们内心就有积极的自我形象和概念。消极的、矛盾的关系在我们内心就是消极的、矛盾的自我。这种观点与本书前面谈到的主题是一致的：关系就像镜子一样。我们是自己重要关系体验的总和。

在生活中，我们学会了用一定的策略来处理焦虑，焦虑来自冲突。这些策略可能会让我们感到安心一点，但是将来遇到一些问题时，这些策略可能就过时了。如果当前状况让我们回到了过去遇到问题时的情感状态，那么我们就会采取过去的策略，但结果会让人失望。过去的情感，现在的反应，再加上消极的结果，就构成了莱斯特·鲁伯斯基所说的核心冲突关系主题。这种主题以各种不同的方式在不同状况下反复出现，导致我们违背自己的意愿去做事。辅导和治疗的目的是将我们从有问题的模式中解脱出来。

> 当我们对目前状况“反应过于激烈”时，很可能是因为过去的主题引起了我们的反应。

再举一个例子，这个例子在《重塑证券交易心理》中讲过。我在一个关系亲密的家庭中长大。我的父母和他们各自的父母都很疏远，所以他们发誓要为自己的孩子创造一个不同的家庭环境。在这一点上他们很成功，以至于有时我觉得这个环境过于亲密了。我不得不到处寻找属于我的隐私空间，我会长时间骑车、散步，甚至洗澡。后来，当我遇到我的妻子玛吉并和她以及她的三个孩子组建了家庭之后，我发现我总是在长时间地洗澡，没时间关心她们，导致每天早上大家都很忙乱，家庭气氛紧张。

多年以来，我一个人住，从未体验过与他人过于亲密的感觉。当我组建了自己的家庭时，我只会用过去的方式来面对家庭成员，我又去寻找我的隐私空间了。然而，在童年时有效的方法在新家中却完全失效了。这是由于我在新环境中采用旧的策略，产生了问题。

我们会毫无意识地自动地采用旧的策略。如果没有意识到这种现象，我们就无法改变这种现象。心理动力学的目标之一就是把无意识状态变成有意识状态：让我们有意识地终止使用旧的策略。只要我能意识到自己不再需要以过去的方式来面对家人，我就能够改变我的模式：我现在的家不是我以前的家，而且我也不再是个孩子了。

心理动力学的首要目标是认知：知道一个人经常采用的模式，还要知道这种模式的局限性。关键是，你过去有理由做这件事情，但是现在这种理由可能已经不存在了。

那么这与交易有什么关系呢？交易的风险和不确定性——利润和亏损、胜利和失败——能让我们的情感仍像以前一样。举个典型的例子，假如说一个交易者感觉自己总是让父母失望，他就会把自卑感带入市场，就会轻率地冒险，以此证明他是成功者。当然，盈利再多也无法填满情感上的空洞，他会冒更大的风险，直到最终爆仓——他最害怕的就是爆仓。在本例中，改进交易方法并不能解决问题。如果他没有解决内心的冲突，还会继续表现自己的。

很多人为了表现自己，才在市场中出问题的。

要想确认过去的冲突是否影响了当前的交易，最好的办法是看看自己的感觉如何。如果你的感觉和过去一样不好，那就说明你正在采用有问题的模式。例如，如果你的挫折使你在交易中陷入麻烦，使你和朋友的关系也不好了，就说明出现了一种明显的模式。如果你感觉不好，和过去交易时的感觉一样不好，就表明你采用了过去有问题的模式。

自我训练时，有时候你要挖掘出问题的根源。你要通过对比过去和现在的经历才能找到根源。换句话说，你不仅要分析自己当前的模式，还要分析过去的模式。这样，我们就可以最大限度地采用心理动力学的改变方法。

你的任务是拿一张纸，在上面画两个正弦波，每个至少有四个波峰和四个波谷。在第一个正弦波中，你要在波峰处记上生活中最好的经历——最积极、最令人满意的经历。这些经历可以来自任何方面，从人际关系到职业生涯都行。你要在波谷处记上生活中最差的经历，最差的经历也可以来自任何方面。这些经历要让你感到很痛苦。等你全部记好以后，波峰和波谷就代表了你生活中的快乐和痛苦。

当你完成第一个正弦波的标记后，同样将第二个标记好，不过这次只记和交易相关的经历。因此，你要在波峰处记下最开心的交易经历，在波谷处记下最痛苦的交易经历。你要详细记录每次经历，这样一眼看去，你就能知道为什么要把这些经历记在波峰或波谷处。

然后对比这两个正弦波，你要找出将生活与交易联系在一起的共同主题。很多共同主题是情感上的。下面是你要找出的一些共同主题。

（1）足够和匮乏的主题。

（2）违反规则和纪律的主题。

（3）无聊和冒险的主题。

（4）成功/怀有希望和失败/气馁的主题。

（5）认可和拒绝的主题。

（6）满足/接受和愤怒/沮丧的主题。

（7）安全和危险的主题。

如果生活的波谷和交易的波谷是同时出现的，那么你可能采用了不好的策略。只要你意识到了这点，就可以改变自己了。自我训练时，你要留心自己的交易，不要无意识地重复过去不好的策略。当你知道了什么是有问题的模式时，就不会重复有问题的模式了。

训练提示

因此，我们要做出正确的判断，确定生活中最近的冲突关系以及这种关系所引起的想法、情感和行为，然后看看最近的交易问题中是否出现了类似的想法、情感和行为。很多时候不仅是以前的关系对我们的当前行为产生了消极影响，最近的一系列冲突也会产生这种影响。你只有通过确定怎样解决这种关系中的问题（或如果问题出现了，你会采取什么处理步骤），才能做好交易。

第42课　明确我们的重复模式

在上一课中，我们用正弦波图形确定了生活和交易中的波峰体验和波谷体验。一旦我们发现两组图有共同点，就要确认是哪些模式在重复出现，以便我们清楚地理解这些模式为什么会出现，这些模式是如何重复出现的。

首先，我们说明一下如果找不到两图中波峰体验和波谷体验的共同点意味着什么。一种可能是，你需要在每组图中记录更多的内容，这样才能看出共同主题。另一种可能是，你是从逻辑上看这些事件的，而不是从心理上。你要检查的是每个波峰和波谷的动机和情感的相似点，而不是表面细节。当我们把这些模式看作情感重现时，共同元素常常就会显现出来。

但是，有时交易中的问题和生活中的问题没有直接关系。瞬息变幻的市场、缺乏技术、没有经验和分心等原因都会导致交易出问题。如果是这些原因导致了你的交易出现问题，那么心理动力学帮不上忙。此时，你需要像《提高交易者的业绩》一书中所描述的那样制订学习计划，或者更加关注当下，第六章和第七章会对此进行具体解释。

> 不是所有的交易问题都是情感引起的，有时我们需要提高我们的交易技术水平。

根据我的经验，我们在和父母、爱人沟通时最容易出现问题，这些问题可能会影响到交易。与父母和爱人发生冲突时的情感反应最激烈，最容易影响到我们的交易。一旦我们确认了这些模式，当这些模式重复出现时，我们就能意识到。这样我们就可以阻止这些模式反复出现。

有一个交易者是我的客户，多年来他谈了很多女朋友，但就是不对任何女性做任何承诺。他经常脚踏两只船，就是为了防止出现分手的结局。

在他小时候，他失去了一个弟弟，他的父母悲痛欲绝，设法遗忘这场悲剧。因为害怕失去亲人，这个交易者不敢和别人有太亲密的关系。他不想再经历童年时的痛苦，但这么做对他的感情生活没好处。

那么，你认为他的交易问题是什么呢？尽管他说自己对交易非常感兴趣，但事实上，他花在交易上的时间出奇地少。他投入的资金很少——换句话说，他根本不重视交易信号，他更喜欢在网上和别人聊天，浏览网页。然而，他将聊天和浏览网页辩解成为交易做“准备”，实际上他从没有认真地交易过。正如他在恋爱时的消极表现一样，他在市场的边缘徘徊，没有发挥自己的潜力。

为了明确问题模式，我们可以从我们的基本需求下手。上例中的交易者对安全有巨大的需求，因此在谈恋爱和交易时都追求安全感。他害怕亏损——真心付出却一无所获。他与自己的弟弟关系密切，他从未真正地从失去亲人的痛苦中走出来。他对自己采取的保护措施就是不再付出真心。他避免与恋人太亲密，他不想用比较多的资金做交易，这样就不必再次体验童年时的痛苦了。这给他带来了很多消极后果，最差的结果是，他感觉空虚，他没有真心爱过，也没有认真干过事业。

重复出现的模式可以这样分类：

（1）**需求**——我们失去的，我们渴望的；

（2）**感觉**——为没有得到想要的东西而苦恼；

（3）**防卫**——为了避免痛苦而采取的对策；

（4）**重复**——反复防卫；

（5）**结果**——防卫的消极结果。

我遇到过的一个交易者对情感支持有很强烈的需求。他的父母在他小时候就离婚了，他的母亲很快再婚，迫使他面对一个不同以往的家庭。他经常有被母亲抛弃的感觉，和父亲关系也不好。为了弥补感情上的不足，他干什么事都很拼命——他迫使自己在学习方面取得最好的成绩，在体育方面取得最好的成绩，在课外活动中成为领军人物。他希望通过做更多的事情来体现自己的价值。然而，结果是他经常弄得自己精疲力尽并且感觉不到希望，因为任何成就都代替不了他失去父母的爱。与前一个交易者不同，他强迫自己拼命交易，当过分投入却没有结果时，他就会垮掉。

因此，自我训练时，你的任务是：弄明白你的核心需求。这种需求通常是过去想要但一直没有实现的需求。你的需求可能是自主权、爱、尊敬或支持。一旦你确定了自己的需求，你一定要把自己的需求和正弦波图形结合起来分析，看看你在波谷时的感觉是怎样的。也许这种感觉是沮丧和悲伤，也许是焦虑，也许是愤怒和沮丧。当你在交易不利的时候，这种感觉就会反复出现。

生活中总是无法满足的需求最有可能破坏我们的交易。

现在回忆一下你是如何摆脱这种情感的。这就是你的防卫模式，你应对无法满足的需求带来的痛苦的方法。你的应对方法很可能在交易中以最快的速度给你带来困难，导致你过度交易，错过机会，等等。你在做交易决定的时候根本不是在管理自己的资金，你是在处理冲突所带来的痛苦。最差的交易出现在我们处理自己情感的时候，而不是处理仓位的时候。

你的任务是，用上一课中的正弦波图形来找出交易问题，看看你的需求、情感、应对策略和行为结果是如何导致这些问题的。我建议你画出一个准确的流程图，该流程图要显示没有满足的需求和情感是如何导致你出现问题的。应用该图将捕捉到心理动力学的焦点。通过打破这种有问题的模式并插入新的要素，我们会更有意识地进行交易，更自主地进行判断。

训练提示

我发现大多数的交易者不需要进行长期的心理辅导。如果交易者非常苦恼，他们不可能坚持交易下去。确切地说，他们能做好交易，但是他们会周期性地陷入旧模式中，导致交易产生问题。当交易者频繁地违背交易计划时，就应该知道自己采用了旧模式，再结合自己当时的情感和其他方面的状况，就能更加确定是哪些旧模式。通过记录最近交易问题中的情感，然后留意你在生活中其他方面的情感，你就可以确定哪些旧模式最有可能影响以后的交易。

第43课　处理我们的防卫心理

心理动力学的一种主要思想是，促使人们做出改变的原因并非来自核心冲突。人们害怕冲突带来的痛苦，所以想做出改变。简而言之，死板、过时的应对策略导致了我们的问题。过去曾经有用的方法现在没用了。

报复性交易是一个很好的例子。当我们亏损后，为了挽回亏损重仓交易，这就是报复性交易。亏损会让我们感到痛苦、郁闷和愤怒，我们就想摆脱这种情感状态。此时的交易就不是为了寻找机会了，而是为了不再失望。当然了，这经常会导致更多的亏损。

交易者无法忍受亏损带来的伤害和痛苦，所以交易者会采取防卫措施。也许这样的痛苦过去在生活中确实是无法忍受的。现在，作为一个成熟的成年人，交易者能够处理生意中、市场中或感情上的正常亏损。然而，交易者不能用过去的方法来处理自己的亏损。交易者确认了模式之后，就形成了一种观察能力，能够更明确地意识到旧模式所带来的后果。这种意识最终使交易者能够以新方式应对旧威胁。

> 心理动力模式的改变意味着刻意的行为：防止旧的、不好的应对策略。

自我训练时，你要观察反复出现的旧模式，不能陷入旧模式中。通过观察市场，你就不会陷入旧模式中，旧模式就不会影响你。前面讲解的正弦波图形和流程图能够增强你在这方面的意识。你的目标是阻止重复出现的有问题的模式造成不愉快的结果。

完成这一目标的方法会形成下个训练任务的基础。当交易被某种情感影响的时候，你就会注意到出现了某种旧模式。在上述的报复性交易例子中，影响交易的情感可能是挫折和紧张。在其他情况下，这种情感可能是亏损或空虚。一旦你注意到了影响交易的情感，你就要像体育比赛实况解说员一样大声地承认它。例如，你可以大声地说："我刚刚亏损了，现在我真的感觉很苦恼。我要疯了，我想把钱赚回来。我又交易了一笔，但是又亏损了。”

如果你不方便大声地说出自己观察到的现象——也许你和别人在一起交易——那么你可以写心理日记。其关键是要详细描述自己的想法和感受、摆脱这种想法和感受的方式以及这种做法在过去是如何伤害自己的。如果一个交易者这么说：“我感觉不好，今天不想交易了。”这是一个交易者的自我观察，该交易者处于这样一个循环中，即激进交易→亏钱→内疚→观望→为了弥补错过的机会又激进地交易。当你做出这些分析的时候，你正在扮演着心理学家的角色，你能正确地判断出发生了什么事。

当你能描述一种不好的行为模式时，就说明你不会再认同这种模式了。

此时，我们的重点不是改变这种模式，而是意识到这种模式的表现形式和后果并提高警惕。要想更好地观察自己，你需要持续观察数天到数周。只要你这么做，就能中断有问题的模式：你会避免进行报复性交易或过于激进的交易。你在做正确的事情之前，先要停止错误的事情。这样你就可以自控了，你就能控制这种有问题的模式，而不是让有问题的模式控制你。

大声说话和写日记不会使你摆脱顽固的行为模式，但它们会提供给你一些选择。你只要做不同的事情——甚至程度不同，例如少做点报复性交易——就在一定程度上控制住了自己。

大声说话有一个好处，就是提醒自己现在发生的事情实际上不是问题。过去发生并伤害你的事情才叫问题，你现在正在做的事（过激反应）不叫问题。例如，也许价格还没有到止损点，但是仓位已经亏损了。你感到恐惧，想提前止损。你除了大声地说出这种恐惧之外，还可以提醒自己：“这个仓位的亏损不是真正的问题，去年的亏损让我感到害怕而已。现在放弃我的交易思路并不会挽回过去的亏损。”

当然了，在这里我们默认本例中的仓位大小和止损点都是合理的，否则，就是这笔交易本身有问题，而不是过去的亏损让你感到恐惧，从而想提前止损。

你大声说话是为了告诉自己如下信息："交易没有问题，而是其他方面出了问题。"这样你就知道了要处理好相关问题，不再犯过去的错误。交易就是交易，和情感没关系，你要明白这点。只要有问题的模式出现时你能看出来，那就说明你取得了明显进步。如此一来，你就能观察自己的模式，不会陷入被动状态。

训练提示

我已在本书和《提高交易者的业绩》一书中提到了记录下市场行情是有好处的，这样交易者就可以看出市场的供需模式，做好交易决定。据我所知，有些交易者会把自己的交易过程用摄像机拍下来。这种方法可以帮助你观察自己，看出你的情感模式和行为模式。当你在录像带中发现了自己反复出现的不好模式之后，在实战时就能意识到自己有问题的模式。

第44课　再次想到——远离自己的问题模式

心理动力学还有两个关键的步骤，一是把过去的模式当作陌生的模式来看待，二是把过去的模式当作个人的障碍。一旦你能认识到自己的旧模式及其破坏性，就能远离自己的旧模式。如果你把旧模式看作陌生的模式，知道这些模式会导致你痛苦，就不会想采用这些模式了。

心理动力学中有一个术语，叫"自我疏离"。自我疏离是指对世界的看法发生了改变。当一个人开始自我疏离时，他会如下这样说话。

"这不是真正的我。"

"这是我过去常做的事情，但不是我要做的事情。"

"过去的事引起了我的反应，现在的事并没有引起我的反应。"

当然，没有人会刻意追求破坏性的行为模式。不过，人们会无意中采用破坏性的行为模式。我们疏离这些模式，表明不仅我们想到了这些模式，而且在拒绝这些模式。

在这点上，它有助于使我们开始思考旧我和新我。旧我害怕失败，就像害怕失恋，害怕不被认可一样；新我则认为单笔交易的结果不能说明一个人的好坏。因为我不想失去控制，所以当我迷失方向时，旧我就会变得愤怒和沮丧。而新我则通过计划控制自己的交易并让市场自我发展。请注意明确区别旧我和新我是如何帮助交易者认同积极的、建设性的模式，并远离旧的、无意识模式的。

> "我是在对市场还是在对我过去的情感做出反应?" 当你观察自己时，要这样问自己。

区分积极的模式和旧模式的另一种方法是判断“哪些做法使我赚钱，哪些做法使我亏钱”。当你拥有一个思路或行动方案时，要问自己：“当我赚钱时，我是这样想/做的吗？当我亏钱时，我是这样想/做的吗?”通过关注自己的行为可能带来的结果，你就能观察到自己的旧模式并阻止旧模式重复出现。

我们在前面讨论了破坏性模式的坏处，关注破坏性模式的后果不仅会让你远离这些模式，还会让你不愿意再重复这些模式。当你想起自己由于陷入旧模式而亏钱或失去机会的时候，特别是想到亏损的金钱和情感上的痛苦时，你就能避免自己再犯错。在《重塑证券交易心理》中，我强调了把旧的消极模式看成敌人的重要性。如果你将某事看作敌人，就会很难接受它，并会做出必要的改变。

大部分人都知道憎恨不好，我们已经学会了不要憎恨别人，应该对他人友好。然而，憎恨也有用，憎恨意味着完全拒绝——完全抛开自我。当我们憎恨自己过去的模式时，就已经认识到了它们的破坏性后果，以致我们力所能及地不去重复过去的模式。吸毒的人被毒品折磨之后就会憎恨吸毒，经历过失败婚姻的人再也不想犯同样的错误了。毫无疑问，如果我没有经历先前的令人不满意的关系，就不会找到我的生活伴侣。我非常憎恨糟糕的关系，所以下定决心要建立更好的关系。

> 当我们憎恨旧模式给我们造成的伤害时，便有了积极的动机：追寻更好的生活。

无名戒酒会有句老话：酗酒者在大醉后才会想戒酒。问题不严重的时候，人们总是轻视问题，无动于衷。当问题严重的时候，人们已经遭受太多的痛苦和伤害。此时，因为深受其害，人们会决定彻底戒酒。当人们感到深恶痛绝的时候，他们会说“我再也不能那样了”。这时，人们会放弃他们的旧模式。

我们可以这样运用这种思路，那就是确认下个月要放弃的旧模式。这些旧模式是在过去几个月里明显地破坏了我们交易的思维、情感和行为模式，而且我们在生活中的其他方面也发现了这些模式。特别是观察正弦波图形的时候，如果你已发现这些模式不仅在交易而且在生活的其他方面也造成了破坏性的后果，这种方法会更加有效。然后你可以思考这些模式这些年给你带来的痛苦和你重复这些模式所付出的代价。你要宣布自己憎恨这些模式，然后想办法杜绝这些模式。

请注意，这和简单地看出某种模式不同。这时，你会积极地期望旧模式，甚至盼望旧模式快出来，这样你就能拒绝旧模式了。交易者的思维要变成“我没有问题，旧模式才有问题”。一旦你认为过去的思维和行为不再对你有用了，就很可能会抛弃旧模式。

你要付出一定的努力才能抛弃旧模式，但这个过程很有趣，能让你成长。每当你发现了亏钱的模式并放弃这种模式时，你的自信心就会增加。如果你很上进并且想要获得成功，问问自己是想要赢得意志的自由，还是想要旧模式带来的失败。有上进心的人是不会接受失败的，他会奋战到底。上进心会帮助你战胜你的敌人——你心中的恶魔，它妨碍了你追求幸福。

训练提示

自我训练时要对付的头号敌人是拖延。当我们知道自己需要改变时，我们却在拖延，没有紧迫感。在这种状况下，拖延这种行为剥夺了我们改变生活的力量，所以我们要克服拖延。在大多数情况下，拖延本身是一种防卫——为了避免预期变化所带来的焦虑。我们可以先从小事做起，做出改变，这样我们就能学会不拖延，及时改变。对于大目标，由于要做出大的改变，人们常常会拖延。如果你能够把精力集中在中期目标上面，你是很容易做出改变的，这样你也不会感到害怕。

第45课 充分利用自己的训练关系

心理动力学的基本原理之一是：关系引起改变。当你自我训练时，你要确保做出了正确的改变：你的目标和定位要一致。

大家来看一下我是如何辅导交易公司中的交易者的。假如这位交易者曾经因为重仓和不及时止损而亏损过大，整周的利润在一天之内就回吐给市场了，在第一种情况下，我责骂了这位交易者：

> "你怎么能这么粗心？把一周的利润都回吐了。难道你没意识到继续这么做的后果？现在可不是找工作的好时候。"

在第二种情况下，我用另一种语气说道：

> "嘿，你本来可以做得更好的！还记得上个月你连续多天赢利吗？你的仓位不应该这么重。让我们从头研究一下。"

在第一种情况下，我认为这位交易者比较失败，我传达的信息是："我对你太失望了！"我这么做的目的是指出这位交易者极差的表现。

在第二种情况下，我没有回避这位交易者的问题，但是我谈到了成功的前提。我在鼓励这位交易者，让他想到自己的优势。

假如以上情况每天都在重复，你会明白第一种情况会削弱交易者的安全感和信心，导致交易者做出糟糕的交易；第二种方法会帮助交易者进入赚钱的交易状态，不但会让交易者避免失败，还能使其成功。

所有交易者都不可避免地在训练自己：他们总是关注自己的业绩，采取行动改善业绩并跟踪业绩。唯一的问题是这种自我训练的目的性、指导性和建设性的程度。从心理动力学的角度来说，自我训练和专业教练的训练没什么不同：你和专业教练之间的关系就像镜像一样，一旦你知道了有价值的方法，你就会认真学习。

自我对话是一种自我训练。

这意味着你对过去问题模式的关注程度决定了自我训练的成功程度。有时候你想采用旧模式；有时候你会错过制订新的优秀模式的机会；有时候还会出现这样的情况——你努力避免一种模式，不料竟陷入另一种模式中，这会让你感到气馁和沮丧。然而，作为你自己的教练，你肩负着与你自己保持建设性关系的责任。

我在《重塑证券交易心理》中说过，给客户做心理辅导时，我的方法是“安慰受苦的人，折磨安逸的人”。这是做心理辅导的好办法。当你饱受痛苦、伤害、失败的折磨时，你应该是自己最有力的支柱。当你赢利时，你应该注意纪律性，不要过分自信，不要采用旧习惯。

一种极好的练习方式是翻阅交易日记并查看这些日记中的情感状态。这些情感是积极的还是消极的？是沮丧的还是责备的？它们是在强调你的进步和成就，还是在喋喋不休地谈论你的错误？

作为自己的交易教练，你可能做得最差的事是采用过去的模式。如果你的家长不是很和蔼，总爱批评人，并且很难被取悦，如果你的配偶不认可你的成就，或你的兄弟满腹牢骚，你在自我训练时肯定不想受他们的干扰。你对待他们的方式正是你的改变方式：聆听自己的声音。

完美主义就是希望自己有所成就，但很多时候拒绝自我沟通。

我有一个客户，他在自我训练时喜欢用第三人称，会用摄像机拍下自己制订目标和分析业绩的过程，然后在交易日休息的时候观看录像。他可能会说：“比尔，今天你需要注意不要受诱惑，进行过度交易。上周你过度交易时陷入了麻烦之中。美联储即将宣布新的政策了，估计在这之前市场是不太可能有大行情的。希望你本周不要犯错！”

只要每天都这么做，你就能将有意识的对话变成内心的自我对话。长期下来，你就会知道什么是正确的事，就会自动地去做正确的事。这样就达到了训练的目的。相反，如果你总是用沮丧的口气和自己说话，那么你就会失去动力和信心。有些交易者以为这是在鞭策自己，但是他们说出来的却是对自己刻薄的语言。

我有一个客户很赚钱，赢利的笔数明显多于亏损的笔数，但是从他说话的方式来看，你不会知道这一点。他总是在谈亏损的交易、提前兑现利润的交易和本应该早点止损的交易。他总是在说自己做得不够好。当应该加仓追求更多的利润时，他却不敢这么做。他每天、每周、每个月都在告诉自己他的交易不够好，这导致他没有信心加大仓位进行交易。他总是对自己的收益表示不满。他以为这是在迫使自己成功，但事实上他正在伤害自己的自尊心。

再来看看一种截然不同的自我训练方法。一位交易者设定了富有挑战但可达成的业绩目标，他对妻子承诺如果实现了目标，他们就去国外度假。他的目标对他和妻子来说，能促使他们一起努力。随后的旅行是对这次成功的纪念，这使得他们的旅行特别有价值。在这种情况下，他拥有了自尊心和自信心，这是一种和自己的关系。

心理动力学的中心思想是，我们是所有关系的总合。在所有关系中，我们和自己的关系最重要。自我训练时，我们要控制我们和自己的关系。当我们应对风险和不确定的市场时，我们的自我对话就印入了自己的大脑。

训练提示

每场比赛前，教练都会对自己的队员讲话，以强调重点并激发队员的积极性。你可以在开盘前和自己对话，强调这一天你的计划和目标，用摄像机把这个过程拍下来并在中午观看。特别要注意你与自己讲话的方式：当你花时间与自我对话并从一个听者的角度聆听这次对话时，就很难再陷入消极之中了。

第46课 发现积极的交易关系

有些人明明知道如何健身，为什么还要请教练？基金经理都懂投资，为什么还要请教练呢？运动员都懂运动，为什么还要请教练呢？

只有弄懂了心理动力学，你才能找到这些问题的答案。请教练的目的是把个人发展过程变成人与人之间的互动过程。请教练可以加速学习曲线，但是一般人不懂。

当别人帮助你，和你一起追求目标时，你就更有动力了。心理学告诉我们，心理医生和病人之间关系的质量才是最重要的。这讲得通，因为如果心理医生很出名，病人不仅想帮助自己，还想帮助医生。如果你很尊重一个人，这个人还在用心地帮助你，你肯定不想让他失望。如果你私下告诉自己每天去健身，有时候你无法坚持下去。如果你向一个很好的朋友做出了郑重的承诺——每天去健身，这个朋友又非常相信你的承诺，那么你就能做到每天去健身。

向别人做出承诺，自己就更有动力了，别人也会激励你。

向别人做出承诺，别人就可以监督你了。当运动员正常训练时，他的教练会帮助他并激励他。当一个人正在执行瘦身计划时，他的教练会在一旁指导他，激励他。日复一日，这种鼓励会让你学会在内心鼓励自己。当教练的话语深入内心时，你就在自我训练了。

为了获得这种好处，你的教练不必是受过专业训练的，也不必是收费的。无名戒酒会就是这样，聚会时都是老会员帮助新会员。聚会时大家会互相鼓励对方戒酒；会员提出的口号和制作的宣传材料表达了大家共同的信念和承诺；会员之间互相关心，就会更加有戒酒的动力。会员发现了新的自我：一个重生的人，而不是一个失败的酗酒者。

作为一名交易教练，我在辅导交易者和基金经理时尽量不收费。我会定期接到交易者的电话，收到他们的电子邮件，他们会告诉我他们的进展。我并没有为此收费。这并不是因为我是一名利他主义者，而是我想要强调这不仅仅是钱的问题。我不想让交易者以为我想赚他们的钱，我想让他们知道我是在真心地帮助他们，这样他们就可以在没有任何心理压力的前提下给我打电话。对于我来说，这是一种关系的问题，我会尽全力来帮助交易者获得幸福，收获成功，我希望交易者也是这样想的。通常是我的激励帮助交易者战胜了自我怀疑。在交易者自我怀疑的时候，我比他们更容易看到他们的优点。

一个好教练绝不会忽视你的优点。

当你自我训练时，你不必为了做出重大的改变而刻意花钱请教练。你可以组建一个团队——让一群志趣相投的人互相帮助。如果我要进行全职交易，我首先会在博客、论坛、投资报告会和其他类似的交易者相对集中的地方仔细寻找和我交易的品种一样的认真的交易者。只要这些交易者交易的品种、采用的时间框架和我一样就行了，不必系统也是一样的。然后，我会组建一个虚拟的团队：一群用自己的资金做交易，分享思路并互相帮助的交易者们。我会认真挑选愿意加入这个团队的交易者，这些交易者要愿意分享自己的思路和收益。这样大家就可以扩展彼此的思路，在有困难的时候互相帮助。就像无名戒酒会一样，大家可以互相监督，这是最大的好处。

StockTickr（www.stocktickr.com）愿意帮助交易者提高业绩。

即使只有一两个人愿意和你分享交易思路和收益，你们之间也建立了互相帮助的关系。如果你找对了人，他们会用高标准监督你、支持你、向你学习并把自己的知识传授给你。因为你重视他们且不想让他们失望，所以你会更加坚定自己的目标，做好准备，遵守纪律。

有一种心理学方面的智慧，那就是要想成为成功的交易者，你就要建立成功的关系。经过一段时间，别人能看出你的优点，你就会发挥出自己的优点。自我训练时，你不必面面俱到。心理动力学认为，良好的关系会促使你发生最好的改变。

你现在的任务是组建自己的团队，哪怕只有一个会员，你和他要互相支持，互相帮助。从这种关系中，你可以得到很多—— 一群专注的专业人士互相监督、互相激励。当你将交易转变为一种关系体验时，你有了榜样，自己也会成为榜样，你向他人学习，并在教导他人的过程中受益。这样你可以有更多的机会发挥自己的优势。

训练提示

在线交易室是会见志趣相投的交易者的好场所，也是有效的学习工具。比较好的几个在线交易室是：琳达·布兰福特·瑞斯克的交易室，这个网站强调多品种的技术交易（www.lbrgroup.com）；由比尔·迪厄耶创办的拍卖市场理论研究院（www.instituteofauctionmarkettheory.com），这个网站主要研究市场概况；由约翰·卡特和休伯特·森特斯创办的交易室（www.tradethemarkets.com）。此外，交易者还可以看看由吉姆·道尔顿和特里·利伯曼创办的市场概况网站（www.marketsinrprofile.com），以期联系志趣相投的交易者。EliteTrader（www.elitetrader.com）和 Trade2Win（www.trade2win.com）是两个众所周知的交易论坛，你可以在这两个论坛上同其他交易者分享信息。如果要开发交易系统，你可以采用 TradeStation 软件（www.tradestation.com）。其实，如果你有交易系统，与那些使用相同软件的人沟通相当有用。MarketDelta（www.marketdelta.com）网站会为用户提供培训内容，TradeIdeas（www.tradeideas.com）也是如此，我发现这两个网站很有用。

第 47 课 容忍不舒适

心理动力学认为我们的防卫行为——我们应对过去冲突模式中痛苦的方式——可以引发肢体反应。假如说某个交易者持有亏损的仓位，当他被亏损折磨的时候，会慢慢变得紧张起来：他伏向屏幕，收紧脖子和前额处的肌肉，紧紧地握住自己的鼠标。这种身体上的紧张可以看作一种防卫性策略。这种策略切断了其他威胁性的行为和情感。也许这位交易者想要叫喊和咒骂，但是他又害怕失去控制。也许这位交易者只是因为遭受一系列不必要的亏损想哭泣，由于他不想表现出脆弱，他抑制住了自己的眼泪。

肢体上的防卫反应还有很多种。假如说有一位交易者，他看到了一个交易信号，但他感到很忧郁。当他感到焦虑时，他告诉自己市场是不确定的，然后他走开了，但这个信号其实是有效的。他的这种防卫措施——离开现场——暂时缓解了他的紧张，但他并没有搞懂市场，没有捕捉到机会。

当交易者表现得很沮丧，猛敲桌子，扔掉鼠标或者大声地咒骂自己时，其实是另外一种肢体上的防卫反应。他们在宣泄自己的情感，这样就没有做自我反省，也没有让自己承担责任。他们因为亏损而感到内疚，所以他们才会有这样的防卫反应。

我们经常利用自己的肢体语言来实现“眼不见，心不烦”。

我有一种防卫措施：当我的仓位亏损时，我会到处找信息，以证明我的思路是对的。我害怕自己错了，拼命找理由证明自己是对的，还想回本。我的这种行为是错上加错。我发现，如果我在交易时感到恐慌，肯定是有原因的，我应该找到恐慌的原因。

心理动力学理论认为，防卫措施是一种应对策略，以让我们免受过去冲突带来的情感痛苦。最基本的防卫措施之一是抑制：把自己的想法、感觉和记忆抛在脑后，不受它们的影响。但其问题是，被抑制的冲突没有得到解决。如果我们意识不到问题，就无法解决问题。很多交易者用肢体行为来抑制他们的想法：肌肉收缩，限制了他们的行为，限制了他们表露自己的情感。我遇到过这样的交易者，他们身体紧绷，但没有想到自己为何有压力。然而奇怪的是，变得紧张是他们的应对方式：他们总是被危险调动起来，被危险紧紧地控制住。当我们的身体感到紧张和痛苦时，我们就会很难感受到交易中的细节——多年的模式识别应该能让我们注意到这些细节，但我们没注意到。

自我训练时，你要中止防卫模式，还要最大限度地利用它们。你要有能力防止出现消极情感。你要问自己的问题是“当我紧绷肌肉时，我想抑制什么情感”和“我责备他人或离开屏幕是想回避什么”。这么做的目的是叫自己不要有防卫心理——有意地放松肌肉，集中精力，待在屏幕前——轻松地体验这些消极的感觉。

心理动力学把这叫作处理防卫问题。例如，做心理辅导的时候，病人在一开始可能会说他的痛苦经历，然后突然转变话题，谈论起他的孩子们以及孩子们在学校的表现。我可能会温和地指出他改变了话题，向他解释也许他谈论自己的孩子们比谈论他自己更容易。之后，他会重新谈论他的经历、他和父亲之间的矛盾——越说越多。当他不再具有防卫心理之后，他开始意识到自己被压抑的感情。

心理动力学心理医生十分熟悉这种现象：当你体会到被压抑的想法、感觉和冲动时，就会对自己的状况有全新的认识。当你的情感和意识发生改变时，你的认知也改变了。这种变化经常会激发出新观点和新想法，有利于解决冲突。

当你能感觉到新方法的时候，就能看到新方法。

你可以通过想象解决冲突。如果你生动地想象使你紧张或受挫的市场状况，就会再次拥有当时的感觉。有时候你会有不同的感觉——过去没有过的感觉。例如，当你亏损时，如果你没有责怪别人，你就会自责，而不是发怒。

加强的情感意识会增强能力，而不会引起更大的苦恼。一个优秀的心理动力学心理医生会叫我们不要有防卫心理，让我们控制好情感。最终我们会发现自己的感觉并不可怕，不必刻意回避。也许，当我们年轻的时候，当我们还很脆弱的时候，我们无法处理这些感觉，不得不尽全力消除它们。现在，作为成熟的成年人，我们不必再逃避了。我们应该去感受最具有威胁性的情感，最后我们会明白没什么好怕的。这反而增加了我们的体验。

那么，你在逃避什么？你应该把采取防卫措施当作最差的交易模式：你为了避免情感痛苦所采取的行动。当你不再按照这些模式行动时，坐下来看看自己有什么感觉，看看你是否能找到不同的方法来处理这种感觉。很多时候，我们为了避免情感痛苦，会冲动交易，会回避风险，会发怒，会搞错了风险管理。如果你有同样的经历、同样的感觉，就会发现没有什么要逃避的。你可以应付亏损，可以应付对失败的恐惧感，可以应付失望的情绪。自我训练时，你要证明自己能应付这些情况。

训练提示

按摩不但可以缓解肌肉紧张，还能让你知道你为何紧张。当你更留意自己的身体时，你可以发现自己肌肉紧张，呼吸不畅，然后你可以有意识地放松自己。当你以放松肌肉并深呼吸的方式放松时，你就会用新的方法处理自己的感觉。

第48课 掌握情感转移

我读研究生的时候，在纽约实习，学习心理分析疗法。当时懂这种疗法的心理医生在曼哈顿的家中办公，他家是典型的曼哈顿高层建筑。当时我的工作内容和很多权威的说法都不一样。我必须想办法取悦上级管理部门，如果我不能赢得他们的认可，他们就会对我有意见。我特别不喜欢被别人控制的感觉。如果在工作中有人压迫我，我就会反抗，有时会相当的强硬。

当到达心理医生的办公室时，我注意到钥匙还插在门上。我将它放进我的口袋，敲开门，见到了这位心理医生并开始学习。过了几分钟，心理医生的妻子很不好意思地打断我们，她走进办公室，问她的丈夫是否看到了房间的钥匙。我微笑着从口袋中拿出钥匙，交给她并眨了眨眼睛。这次学习还算顺利。

钥匙具有一种象征性——我拿到钥匙，就有了控制能力。当心理医生的妻子需要什么时，我能给她想要的东西。当然了，如果你跟我实习，就不必学弗洛伊德的这一套了。

这位心理医生经验丰富，没有任何防卫心理，对当时的情况处理得很得体，他也没有忽视这个细节。他鼓励我和他一起回想发生的事情以及原因。这正是一种心理动力学方法：用你的关系来处理重复的冲突。

当然，心理医生认识到的是情感转移。情感转移是指将过去的冲突转移为现在的冲突。换句话说，我对待心理医生的方式可能曾是我对待自己父亲或老板的方式。

如果这位心理医生对我的行为很生气（我揣起了他的钥匙，他有权有这样的反应），那说明我很难控制。如果这位心理医生真的这么做的话，由于我害怕权威，我会屈服的。他不想让我认为他是权威人士。他在测试我，看我的反应如何。我最终明白了，他希望我能控制恐惧心理带来的关系。我终于明白了，我应该积极地和别人沟通，这样我就能更好地获得控制权。

> 在心理动力学中，人们可以利用关系来创造新的、积极的、有影响力的情感，这是一种治疗方法。

不同交易者对不同的市场有不同的看法，这是很正常的。有时候我们认为市场是危险的，有时候我们认为市场想害我们，有时候我们认为市场被操纵了，有时候我们认为市场是宝藏，有时候我们认为市场是游乐场，有时候我们认为市场是迷宫。如果我们认为市场具有人性的特点，那么我们先要问问自己为什么会这样想。就像我把这位心理医生当作权威人士一样，我们在和人性做斗争，所以我们就认为市场具有人性的特征。这是一种情感转移。如果我们发现别人长期不接受我们的观点，那么我们就会认为市场是非理性的，是变幻莫测的。如果我们感到别人利用了我们，那么我们就会认为是做市商害了我们。

情感转移理论认为，过去让我们感到头痛的事，在市场中也会让我们感到头痛；过去让我们感到头痛的关系，在市场中也会让我们感到头痛。从某种程度上说，我们和市场有关系，我们自然认为影响我们生活的也是同样的关系。当我们在当前市场中采用过去的模式时，我们就不是客观地根据供需情况在交易；我们迷失在自己的模式中，不能客观地看待市场中的供需情况。

我在和其他交易者沟通的时候也会看到情感转移的现象。交易者与我沟通的方式往往反映了他应对市场的方式。有些交易者因为亏损了，就不好意思和我沟通。这些交易者在交易时采用的模式叫作回避模式，他们不知道及时止损，没有做好交易准备。有些交易者在训练期间会向我表示自已很无助，他们不知道自己寻找交易方法，乞求我直接告诉他们该怎么做。在艰难的市场中，这些交易者会很被动，他们容易放弃，在正常的亏损之后，他们没有能力回本。跟志趣相投的交易者交流时有一个好处，那就是你可以观察你们是如何互动的。你和他们互动时采用的模式很可能就是你在交易时采用的模式。过分自信、回避和据理力争等都会在社交过程中显现出来。

你在处理关系时的最大缺点会在市场中展现出来。

你是如何看待市场的？当你对交易感到不安时，你会如何看待市场？如果你想要画一幅关于市场的画，或向不懂交易的人描述市场，你会如何表达？你可以检查你的日记，也可以看看你过去录制的自我交谈式的录像带，看看你是如何看待市场和交易的。

作为自己的交易教练，你具有创造自己交易体验的能力。采用已经被证明能赚钱的模式，在回报风险比很大的时候建仓并控制好风险，你就能赚钱——这样就不会发生情感转移。如果你的问题是不善于面对挫折，那么你就要尽量学会面对挫折。如果你喜欢逃避问题，那么你就要根据你的计划选择安全的交易。

你不能害怕，要勇于面对挫折。如此一来，老剧本也能写出新结局。

如果我们认为市场很讨厌，我们就把自己分成两半了——一半在和市场斗争，另一半又很享受交易的过程。再加上注意力被分散了，我们无法及时发现市场中的赚钱模式。

交易者喜欢说："要等待机会。"这句话意味着你应该以开放的思维看待市场，当出现了赚钱的模式时再动手。这意味着不要预测市场，不要用过去的思维看待市场。你应该观察自己是如何看待市场出现，这样你就能避免以前重复出现的错误并耐心等待市场出现机会。

训练提示

通过以上的论述，你就会明白为何要在遇到困难时降低交易量了。你应该尝试新思路，优化自己的方法，积极主动地处理问题，不要消极被动地回避问题。我们要按照计划交易，要遵守规则，这样才能控制好交易。我们要降低风险，这样才安全。在心理动力学中，自我训练的关键就是采用新的方法，这样才能改变自己处理所有问题的方法。新方法提供了新机会。

第49课 差异的力量

心理动力学认为，只说不做不等于做出了改变。正如上一课所说的，我们要通过新的情感体验来做出改变。这些情感体验能让我们不再恐惧，能让我们克服过去的冲突和感觉，所以说这些体验是强大的。

我们可以把这个改变过程理解为给旧故事赋予新结局。我过去大亏过，我害怕亏损，这是我的旧故事。因为害怕亏损，我持仓的能力差，还没有到止损点或目标点，我就平仓了；由于我过分关注限制亏损和保护利润，我总是提前出场，没有遵守交易计划。

请注意这种模式是防卫性的：我尝试通过提前出场来避开亏损带来的不安。这么做没好处，我总是没有按照既定的思路交易，业绩不稳定。只要我继续按照这种模式交易，我就不会体会到恐惧心理，也因此永远不可能克服恐惧心理。不断重复这种模式只会不断地加强这种模式。

因此，心理动力学要求我们形成新结局。我们不能总是采取防卫措施，要有目的地持有仓位，你可以感到害怕。也就是说，过去我们曾经害怕过，不敢坚持持有仓位。现在，我们可以利用的资源很多，可以控制好自己的恐惧心理，你不必继续防卫自己的恐惧心理。认真处理基本冲突和这些冲突带来的情感——过去你总是回避这些冲突和情感——是心理动力改变的关键过程。

心理动力的改变过程如下。

（1）确定重复出现的问题模式。

（2）确定采用这些模式的代价和后果。

（3）确定这些模式防卫的事物（你回避的事物）。

（4）创造体验，特别要创造关系体验，来面对你一直回避的事物。

（5）在不同的关系中重复这些体验，以内化新的、建设性的应对方式。

回避自己害怕的回忆、情感或者欲望，这是你的问题。一旦你体验了恐惧心理并感到害怕，你就要避免恐惧心理影响你执行交易计划。你可以和别人交流，看看别人怎么看待问题；你可以通过运动放松身心；你可以写日记，这样你就不会陷入焦虑之中，反而能客观地观察自己。

只要你拒绝按照旧的防卫模式行动，结果就会很好。这一点是很重要的。只要你根据合理的回报风险比下好了止损单和条件出场单，你要么会被止损，要么会带着利润出场。

虽然止损没有赚钱好，但是你不致大亏。只要不用旧模式交易，你可以创造良好的局面：你要么赚钱了，要么发现亏损并不大，没有什么好怕的。第二种体验是最有帮助的。如果你能应对最差的状况，那么你就会非常自信。

> 好的交易能带来新的、积极的情感体验。

要想产生不同的体验，方法很多。其中一种方法是结识新人，他们会鼓励你放弃旧模式。当你采用新的积极模式时，他们会给出积极的反馈。另一种方法是不再采取防卫措施，直接面对困境。一旦你敢于面对过去不敢面对的情感，就会很吃惊地发现自己能够处理这些情感，就会得到更积极的结果。

心理动力学方面的心理医生亚历山大和法兰奇用一个术语总结了这种方法的核心思想：矫正情感体验。新的情感体验矫正了过去冲突期间学到的知识，使人们能够克服他们的问题模式。自我训练时，仅仅发现问题并思考问题是不够的，你还需要创造体验，以解决问题。这意味着你永远不要隐藏不好的情感，应该直接面对这些情感。如果你能面对最差的情感且不受伤害，那么这就是矫正情感体验。

你的任务是进行个人试验，并在交易日产生一次矫正情感体验。你要确认重复出现的破坏交易的行为，然后想想，如果不采用这些行为，你会怎么样，有什么感觉。对于反复出现的破坏性的模式，你要尽量杜绝它。你要搞清楚自己的情感状态，自己是如何应对的，以及新的应对方法对交易产生了什么影响。你可能会惊喜地发现勇于面对恐惧心理是克服恐惧心理的最好方法。

训练提示

如果你尊敬且钦佩某个人，你可以把这个人当作你的导师，花一天时间模仿他做交易，按照他的方式做。当你放弃消极模式时，你可以体会一下差异体验。在采用理想模式时，你创造了新的体验，这种新的体验打破了旧的重复模式。

第50课 消 解

在心理动力学中，消解有特定的含义。你做出了最初改变后——打破旧的防卫模式，面对情感冲突，发现解决这些冲突的新方法—在不同状况下重复这些过程就是消解的过程。正如我们所看到的，重复和复发处于斗争状态：在很多相互关联的市场状况中消解问题，巩固处理核心冲突的新方法。

比较典型的例子是：交易者由于害怕被别人拒绝，所以拒绝亲密的关系。在接受心理辅导时，他将过去的恐惧心理移情到现在的关系中，不愿意进行亲密的谈话。尽管这种做法提供了表面上的安全感，但交易者无法谈论真正重要的事情，也无法解决问题。一旦交易者在心理辅导的过程中坦诚公布，心理医生不会否定他，并会做出不同的反应。经过一段时间，交易者在以后的心理辅导过程中就会轻松地打破旧模式并保持开放的心态。

在消解过程中，心理医生可以对上例中的交易者进一步开展心理辅导，继续讨论其他关系：友情、工作关系和恋爱关系。通过在各种市场状况下消解冲突，积极的新模式就得到了巩固。很多关系的积极作用使交易者能够内化安全感，这种安全感能够传递到各种生活、市场状况中。换句话说，这不是一种单一的矫正情感体验，而是能够使我们形成新的自我的多种体验。

成功的自我训练造就了多种矫正情感体验，所以我们能够内化出新的建设性模式。

心理动力学的精髓是：通过创造和吸收一些有建设性的体验来重新定义自我，这样自己就不会沉湎于过去。我通过写作、和编辑互动、和读者互动内化我的作家身份。有一段时间，我写作遇到了困难，坐在屏幕前，担心我写的文章不会被读者接受。有过多次被读者认可的积极写作体验之后，我就不再担心这个了，写作也就变得像对话那样自然流畅了。

同理，在一段时间以内，你会认为自己只是一个新手。有了几个月或几年的交易经验后，你赚了钱，就不再认为自己是新手了。凭借这些积极的体验，你就会认为自己是一名有经验、技术能力强的交易者。《提高交易者的业绩》中提到了学习专门知识的过程：学习技术的步骤也是构建同一性的步骤。从交易新手到合格交易者，再到交易专家的过程，不只是学习知识和技术的过程，也是借助反复的积极体验产生自我转变的过程。

训练过程应该有矫正情感体验，训练过程就是消解缺点的过程。

在消解的时候，你应该创造积极的体验，在多种市场状况下处理有问题的模式，并创造新的模式。正如第九章中所讲的那样，你可以让其他交易者帮助你，这样你就能实现有力的消解。就像我通过积极的反馈确认了我的作家身份一样，其他交易者对你的成功的反应会促使你真心做出改变。

如果你每天打破旧模式，采用新模式，并得到了其他交易者的积极反馈，那么你的自我训练就会最大限度地获得成功。有些交易者亏损了，不好意思让别人知道他们的业绩。他们只谈赚钱的交易，不谈亏钱的交易。这种做法适得其反。你要看到自己所有的缺点，正确地看待这些缺点。如果你的缺点具有威胁性（或怕被别人看出来），你隐藏自己的缺点，那么防卫心理就控制了你。如果你对别人非常坦诚，你就不会隐藏什么。他们接受的是完全真实的你，而不是虚假的你。

刚才，我在交易者博客里贴上了我的交易记录，请读者们也这么做。当时大约有2000人在访问我的博客，如果0.5%的访客接受了我的建议，那么我们将会看到10种交易模型。然而，在这2000人之中，只有一个人表示有点忧郁，其他人则根本不愿意公布自己的交易记录。

亲爱的读者，这就是失败者的反应。如果读者愿意做出改变，他们就会公布自己的交易记录，就不会伪装自己。经过一段时间，他们的进步就会显现出来，会产生大量的积极反馈，会巩固新模式，会有安全感，不再害怕。

> 责任提供了机会，让你消解不安全感。

本课的任务是，找到你尊敬的人，开始消解过程。你要每天都这么做，保证每天都能产生矫正情感体验。有些交易者已经这么做了，他们开了博客，主动贴出自己的交易记录，和积极反馈的访问者建立友好关系。关系是最有力的媒介，可以产生改变。如果你采用了正确的关系，就会做好交易。

训练提示

至少找一个人，让他监督你。这个人应该是你可以信任的人，你可以告诉他你的收益、交易日记和你执行计划的状况。专业交易公司的交易者具有的最大优势就是他们对业绩负责，他们可以公开地同经理、心理医生讨论自己的成败。他们对自己负责，就无法隐藏什么了。这种策略可以让人不再有防卫心理，不再害怕。

第六章

转换思想

自我训练的认知方法

> 对于大多数人来说，更大的危险不是目标设得太高了，而是目标设得太低了。
>
> ——米开朗基罗

在第五章中，我们研究了心理动力学。如果我们长期采用无效的模式，那么就要考虑采用心理动力学的方法来提升自我。从根本上讲，心理动力学重视过去的行为，它强调我们过去的应对方式和现在的应对方式之间有联系。

认知框架，和我们会在第七章中谈到的行为框架一样，都和过去的行为关系不大：认知框架强调的是我们面对世界的方式。认知法强调的是改变观点，改变行为。不过，过去的行为和认知法有一定的关系，认知法强调我们在当下应该怎么做。

如果你发现消极的思维模式正在干扰你的动力、焦点和决策，那么进行认知训练是最合适不过的了。交易者应该改变以下的认知模式。

（1）追求完美。

（2）亏损后自怨自艾。

（3）忧虑。

（4）和市场记仇。

（5）过于自信。

认知法有助于我们思考自己的思维方式并重新认识自己和这个世界。下面让我们来看看它是如何帮助我们的。

第51课 思维模式

第五章讲解了如何根据心理动力学方法做出改变。心理动力学方法利用情感关系体验来打破过去生活中有冲突的行为模式。自我训练时，心理动力学要求我们同时关注过去和现在，防止使用不好的旧模式。认知法强调的则是现在，重视的是我们的思维，还有思维和行为之间的关系。

和第七章中的行为方法一样，认知法是以学习理论为基础的。认知法不重视创造关系体验，它重视的是掌握技术。平时多做练习很重要，认知法对自我训练很有好处。在认知训练中，你会学到更好的处理信息的技术。

当描述思维过程时，很多认知心理学家鼓励人们用科学家所采用的类推法。科学家观察大自然并找出模式和规律。一旦科学家发现了这些关系，他们便会创建理论来解释他们的观察结果。科学家还会根据这些理论做实验，然后做出必要的理论更新。通过做实验、观察、更新理论、再做实验等过程，科学家了解了世界。

研究人员将我们大脑中的理论称为导图。这些导图就像心理地图一样。我们通过这些导图来解释事件并同他人相互作用，用导图来消化吸收新事物。就像心理学家吉恩·派格特解释的那样，这个消化吸收过程能让我们更好地了解世界。对于现实世界，我们一直在更新自己的地图。

> 我们从不直接体验世界，我们透过自己的心理地图获得认识。如果我们的地图扭曲了世界，我们的认识也就扭曲了。

导图不仅是思想的集合，还是思想、感觉和行为倾向的综合体。假如我小时候被人暴打过，导致我现在还认为这个世界充满了危险，我的导图可能是“不要相信别人，他们会伤害你的”。当别人想了解我时，我会通过我的导图来观察他们的行为。我并没有友好的表示，我很警觉，我远离了他们，因为根据这个导图，我认为他们具有威胁性。

导图作为我们观察事件的镜头，有时是被扭曲的。正如上例，它使我们以夸张的方式观察并回应事件。再举一个交易者的例子，这个交易者通过自己的收益来判断自己的价值。赚钱时，他变得过分自信且自大；亏损时，他变得害怕风险且自我怀疑。只要他根据这张导图来思考，就会以扭曲的方式来看待他的利润率。

如果我们总是以扭曲的方式应对各种事物，问题模式就出现了。在上例中，因为别人伤害过我，所以我认为别人具有威胁性，我不相信别人——即使别人对我很友好。我太警觉了，别人就会觉得我充满了敌意，就不会再对我友好了。反过来，这使我相信我对他们的看法是正确的，导致我的导图被严重扭曲了。当我们陷入这样的自我加强模式中时，我们不再修改自己的心理地图：我们消极地看待这个世界，我们消极地应对这个世界。

我们的导图会引发习惯性思维方式。一旦触发导图，它通常会引起一系列想法和情感，从而影响我们的行为。例如，如果我们自我评价本来就不高，在亏损后就会感到沮丧，最后会总结得出："我决不会成功的。"这些想法和情感并不是客观的。确切地说，这是我们的自动反应，我们形成了习惯。

> 我们从不直接观察我们的导图；相反，我们通过自动思维体验了导图。

认知法的目标是抛弃消极的思维模式，采用更现实的方法来认知世界。这意味着我们必须像科学家一样修正自己的理论。认知法会告诉我们如何做出修正。

当交易者同风险和不确定性做斗争时，有很多自动想法影响着他们。这些想法如下。

（1）我要赚很多钱。

（2）我怎么这么笨！我怎么能那样做？

（3）我战胜了市场。

（4）我无法接受亏损。

（5）市场和我过不去。

（6）我要把钱赚回来。

（7）我做的都是错的。

认知法的第一步是确认你的自动思想。我认识有些交易者，他们在交易时用摄像机把自己的交易过程拍下来（或录音），在收盘后回放。这种方法可以帮助我们确定自己在遇到困难时是怎么想的。很多时候，一两种自动思想就会控制我们的体验。你在自我训练时就要注意这些自动思想。

你的任务是，用摄像机把自己的交易过程拍下来（或录音），然后仔细观看录像带（或听录音），看看哪些思维和情感总是反复出现。你不要担心无法改变这些思维，只需观察特定的导图如何限制了你的思维。交易者通过实践明白了自己并没有绝对自由的思维，这点很关键。有时候我们会像机器人一样自动采用已经习惯了的思维。只有确认了这些习惯性思维模式，你才能剥离这些思维模式。

训练提示

当我们疲惫不堪的时候，我们就会采用自动思想。当你工作负担过重，压力很大的时候，你是怎么想的？这些想法是如何影响你的情感和行为的呢？在心理最脆弱的时候观察自己，你就能找到消极的思维模式。

第52课　通过情感了解自己的思想

确定对交易危害最大的自动思想的最好方法是跟踪你最强烈的情感。认知法认为，认知产生感觉，我们看待事物的方式和解读事物的方式形成了我们的情感反应。如果我们解读事物的方式是极端的，那么我们的情感也是极端的。当我们回想过去的行为时，我们会尴尬地发现自己把事情搞砸了，这表明扭曲的思维导图控制了我们的思维。

以我自己为例，当我办事遇到了莫名其妙的阻力的时候，我就会大发雷霆。我心急如焚地赶赴一个聚会，却发现司机优哉游哉地打手机，我会发火。我要去一家公司办事，对方却用官腔拒绝了我，我也会发火。我急着办事，却遇到了阻碍，就会大发雷霆。

这些事并非生死攸关，并非一定要及时完成。但是我的导图认为，如果现在不做，结果就会很糟糕。客观情况并非如此紧急，我只是内心认为很紧急。过度的情感反应表明我的认知被扭曲了。

当我们将欲望转变为需求时，压力就不大了，我们也调动了自己的积极性。

心理动力学认为，要关注过去的行为，搞清楚引发思维和情感的关系模式。然而，认知法并不关心思维模式的来源，关心的是现在该怎么做。通过确定极端的情感反应，我们就能最终改变相关的思维模式。认知法认为，使用不同的镜头，我们就能改变思维模式。

例如，当我急于完成某件事时，我发现自己越来越急，就会告诉自己欲速则不达。此时，我会换一个角度思考，问自己："最坏的结果是什么？真的有那么惨吗？"当考虑了最坏的结果之后，我就知道不必紧张了。我施加给自己的压力太大了，从而扭曲了导图！

当我们改变了观察事件的镜头时，就改变了对这些事件的反应。

你对市场最激烈的情感反应是什么？思路不通、亏损或在市场剧烈波动的时候，你生气了吗？是不是一开始感觉很自信，而后又感到很绝望呢？你最强烈的情感反映了你根深蒂固的思维模式，这些情感也反映了你的核心导图。

（1）**正义导图**——我努力了，我应该赚钱。

（2）**灾难导图**——如果亏损了，那就糟了。

（3）**安全导图**——我不能交易，市场太危险了。

（4）**自我价值导图**——我是个十足的失败者，我无法赚钱。

(5) **拒绝导图**——如果我不能成功，那么我就太笨了。

你会很容易弄明白这些导图是如何自然地引发愤怒、挫败感、恐惧以及沮丧这些过激情感的。作为自己的交易教练，你要根据自己最极端的情感找出严重扭曲地看待自己和交易的方式。如果你能恰到好处地控制风险，再大的威胁也不足以影响任何一笔交易。如果你认为市场具有高度的风险，其实市场没问题，你的交易也没问题，那么说明你对收益的解读有问题。

请再慢慢地读一下最后两句。如果你的交易系统有优势—风险管理没问题—那么也许你会有压力，但不至于痛苦。市场无法使我们感到焦虑、沮丧或愤怒，我们对收益的看法可能不切实际。

如果我在交易时情感很强烈，我就会问自己：这是市场的问题，还是我的问题？这个问题迫使我确认我的情感反应是否正常。如果客观环境没问题，那么就说明你的解读方式有问题。如果情感与环境不符，那么你的思维一定是扭曲的。

> 我们的思维越扭曲，我们的情感也就越扭曲。

你可以写下一些话，当你对别的交易者说这些话的时候，他们的反应会和你的反应一样，也就是要引起他们的过度反应。这些话如下。

(1) 你不行！

(2) 都是你的错！

(3) 你要亏钱了！

(4) 你不可能赚钱！

每当你陷入极端情感反应带来的剧痛中时，就写下这些话，这说明你在重复使用同样的导图。此时你应该重新画出心理的地图。

训练提示

所谓的“公正导图”扭曲了交易者的思维模式——市场应该是公平的，应该提供赚钱的机会，走势应该和过去一样。如果我们认为市场应该怎么走，但是市场并没有这么走，那么我们就会感到沮丧和失望。很多时候市场是横盘震荡的，交易者就会发怒。每当价格创造了新高或新低，交易者以为是突破，就会迫不及待地进场，结果市场又回到了震荡区间。如果你也遇到了类似的情况，可以把精力转到其他方面：采用更长的时间框架、采用其他方法或交易其他品种。一旦我们在想市场是否公正，我们就不能客观地看待市场波动了。

第53课 从最差的交易中学习

无名戒酒会告诉人们要意识到自己醉得最厉害的时候是什么样子，但我们没有必要通过醉酒来获得扭曲的认知。我们会形成重复的行为模式，并遵守日常惯例。大多数人都有自己的习惯，早上起床后的行为都是一样的，在固定的时间吃饭和睡觉，走同一条路上下班，听同样的音乐，看相同的电视节目。人们生活中的大部分行为都有固定模式。

我们的思想也有固定模式。我们学会处理信息的方法后，这些方法就固定下来了。我们责备自己，以避免与他人产生冲突；我们做出消极的预测，当事情出错时，我们就不会感到惊讶了。有时候这种思维模式确实有用。然而，如果我们的模式已经根深蒂固了，会导致我们产生扭曲的认知。毕竟，不是每件事都是我们的错，也不是每件事的结果都不好。

我们的消极思维模式是学来的，已经变成了习惯；认知法的关键就是用积极的思维模式取代消极的思维模式。

一旦消极的思维模式自动出现，伴随它们的情感也会随之而来。当我们责备自己时，我们感到气馁、窝囊和沮丧。当我们预测最差的情况时，我们感到焦虑，忐忑不安。如果在交易时采用这些导图，我们就不能做到客观地应对市场。我们就像机器人一样，根据自动思维做出反应。

正如葛吉夫所说的那样，看清现实很重要。在某一时刻，你全身心地投入到交易之中，观察市场模式并按照这些模式进行交易，突然之间市场发生了变化，你无法控制自己的思维了，你现在产生的思维和市场没任何关系，结果就像别人入侵了你的计算机，似乎有人控制了你的鼠标，在胡乱交易。

如果这件事发生在你身上，你肯定会感到不安的。你无法容忍别人控制你的计算机，你会尽你最大的努力夺回你对计算机的控制权。这说明，如果别人控制了你的思想，你肯定会不高兴的。自动思维控制了你本来就不是好事，如果你再失去了对自己的控制，那就是雪上加霜了。当错误的导图影响了你生活的方方面面时，你就会下定决心做出改变。

自动思维不仅会进入我们的思想，还会控制我们的思想。为了获得控制权，我们要做出改变。

听有关自己的录音，看有关自己的录像带，这样你就能看出你在恶劣环境下的极端情感。另外一种找到错误导图和错误思维模式的方法是回顾错误的交易决定。错误的交易决定不一定就是指会大亏的交易决定，因某决定错过了一次非常赚钱的机会也是错误的决定。通过了解自己的反应，你就能知道自己大错特错了："我怎么会这么做?"这种反应正好说明了你的思维不对，你犯错了。从某种程度上说，当你为自己的错误或愚蠢而迷惑不解时，就表明你的思想被控制了。

一旦你找到了最糟糕的交易——这需要通过交易日记和交易记录来寻找——你要回想当时的思维和情感。不过一般情况下我们都不想这么做，都会安慰自己说下次注意就行了。我认为你应该做一个练习，就是剖析自己的交易心理，并找到自己错在哪里——你当时在想什么？你当时有什么感受？你想逃避什么？你想达到什么目的?

糟糕交易时的思维和情感反映了当时的导图。当时的导图也许是安全导图——你一直在告诉自己无法接受账面亏损，也许是自我价值导图——你告诉自己，如果大赚了，那该多么好啊。你在交易时的情感——恐惧、过分自信——反映了你的自动思维。

我们最差的交易来自对自己自动思维的回应，而不是对市场本身的回应。

在我自己的交易中，我的导图是避免危险。有时候，这个导图确实有用，能够帮助交易者管理好仓位大小，限制亏损。然而，这个导图也会产生扭曲的认知，资金曲线从最高点回撤本来是很正常的现象，但这个导图会认为这就是危险。此时，交易者就想提前兑现利润，不利于继续持有仓位。现实地说，错过了机会可以理解为是危险的。有时候，我为了做短线，结果错过了大行情，这才是糟糕的交易，是危险的。我本想避免危险，结果却提前兑现了利润，这也是一种危险——少赚了。

请注意这些最差的交易是如何影响思维、情感以及行为模式的。一旦我们认为“你必须避免风险”，一旦我们将风险定义为对仓位不利的任何波动，我们就形成了对应的情感和行为。回顾最差的交易可能是痛苦的，但这也是一种思想解放。它告诉你思维错在哪里，让你采取正确的思维方式。

训练提示

很多最差的交易来自我们对自己强行的要求。你可以看看你是如何逼自己强行交易的，当你逼得太紧时，你就会追涨杀跌，不愿意接受小的亏损，违反交易规则。我们越是逼自己赚钱，就越容易亏损。你可以通过自己的压力大小来判断你是否在逼自己赚钱。如果你不给自己施加压力，而是看到机会才交易，那么你的感觉会完全不同。只要你分析了自己最差的交易及当时的情感，你就能避免自动思维的不利影响。

第 54 课　用日记重建我们的思想

回顾你过去的情感和交易错误是一种好方法，这种方法有助于确定你的心理地图和其扭曲你想法的方式。然而，认知法的目标是阻止自动思维——那些糟糕的想法——防止自动思维影响你的思想和交易。

在《提高交易者的业绩》中，我解释了如何利用认知日记来帮助交易者重建思维过程。我建议用一个表格来记录一周的交易或一天的交易（根据交易频率不同），在最左边的一栏中记录交易问题，包括市场状况、你的计划、如何进场、为何没进场。

之后，第二栏中记录的是你的评价。我建议在第二栏记录你的看法。自我训练时最有帮助的是真实地记录自己对事情的看法并抓住自己的想法和感受。你要如实记录你的想法，比如："当我有机会进行交易的时候，我为什么没有交易呢？今天我本来是可以赚钱的，结果却亏了很多。我非常厌恶自己。我甚至不知道自己是否要放弃交易。"

有时，记录的自我对话中的关键词语会反映导图的性质。例如，上例中"应该"这个词语说明你是完美主义者，这样才会引发生气的自我对话并让你感到沮丧。一旦你使用了"必须"和"应该"等词语，你的注意力就从市场转移到了自我价值上。请注意，这种做法并不好，这种自我对话是自我惩罚，不能帮助交易者。

我喜欢把第二栏的这些自动思维想象成大脑中的录音机，在特定情况下播放，某些单词就会反复出现。在回顾认知日记时，你不仅明白了自我对话的消极性，还能明白消极的影响不知不觉地就产生了。

> 我们要特别关注自我对话中重复出现的词语，我们的核心导图塑造了这些词语。

第三栏记录自我对话导致的结果：你的感受和采取的行动。例如，上例中，你为了追求完美，提前出场了，结果错过了机会。你为了报复市场，结果又亏了很多。第三栏记录所有自动思考的结果，包括自己的想法和收益。

通过长期研究第三栏中的内容，你就会对扭曲的思维保持警惕。自我训练时，要有动力去改变，这很有必要。你应该明白你是可以改变自己的思维的。每天不断阅读这些日记内容，你就会看出同样的想法、同样的行为、同样的亏损方式和同样的错失机会，这样你就有动力做出改变了。

在写交易日记时，如果交易者记录得不够具体，那么交易日记的作用就不大。这是常见的问题。以下是一个日记样本，其缺少细节，无法帮助交易者理解思维模式，无法确定在不同状况下的结果。

状况	自我对话	结果
在早上没有仔细查看图表	我要休息一下	错过了大行情
仓位太大	这笔交易会赚大钱	大亏
价格已经到了我的止损点	我亏了很多钱	不赚不亏
没有及时兑现利润	我认为是暂时的回调	市场下跌了
公布了消息	股票真的动了	股票并没有上涨，我当天没有继续交易

现在让我们看看具体的交易日记应该怎么写。

状况	自我对话	结果
我昨晚参加了一个聚会，很晚才回来，再加上我很累，今天开盘前没有分析图表	我确实需要休息，但是我可以在开盘后分析市场。我的感觉很准的	我的分析失误了。我上周就分析到了，可能有机会，可惜今天开盘时我忘了。如果没忘的话，我可以赚几千美元
早上我错过了交易机会，我有一个好主意，为了弥补错过的机会，我把仓位加大了一倍	也许这笔交易很赚钱。如果赚钱了，今天就到此为止吧。也许早上错过了机会并不是坏事	有关方面公布了一份经济报告，市场对我不利。我忘记了今天会公布报告。我恐慌了，平仓后我亏损了几千美元。这个月本来是赚钱的，现在则亏钱了
我之前亏了很多钱，然后我看见黄金在涨，我就做多黄金，但是在我建仓后黄金跌到了我的止损点之下	我今天亏得太多了。如果再这样下去，那就亏大了，本月无法回本了。无法向老婆交代啊	我决定停止交易，但是内心并不平静。我不知道回家后如何向老婆解释
我持有太阳能板块的股票，价格已经到了利润目标点，我决定继续持有	今天不能再亏钱了。这笔交易能让我把昨天亏的钱赚回来，这样就打平了，然后我就直接回家，不再交易了	太阳能板块的股票反转了，我只赚了一点点利润。我本应该在利润目标点兑现利润的，我太笨了
我的自选股里面有一只股票，分析师也提到了这只股票。当消息出来的时候，这只股票上涨了。因为我害怕亏损，所以我没有买入这只股票	股票要横盘突破，也许会涨很多。我想买入，但是我又害怕亏损	股票在震荡区间的阻力线附近停留了一段时间，然后放量突破。我眼睁睁地看着这只股票上涨。我非常后悔

请注意这些细节是如何清晰地反映出交易者的思维的。自我对话内容表明了交易者的实际交易情况，一开始过度自信，然后交易犯错了，一个错误接着一个错误，最后结果是失败，感到很沮丧。当交易者要向妻子解释时，我们能看出交易者的家庭生活和交易交织在一起，这会对交易有影响。

当你自我训练时，你要密切注意交易日记所反映出来的各种关系。如果你的思维一再被扭曲，那么你要注意这些思维是如何关联起来的。你的任务是确认你的思维以及它们与你的情感和行为之间的联系。只有弄清心理上的多米诺效应，你才可以转换思维。

训练提示

当你进行最成功的交易时，你是如何思考的？你可以在交易日记中记录自己交易赚钱时的思维，看看自己是如何根据认知法找到解决方案的。本章的最后一课提供了一些这方面的建议。你还应留意一下希望的思维，也就是在亏损时希望回本。这些想法经常导致违背止损规则，还会引起后悔和自责。人在交易时会有一定的直觉，但请注意，不要一厢情愿。如果你发现自己有一厢情愿的想法，此时应该平静下来，重新审视自己的观点。当你独自交易时，你很有可能会采用自己的消极思维，所以必须注意这个问题。

第55课 瓦解消极思维模式

你是怎样打破一种习惯模式的？当我们有抽烟的习惯，或有不好的饮食习惯时，只有我们不喜欢这样，我们才会做出改变。通过瓦解习惯模式，我们能使消极习惯模式少出现，这样我们就不那么容易受其控制了。

我们的习惯思维模式也是如此。当我们瓦解了这些模式之后，它们自动出现的概率就会减小。我们获得了控制它们的方法，它们不再控制我们了。

瓦解消极思维模式的最基本方法是思维停止法。思维停止法就是努力停止正在发生的思维。当你已使用了认知日记，对交易进行了回顾并确定了自己的自动思维模式时，你就会对这些模式越来越敏感。这使你能够实时地认出它们。通过给自己下“停止”的命令，你会打断思维的自动运行，你就有时间平静下来，改变注意力的焦点，并采用其他有用的认知方法。

上一课中讲的例子是你发现自己亏损了并希望回本。我发现有些交易者会和市场讨价还价，他们会说，如果市场能让他们这笔交易打平，他们就保证以后再也不会违反规则了。这说明这些交易者还在心存幻想，本质上他们绝望了。从某种程度上来说，交易者知道不应该持有这个仓位。然而，潜在的某个导图认为亏钱不好，亏钱就等于失败了，这导致交易者把正常的亏损看得太重了，容易小题大做（价格到了止损点，不愿意平仓；向下摊平成本）。如果交易者能识别出这种模式，他就能停止自动思维和自己的行为。

> 你越努力采用思维停止法，就越能成功地瓦解不好的思维模式和行为模式。

思维停止法非常有用，能让你脱离不好的思维模式。你没有认同自动思维和它们引起的情感，而是将自己从中分离出来并提醒自己就是这些思维和情感在过去使你陷入了困境。刚开始的自我训练时，你会发现自己不得不在一个交易日内多次使用思维停止法。然而，当你能快速地发现自己的消极思维并停止它们时，你会发现随时能让自己停下来。一句简单的“我又这样了”就足以转变你的思维。中断习惯思维就成了一种积极的习惯模式。

我发现这对我的交易很有帮助，就像我摇醒自己并换一种方法一样。有一次，我的仓位本来是赚钱的，但价格开始回调到我的进场点。我秉承一条规则，那就是不能让赚钱的仓位变成亏损的仓位。当我的仓位亏损后，我开始希望回本。然而，订单表明大户正在打压市场。我打了自己一巴掌并告诉自己赶快平仓。我的这个行为——确实不是我教给其他交易者的方法——目的是让我清醒过来，在小亏损变成大亏损之前平仓。这些年来我一直记得那一巴掌，那一巴掌让我避免了很多麻烦（现在，当我要改变我对市场的看法时，我会用冷水洗脸。身体的刺激似乎更有利于改变认知）。

> 如果你拼命地使用思维停止法，那么思想转变会是很明显的。

曾与我共事的一些交易者发现在自己的计算机显示器旁边贴上便利贴很有用，这些便利贴上写着他们不想拥有的思维。有一个交易者发现自己总是过度自信，骄傲自满，所以他在便利贴上写下了“保持谦虚”。这样的便利贴有助于交易者意识到自己的思维方式，回避消极的情感，以免做出糟糕的交易。这些便利贴还能提醒交易者时不时停下来，瓦解不好的自动思维模式，然后再找机会进场。如果你总是在审视自己，你就不会陷入不好的思维模式。

我发现了一种简单的练习方式，可以练习如何实现思维停止，它对我的交易很有用。练习方式是，留心观察自己在交易时有没有想到了“我”这个字，你要瓦解这些带“我”的想法。这样做的原因是当你专注于市场时，你不能以自我为中心。你既不能对自己太乐观，又不能对自己太悲观。自动思维将注意力转向自己，表明你应该停止这种模式并把注意力转移到市场上。

很多时候，你只关注自己，忘记了市场，以下为一些例子。

（1）我做得很好，可以再激进一点。

（2）我无法相信自己的交易这么糟糕。

（3）为什么我会这么做?

（4）我现在亏损严重。

（5）我要把亏掉的钱赚回来。

（6）我做的每件事都是错的。

（7）我讨厌这个品种。

一旦你想到了“我”这个字，我的建议是，迅速闭上眼睛，做一个深呼吸，放松，并将注意力转向市场。如果你已经完成了这一步，你可以休息一下——清醒一下头脑，想点其他事——这么做是有用的。

我发现，在交易时不停地提醒自己“这与我无关”很有用。

通过练习，你可以熟练地摆脱以自我为中心的思维。有一次，我在交易时想看自己的收益情况，我想知道自己赚了多少。当然，这个行为和交易本身并没有什么关系。由于之前的练习，我最终并没有打开我的账户，没有看到我的收益情况。提醒自己“这不关我的事”——这是市场的事——才能在市场波动最激烈的时候做出正确的决定。如果你不再犯错，你就能采用优秀的交易思路。

训练提示

当我与交易者共事时，我会帮助他们停止消极的自动思维。当你自我训练时，你可以找一两个你信任的交易者来监督你。你们可以在一起交易，也可以通过即时通信软件沟通。有时，你的伙伴会提前发现你的消极思维。这种方法有助于确认你的思维，并随时转换你的思维。

第56课 重塑思维模式

重塑是从另外一个角度来思考问题的心理学技术，它能让你找到新的应对方式。假如说我遇到了一个交易者，他对自己的业绩不满，他看到了明确的交易信号也不敢交易。他认为自己很懦弱，永远不会交易成功。我则有不同的观点，我指出他有很强的风险意识，能做到从不出现大的亏损，这些都是可取之处。我提出了这样的建议：“也许我们可以利用你的优点，在保证资金安全的同时找到赚钱的机会。”这样，我把这位交易者眼中的弱点重新塑造为优点。如果交易者发现自己有某种不太好的心理倾向，我建议交易者不要急于去改正这种心理倾向。交易者可以重新塑造心理倾向，从而提高自己的收益。

即使是缺点，我们也能挖掘其中的优点，这样我们就能用新办法解决旧问题了。

重塑可以把消极动力转换为积极动力。有一段时间，我发觉我的女儿不喜欢写家庭作业。我分析了一下：她喜欢有人陪着。于是我提议和她一起写家庭作业，她欣然接受了。在她上学期间，我一直陪她写家庭作业，这也是一段宝贵的经历。同理，我儿子告诉我他在学校和一个咄咄逼人的老师吵架了，我首先表扬他他只是吵架了，没有拂袖而去，也没有动手打人。我并没有责怪他不遵守纪律，反而赞扬他的控制力很好。随后我提出了一些建议，他就比较容易接受了。消极的思维模式自有其存在的道理，我们要从中挖掘积极的一面，实现自我成长。

想想那个交易者，他在亏损时希望能够回本，结果还是亏损了。我不会痛斥他没有纪律意识，相反我会指出他已经发现了一个有价值的市场指标：希望指标。如果交易者在交易时充满了某种希望，那么就说明这笔交易已经亏损了。借助希望指标，我们可以用自动思维模式来辅助交易，而不是干扰交易。

当你从新方法的角度看问题时，你就会用新方法解决问题。改变就是指采用新方法。

有些问题具有循环性：我害怕亏钱，因此我将止损点设置得太近，所以在震荡的市场中亏损了更多的钱，于是更加害怕亏钱。当我们重塑思维模式时，新观点可以帮助我们打破循环。比如说，我们可以这么想：我可以控制好仓位，我可以把止损点设置为比较远的价位，我可以在震荡的市场中限制亏损。我们看待自己模式的方式决定了我们回应它们的方式。

我在《重塑证券交易心理》中提出了一种练习方式，那就是把我们内心的自我对话看作和别人对话。当我们把内心说的话当成别人说的话时，这些话听起来会很不一样。当我们在亏损后斥责自己时，这种感觉会特别真实。当我们感到很担心的时候，如果把自己的担心想象成别人对我们说的话，那听起来似乎充满了敌意。

再举一个例子，一个交易者错过了一次赚大钱的机会，她对自己说：

“我无法相信我错过了这笔交易，我怎么了？我一直在等这种模式，我等了一周，市场真的给我机会了，我却没有抓住这次机会。如果我下次再犯这样的错误，我还是不会成功的。”

很多交易者确实认为这样的自我对话是积极的。他们认为对自己严厉有助于将来避免犯类似的错误。假如说交易者的朋友这样说：“我无法相信你错过了这笔交易，你怎么了？你一直在等这种模式，你等了一周，市场真的给你机会了，你却没有抓住这次机会。如果你下次再犯这样的错误，你还是不会成功的。”

很明显，当以这样的方式进行对话时，我们能够意识到语气是严厉的。其实，真正的朋友是不会以这种方式说话的。话语中没有同情，也没有任何建议，完全是责备的口气。把自我对话重塑成和别人对话的做法揭露了自动思维背后的真实情感。

把自我对话重塑成和别人对话有助于我们从全新的角度看待我们的想法。

如果我们想象自己是以这样的态度在和好朋友说话，这种重塑就会很有效。假如你的一个好友连续多笔亏损，你对这个朋友说：“我无法相信你错过了这笔交易，你怎么了？”我们可以对自己严厉点，可以斥责自己，但是对朋友，我们不会这么做。当我们和朋友沟通时，我们要展示自己的优点，比如去支持他们，所以我们不大可能去责备朋友的。

作为自己的交易教练，你在自我对话时要口气一致，说建设性的话，不要破坏自己的注意力或动力。实施这个过程的一种极好的方法是闭上双眼，把自己想象成另一个你需要对他负责的交易者——也许是你的助手或徒弟。这个助手正好犯了你犯过的错误，你会如何和他谈？你会说什么？采用何种语气？你会传达怎样的情感？你要尽可能生动形象地想象出来。然后看看你对待这个交易者的方式与你的自我对话有什么不同。如果你没有用跟自己说话的方式和对方说话，那就说明你的自动思维向消极的一面扭曲了。毫无疑问，你对自己是怎么说的，对别人也应该这么说！

> 很多时候是我们自我对话的语气，而不是内容，影响了我们的交易。

当你每天都进行这种想象练习，特别是在已经瓦解了一些消极思维后，你就会逐渐地学会用更积极的方式跟自己谈话。有一次练习时，我让交易者们把自己想象成另外一个交易者，让他们以关心别人的方式来跟自己谈话。在练习期间，他们做到了关心别人，过去很容易发怒的交易者也表现出了爱心。

你是自己的交易教练。你希望自己的教练严厉指责你吗？你希望自己的教练总是盯着你的错误不放吗？你希望自己的教练总是用可怕的结果来威胁你吗？还是希望自己的教练能看到你的优点呢？当你采用对话的方式时，你就有机会重塑引导思维、情感和行为的导图。我们不可避免地要跟自己谈话，我们正在训练自己。唯一的问题是，我们是自觉、积极地这么做，还是无意识地、消极地这么做。

训练提示

如果你和其他交易者或导师在一起交易，当你的交易有问题时，请特别留意一下他们是如何与你交谈的。有时，我们可以将他人的声音内化，重塑自己的自动思维模式。“我的导师会怎么说”或者“优秀的教练会怎么说”这样的问题可以帮助你进行有建设性的思维重新塑造。

第57课 用想象来改变思维模式

想象的价值在于它代替了实际的体验，用不寻常的力量产生情感反应。下面的认知练习就利用了想象的情感力量。

和上一课一样，练习的第一步是确定影响交易的重复出现的自动思维。正如之前所说，这些思维一般会形成自我对话并伴随最强烈的交易情感。你的自我对话越清晰，你的想象就越真实、越生动。

让我们来看看具体的例子。一个交易者发现自己的一种模式在阻碍自己成功。这些年来他是赚钱的，但他总觉得自己没有发挥潜能。我研究了他的交易记录和思维模式，可以很明显地看出，一旦他的资金曲线创造了新高，他就会害怕风险。此时他会减小自己的仓位，就像一个人的资金曲线严重回撤了一样。

他的自我对话能说明问题，他会对自己说："你今天很成功，兑现利润吧！明天还有机会。"他很谨慎，当他平仓后可能会发现自己错过了某个机会，就会感到内疚，但他会安慰自己说："我的资金曲线是赚钱的，兑现利润永远不会让你爆仓的。"

虽然这个交易者意识到这种模式有一定的局限性，但是在情感上还是会陷入这种模式，所以很难瓦解这种模式。深受其害的交易者会责备自己，他们很想在这方面做出改变。然而，回避风险的思维会让交易者有安全感。他喜欢过分谨慎带来的结果：能控制好自己的情感。

> 对于某种模式而言，如果这种模式的结果不会让我们感到苦恼，如果我们认为这种模式有一定的好处，那么我们就不太可能会改变这种模式。

对他来说，改变自我对话的关键一步是把"我不能亏钱"重塑成"我会亏钱的"。这位交易者原来的自我对话给他带来了安全感，而我帮他重新塑造了一下，这样他就不会过分自信了。当他的资金曲线到达最高点时，因为对自己的资金曲线是否会继续创造新高没有把握，所以他有兑现利润的想法。他担心资金曲线回撤后自己没有能力让资金曲线继续上涨，所以他要极力避免资金曲线回撤。因为他没有让资金曲线快速上涨的信心，所以他宁愿资金曲线缓慢上涨。也许他在内心深处认为自己赚不到大钱。

请注意，在这种市场状况下，重塑过程并不是帮助交易者更有建设性地看待一种消极模式，这会让交易者感到更加不安。训练其实就是安慰受苦的人，折磨安逸的人，这点前面已经讲过了。这位交易者回避风险的行为显得太安逸了。我的目标就是告诉他，他的应对方式代价太大，他应该激进一点。你在自我训练时，不仅要把消极思维模式重塑成积极思维模式，在塑造时还要让你有足够的动力做出改变。在前面，我讲过将消极模式看作敌人的重要性：感到不舒服，你才会做出改变。

当我将这位交易者的自我对话重塑为缺乏信心时，他立即谈到了他的母亲。他爱母亲，而且他在小时候和母亲很亲近，但是他的母亲对他过度溺爱。当其他孩子出去玩时，母亲不让他去，怕他和别的孩子打架。后来他母亲阻止他和一个女孩子约会，因为她认为这个女孩子可能会“利用”他。交易者有些悲伤地解释道，尽管他很喜欢体育运动，但他始终没有机会在体育运动上崭露头角，因为他的母亲担心他会受伤。

他这么说，给予了我使用引导想象法的机会。我让他闭上双眼，生动地想象他早盘就赚钱了，然后他准备兑现利润，当天不再交易了。我让他想象市场在波动而且机会就在眼前，还让他想象他在回避风险时所说的话。这样，他不得不想到自己的母亲，想到母亲脸上透露出的担心且过分保护的神情，警告他不要进行交易，不要亏钱，不要在市场中受伤害。

> 我建议你确定一种你想改变的模式，再找到改变的动力，并帮助你保持这种动力。

这位交易者突然睁开了眼睛，大声说：“呸！”他一想到小时候被母亲控制着的样子就感到厌烦。我问他：“你母亲是这样说的吗？当你告诉自己不要亏钱，不要在交易中受伤时，你是不是听见了她的声音？”

如果交易者想要将自己从消极的模式中分离出来，那么就要进行重新塑造。他不希望还像童年一样受到过分的保护。每当他看到一个交易机会，但感到不安时，他只要闭上眼睛，然后想象在这种情况下他的母亲会说什么，就会鼓励他放弃消极思维，然后按照他的交易本能进行交易。

就像我在《重塑证券交易心理》中强调的那样，大多数人的内心中都有自己不喜欢的人或事。如果你想象到你最不喜欢的人——对你刻薄的人、讨厌你的人、骂过你的人——用你曾经说过的最严厉的话来斥责你，你很可能会反击。如果这个人就站在你面前说消极的话，你肯定会让他闭嘴的。当你这样想象的时候，你就学会了让自己闭嘴。这是自我训练最大的成功！

训练提示

除了瓦解消极的自动思维模式，想象还有很多其他的重大作用。有一个交易者，他学过武术，如果他想瓦解某种消极的模式，就会想象自己用功夫击碎了这种模式。通过反复练习，在交易时，他只要简单地摆个姿势，就能瓦解消极的模式。还有一个交易者，他发现在自己身体状态好的时候交易状态也好，所以他定期锻炼身体，同时锻炼自己的思维，加强自己的优点。中午，他将短暂的运动作为休息，这不但可以帮助他清醒头脑，而且使他更充分地接触自己一直在培养的思维。不是所有的有效想象都是视觉层面上的，有时思维和身体状态联系起来，可以帮助我们用身体影响思维。

第58课　用认知日记瓦解消极思维模式

使用认知日记的方法之一是跟踪自动思维模式，这样你就能意识到消极的自我对话及其与情感和行为之间的关系。通过认知日记，我们可以重组思想地图。

关于写认知日记，前面说过，我们可以把表格分成三栏：第一栏写自动思维出现时的情况，第二栏写自我对话，第三栏强调自我对话的结果（情感、行为、交易）。除此之外，你可以增加第四栏，写自己如何用积极的思维取代消极的思维，从而改变内心消极的对话。

让我们通过一个例子进行学习。某交易者追求完美，她对自己的业绩总是不满意。她即使赚钱了，也要抱怨没有买在最低点，没有卖在最高点。她总是为此感到失望，总想抓住最低点和最高点，结果做出了糟糕的交易。

这位交易者可以在日记的第四栏采用苏格拉底问答法，先提出消极思维，再分析消极思维，最后找出看待问题的新方法。因为第二栏是消极自我对话，所以第四栏就是内心教练的声音，这才是真正的自我训练。

认知日记就像论坛一样，对于消极的思维模式，我们可以激烈辩论。

下面是一个认知日记的例子。

情况	自我对话	结果	教练的话
市场突然反转，我的止损单被执行了，我亏钱了	我不知道自己是怎么想的。明明知道有关方面可能会公布对我的仓位不利的消息，我还要交易，真是愚蠢啊	整个上午心情不好，虽然对下一笔交易有信心，但是我把仓位减小了很多	实话实说，我并没有能力预测未来。我有一种赚钱的思路，能把亏损限制在一定范围之内。符合这种思路的，就要去交易
我提前兑现利润出场了，然后市场又多涨了5个点	为什么我不能坚持持有盈利的仓位？这是唯一的赚钱方法。我本来可以多赚点	虽然我赚钱了，但我感觉不好。晚上心情很差	这是一种沮丧的自我对话。市场一直在震荡，根据我的计划，在震荡的市场中就应该快速兑现利润。说实话，我赚了不少呢。自怨自艾不好，会影响下一笔交易的

请注意第四栏的内容很像你对有相同经历的人说的话。第四栏的内容并没有使用责备的语气。和日记的其他部分一样，第四栏也要记得详细，这一点很重要，以便你有机会真正地考虑并接受不同的观点。如果你在第四栏写的内容是“我不应该对自己太严厉”，还不如这样写：“我以前的老板也喜欢这样说，我讨厌他，讨厌他对待我的方式。我并没有那么差劲。”在第四栏详尽说明自动思维所带来的消极后果也是很有效的：“过去一年，这种思维一直在干扰我，我不想再亏钱了！”

你要运用情感的力量瓦解消极的自动思维，形成新的思维模式，这是一种情感体验。

认知日记有效的原因是它能让你做好自我训练，这是监督自己的好办法。一开始写认知日记时你会感到在某些方面要迫使自己，时间长了以后，你会内化教练的声音，一旦出现了消极的思维，你就会及时瓦解这种思维。

如果你在日记中加入第五栏，用于写交易记录，这样你就可以每天跟踪你的交易情况。第五栏能让你看出自我对话和交易进展之间的关系，让你更有动力。关于认知日记，你也可以采用录音的方式，这样更好。你不但可以在中午休息的时候调整你的思维，还可以在收盘后总结自己的交易。

训练提示

对于认知日记，交易者常常会犯一个错误，他们以为要通过日记锻炼自己的逻辑分析能力，其实我们更应该关注的是心理方面。交易者应该平静、理性地瓦解消极思维，不应该有什么情感。心理学文献指出，我们的情感思维比一般事物思维更深刻。瓦解消极的思维模式是一种情感上的练习，通过这种练习，你才能极力瓦解阻碍你的思维。这种练习能让你记住，正是这些思维和行为破坏了你的交易，让你亏损了，阻碍了你成功。如果有一个人会对你产生这样的威胁，你肯定会尽量回避他的影响的。如果你能在自动思维中加入你的个人爱好，你就能产生更有影响力的情感体验，并能帮助你改变你的认识。作为你自己的交易教练，你应该把日记当作工具来使用，不要怕麻烦。努力几次后，你就能把写日记变成自己的例行工作。只要自我训练的时间超过了为消极模式而感到痛苦的时间，你就会取得巨大的进步。写日记就是为了确保你有足够的训练时间。

第 59 课　通过认知实验来实现改变

科学理论是在观察和实验的基础上建立起来的，如果有人也像科学家一样，那么他们提出的前提有可能是对的，也有可能是错的。如果你有了新的观察和体验，你就能慢慢地改变消极的模式。

有时候，应用苏格拉底问答法可以改变一些消极的观点。当交易者亏损时，他会自动地想到“我总是犯错”，这是一种消极思维。然而，如果交易者想到了自己的收益，那么他就会变得比较现实：“等等，本周有几笔做得不错。我要好好想想哪种方法有用。”

如果你有消极思维，那么你可以扮演旁观者并问自己：“这是真的吗？如果别人处境和我一样，我会这么说吗？我希望别人这样对我说话吗？”通过否定这些消极思维，这些消极思维就会不太可能自动出现了——也就不会影响你的决定了。

有时候为了瓦解消极思维，你可以制造特定的体验，这种体验过程可以改变你的信念。有一个交易者说分散并不重要，他只想判断正确，如果他认为某个板块好，会买入这个板块的所有股票。同一个板块内的股票是联动的，他这么做还不如买入这个板块的基金，这样还可以节省佣金。他的思维模式是：“我的思路很好，我必须买入这个板块的所有股票。”他以为买了很多股票就等于分散了风险，其实不是的，他的风险很大。

对于这个交易者来说，他以为他做得很好了，其实并不好。除非整个板块的股票都涨了，否则他无法成功。如果整个板块在下跌，他就会亏损，心情会很沮丧，担心未来。他这种全仓买入的模式很危险。

我建议他尝试另外一种方法——将资金分成四等份。在正常情况下，对于一种思路，最多只投资一份资金。因此，如果他认为黄金会上涨，他可以用一份资金购买和黄金相关的基金，或购买相关股票。如果他想买入五只黄金股股票，还要把这一份资金分成五等份。对于剩下来的三份资金，他必须采用三种不同的思路来投资。例如，当他持有黄金多头仓位的同时，如果某个板块出了利空消息，他就可以拿一份资金来针对这个板块建立空头仓位。

> 对于一些思维模式，如果我们不知道好坏，可以采用尝试的方法来区分。

交易者一般不太可能同时拥有四种互不干扰的思路，所以说交易者很少会同时投入这四份资金。如果他的资金很多，最好根据不同的模式和思路分配资金：一部分资金用来做短线；一部分资金用来做长线。一部分资金用于建立多头仓位，一部分资金用于建立空头仓位。这个过程会让赚钱的笔数多于亏钱的笔数，会让交易者的收益更稳定。通过分散，交易者就不会大亏了，风险也小了（收益的日内波动小了），利润就多了。

这位交易者考虑了一下，认为自己的风险不大，所以他决定用一周的时间来做这种尝试。然而，在这一周里，他发现自己赚到的钱比过去几个月中任何一周赚到的钱都多。这让他决定继续尝试这么做。几周后他发现收益还不错。他赚了更多的钱，他很高兴。然而，如果他没有进行这次尝试，那么他就不会通过切身体验了解到自己过去的思维是错的。了解消极思维模式的破坏性（和积极思维模式的好处）是一回事，切身体验又是另一回事，后者的体会更深。

> 成功的自我训练创造了强大的、生动的体验，并瓦解了旧的习惯模式。

交易者都容易犯这种错误，那就是以为只有对自己严厉一点，才会有动力。你可以用一周的时间做以下尝试：每天的交易要有建设性，要有积极性，接着再看看你的感觉以及你的交易情况。当交易者明白在他放弃消极模式的时候实际上提高了自己的聚焦能力，优化了交易过程时，就会有动力继续进行尝试。

自我训练时，你的任务是，简单尝试一下——哪怕只尝试一天——中断消极思维模式，然后看看你的情感如何，交易是否有变化。如果不喜欢尝试的结果，你可以回到旧模式，再想办法。如果你在尝试时感觉自己能够更好地遵守计划，注意力更集中，收益也更多，那么你可以考虑做出更多的尝试，包括在生活的其他方面做尝试。我们的消极思维模式是学来的，同理我们可以学到看待自己和交易的新方法。通过尝试，我们不但可以改变我们的观点，还能改变我们的行为。

训练提示

对于各种交易规则，你都可以在认知方面做出尝试：当你遵守某种规则时，你的收益、情感和决策有什么变化？很多时候，某些规则让交易者亏损了，交易者就会隐藏自己的恐惧心理。只要对这些规则做出适当的调整，我们就会发现收益是可控的，没有必要害怕。

第60课　建立积极思维

到现在为止，认知训练的课程介绍了如何确认和重塑消极思维。然而，什么是积极思维模式呢？如何形成积极思维？幸运的是，很多瓦解消极思维模式的方法也能帮助我们认清自己和这个世界。

请注意，我们要建立的积极思维表面上看来未必是积极的。看着镜子中的自己说你是最好的交易者，你会赚很多钱等，这样的做法不是积极思维的体现，而是妄想。这样的做法只会让你满怀期望，但最终会失望。

确切地说，积极思维会让你有建设性地处理问题。例如，一个交易者犯错了，他可能会斥责自己，提醒自己要增强执行力，要注意细节。这种做法是非常积极的。该交易者可以对自己说："你做得不好，你应该做得更好。"也许这个评价是准确的，那么交易者就有了动力。

> 积极的思维并不一定是乐观思维，积极思维是建设性的思维。

对你有利的导图和思维模式，你都了解吗？幸运的是，我们可以写认知日记。回想一下认知日记的写法：第一栏写交易问题，第二栏写自我对话，第三栏写自我对话的结果。为了跟踪积极思维，我们用日记来记录积极的交易：第一栏记录交易时的市场状况，第二栏记录自我对话，第三栏记录自我对话是如何提升交易水平的。换句话说，你用日记记录了你在最好状态下的表现。

虽然日记中记录了很多盈利的交易，但是这并不意味着只关注盈利的交易。确切地说，即使是亏损的交易，只要是好的交易，我们都要密切关注。例如，你根据很高的回报风险比进场，但是价格到了止损点，你只好止损，然后又根据系统再次进场，这就是好的交易、积极的交易。日记的作用是帮助你确定积极的思维，限制亏损，并保持交易的灵活性。

认知日记可以帮助我们确认最好的交易行为和思维。

下面的认知日记是积极的。再次强调，一定要认真写日记，这样你才能记住做最好交易时的思维。当我们不再重复犯错，放弃没用的模式时，我们就能赚钱，并在日记中做好相关记录。

情况	自我对话	交易结果
市场高开高走，然后我进场了	我不想错过行情，但是我也知道追高不好。我要等纽约证券交易所的综合指数回调，等它回调到昨天的收盘价时，如果能守住这个价格，我就买入，然后看看市场是否会上涨。遇到一个好的进场价非常重要。每次都追高并不好	市场回调的力度比我想象的要大，然后反弹无力。我发现买盘无力，于是就在反弹时平仓了，我赚了不少钱。我能做到耐心地在场外观望，我能接受错过的交易机会，我能遵守规则，所以说我是很灵活的，我能赚到钱
我建仓后，市场的卖压比较大，几分钟后我就止损了	所有的大盘综合指数都下跌了，我付出了代价。市场在测试头一天晚上的卖压	我等市场反弹时平仓了，然后市场跌到了昨天晚上的最低点。虽然这笔交易亏损了，但是我学到了知识，并不是失败的交易。后面我必将做出好的交易

请注意日记是如何强调正确的思维的，拥有正确的思维才能让你做出好的交易。通过不断练习，你可以把正确的思维变成积极的习惯模式。我发现，我的一些最好的思维来自与成功交易者的沟通。和他们交谈时，他们会告诉我在遇到困难时如何自我对话。例如，一个交易者把进场点设置在回报风险比比较大的价位上，并说："市场来找我了。"他告诫自己只在市场符合他的系统时才交易，不能追涨杀跌。这样他就不会做出糟糕的交易，而会慢慢地控制好交易。如果你能控制风险，就不会受市场的摆布了。最后，我学会了这种进场方式，大盘指数偏高时绝不建立多头仓位，大盘指数偏低时绝不建立空头仓位。通过等待市场提供机会，我发现我在

交易时没那么情绪化了，并且我的利润增加了。我学会了等待市场提供机会。

你的任务是，确定你的思维方式能够让你做出好的交易，并且能管理好风险。一旦你确定了最好的思维，就可以每天采用这种思维，并形成积极的习惯。这样，你就不必借助认知日记来发现扭曲的认知了。你要借助日记来发现你最好的交易行为。最有经验、最成功的交易者都可以从日记中受益。

训练提示

有一个交易者，当他通过建立多头仓位赚了钱时，他喜欢说："让空头送钱给我。"当他发现空头实在受不了了，被迫回补空头仓位，市场放量时，他才会平仓。他的这种思维经常让他赚钱。很多时候他都在回调时加仓，导致空头送的钱更多。你也可以采用类似的方法，反复练习，这样你也能做出最好的交易。

第七章

学习新的行为模式

自我训练的行为方法

> 要是你不了解自己，不知道自己的潜能，你就无法获得自由，就不能掌控自我，永远被动。
>
> ——乔治·伊凡诺维奇·葛吉夫

心理学中的行为学起源于早期对动物学习过程的研究，其研究环境的变化如何影响动物的行为倾向。对于变化，现代认知行为将思考视作一种行为，利用诸如想象法和自述法来调节我们对各种情况的反应。如第六章中的认知重组一样，行为方法通过大量的练习实现改变。行为方法的关键是现在就要掌握技术，而不是研究过去的冲突与现在有什么关系。应用行为方法可以治疗焦虑、愤怒和沮丧心理，效果很好。

本章我们将探讨行为技术，你可以学习相关技术并用于自我训练。你将发现这些技术能帮助你处理业绩压力问题，防止发生冲动交易。行为方法的本质是掌握技术，如果你是个勤奋的学生，你将从行为方法中受益。经常在新环境下采用相关技术能够提高运用行为方法的能力。请特别注意本章讨论的呈现法，《提高交易者的业绩》中也谈到了这种方法。可以这样说，这些方法才是最有用的方法。让我们来看一下你怎样才能掌握这些方法……

第 61 课　了解自己的相倚性

行为心理学的关键是模仿动物的学习方法。例如，我的猫吉娜和琴吉已经明白了一个事实：当我在早上 5 点钟起床后，我会给它们喂吃的。它们一听见我走出卧室门的声音，无论在哪里，都会冲进厨房，满怀期待地看着我。次数多了以后，它们就明白了，只要我睡醒后开始走动，它们就有吃的了。这就是刺激反应学习的关键：动物学会了把环境和对应的反应模式联系起来。时间一长，环境和反应之间的关联就被加强了，学习模式也被加强了。

> 我们大部分的行为都是对环境的反应。

传统行为主义认为没有必要解释学习中的关联现象，也没有必要解释学习者的心态。猫看见我起床后，并不会分析，但它们知道去厨房，它们也不会分析我在厨房里放的食物是什么样的。实际上是我起床的声音激发了它们的期望，就像一首老歌可以勾起相关的记忆。在认知重组法中，我们想改变交易者的思维。在行为方法中，我们的目标是忘却带来消极结果的关联，并学习新的关联。

行为心理学认为学习的反面是忘却。如果我们长期不重视关联性，那么我们就会忘记关联性，也会忘记对应的反应模式。假如我在早上起床后不再喂猫了，而是每天晚上先摇铃铛，再喂它们，以后它们早上就不会去厨房了。以后，只要铃铛一响，它们就会跑过来。你可以通过强化建立一种行为模式，也可以通过弱化使自己摆脱某种行为模式。

这样看来，交易中很多消极行为模式的产生是因为这些行为模式被积极强化或被消极强化了。这种现象非常重要，但很多人并没有意识到。积极强化就如同喂猫一样，人们会把一些事情与环境关联起来。例如，我可以将开盘前的准备工作和一切自我掌握的心态关联起来。这种关联使我非常期待准备时间的到来并继续我的日常工作。经过一段时间，准备就绪与感觉良好间的关联性就被加强了，并成为根深蒂固的习惯。

消极强化更加微妙，这也说明了交易者为何喜欢采用亏损的模式。消极强化是指除了消极的结果，没有看见积极的结果。假如说我的多头仓位是亏损的，大家都在卖出，我也卖出了。理性地说，我也知道当时卖出不太合适，但是我的感觉很不好，我必须平仓后才会感到舒服。吸毒者一开始是为了寻求刺激（积极强化）才上瘾的，上瘾后就会想办法回避戒毒（消极强化）。和追求快乐一样，人们也会逃避痛苦，这是一种行为模式。

很多时候为了回避痛苦，人们做出了毁灭性的交易行为。

交易时，最危险的行为模式之一是把追求刺激和风险关联起来。当交易者承担了比较大的风险时，潜在的利润会比较大，潜在的亏损也会比较大。有些交易者一看到市场剧烈波动就感到兴奋，他们做交易不是为了追求利润，而是为了寻求刺激，所以这些交易者注定了会碌碌无为。这些交易者经常亏损，再加上高杠杆的不利影响，他们就爆仓了。这不是因为寻求刺激的交易者天生就喜欢自毁，而是因为他们习惯把风险与兴奋关联起来。

研究人员发现，如果当事人有很强烈的情感，那么他就会快速、深刻地把环境和反应关联起来。有些人只吸了几次毒，就上瘾了，就是因为这个原因；经历了重大事故以后，我们就比较容易感到害怕，也是因为这个原因；动物只要吃了一次腐败的食物，就再也不吃了，还是因为这个原因。情感会加速一个人的行为。这个原因导致很多交易出问题，不过我们也可以据此做行为训练。

自我训练时，最重要的就是要知道你做了哪些关联——你的期望与行为之间的关联。你不要把你的交易问题看成非理性的，而要把它们看作一种学习模式——积极的你就接受，消极的你就回避。有些事情正在强化你最差的交易行为，一旦你理解了这种关联性，就会去除这种强化并采用新的交易模式。

行为训练就是强化正确的行为并防止强化错误的行为。

在开始之前，回想一下你最近一笔非常失败的交易。以我为例，我建立了多头仓位，价格已经下跌到了我的止损点以下，但我坚持认为市场会反转。此时要强化什么？就我而言，我已经连续多笔赢利了，我不想收手。我把平仓和连续多笔赢利关联起来了，我认为只要我不平仓，就能连续多笔赢利。

这种推理当然没有任何道理，如果我真的这么想，一笔糟糕的交易就会让我回吐所有的利润。但是我的情感很强烈：我只想赚钱，忘记了要做正确的交易决定。

请回想一下你最近错误交易的细节。当你做出糟糕交易的时候，你在想什么？你想回避的消极思想是什么？你有哪些不好的关联？正如前面课程所强调的，你要先观察自己，然后找出消极的模式，最后才能做出改变。你的行为看起来是非理性的，具有破坏性的，这自然有原因。行为分析能找到相关原因并让你做出改变。

训练提示

确定你最痛苦的情感，再看看在何种情况下你会出现这种情感。对于一些交易者来说，这种情感就是亏损带来的痛苦。对于其他交易者来说，无聊或不确定性也会给他们带来痛苦的情感。很多时候，当你想摆脱这些痛苦的情感时，你就做出了最糟糕的交易决定。这种消极强化会导致你做出草率且无计划的交易行为，回想起来这些交易行为似乎没有任何道理。如果你在交易的时候能够辨别出消极强化，那么你就可以更加积极地处理这些痛苦的情感。

第62课 确定微妙的关联性

环境和我们反应之间的关联有时候是明确的。当交易者们在一个动荡的市场中感到恐惧并提前平仓时，我们就能发现他们在管理自己的情感，不是在管理自己的资金。他们在平仓后感到很放松，没有客观地去评价风险回报比。

有时候，支配着我们行为的关联性非常微妙且难以辨别，故改变这些模式非常困难。如果我们不知道要对什么做出反应，那么就很难形成不同的反应模式。

情感会在人们毫不知觉的情况下出现细微的变化，这相当于环境的变化。比如，太阳光会影响有些人的情感，在太阳光没那么强烈的时候，如冬季，有些人会感到忧郁，有些人的情感四季都会受到太阳光的影响。这些都会影响交易者的注意力、动力、研究成果和准备工作。同理，家庭矛盾也能影响情感，继而影响交易。一位我曾共事过的交易者发现自己没有耐心，系统信号还没有出现，他就提前进场或出场。当我深入研究时，我发现他的问题是间断性的，并非每天发生。只有他和家人吵架的时候，他才会易怒，在交易时就显得没有耐心。

情感和精力的细微变化都会引起交易问题。

很多身体上的变化也能影响情感和认知。这些变化包括疲劳、饥饿、肌肉紧张和是否健康。我发现，当我警觉的时候，我能更加有效地处理市场数据。损害我的精力的任何事物都将影响我对大量市场信息的综合处理能力。一个原因是我的认知能力下降了，另一个原因是我不够警觉，结果影响了我的情感。在非常疲劳的状态下，我会软弱无力，高兴不起来。亏损后，我会变得气馁，害怕风险，不会去寻找有创意的交易思路。如果我没有意识到身体状态和情感之间的关联，当我业绩不好时，我会以为这是随机现象。事实上，大多数心理和身体变化与实验中动物的刺激—反应是一个道理。

如同我在《重塑证券交易心理》中强调的一样，我们的很多学习过程是以状态为基础的：我们在一种心理和身体状态下对事物的理解与在另一种心理和身体状态下的理解是截然不同的。如果我听着喜爱的音乐，我的思想就会很活跃，我能看懂市场，有明确的交易思路。如果我有压力，或比较烦躁，我会变得目光短浅，看不懂市场。这样的情况下，我就想不到整个市场会如何，而会根据短期内价格的波动做出反应，这样极有可能进行冲动交易。这些冲动交易的风险报比一般不高，容易亏损。

微妙的环境变化能够引发人们做出出乎意料的行为，我将这些变化定义为触发因素。例如，当我恼怒的时候，如果我把烦人的事通通丢到一边，就不会感到恼怒了。这种反应是典型的消极强化。如果我正在做事，别人却让我去做其他事，我就会感到恼怒。此时我根本不会管其他事，我就专心致志地做自己的正事。但是其他的事我还要去做，这会让我感到烦躁不安。我的拖延模式很显然是一种消极强化，这种拖延没好处，导致我情感消极，喜欢拖拉。更为严重的是，如果这种消极情感不断被强化，有可能会影响到我的交易。办事拖拉很容易导致亏损时不能及时止损。

> 很多妨碍我们日常生活的行为模式也会影响我们的交易。

有时，在你训练自己的时候，你并不知道是什么因素导致你做出了最糟糕的交易，你莫名其妙地就做出了糟糕的交易。遇到这种情况时，我建议你用交易日记来分析这些因素——身体、环境、情感、关联和交易——这些因素都有可能会影响你的交易。当你分析日记的时候，你要尽量拓宽思路，真正的问题可能和你想象的不一样。有一个交易者的交易出了问题，但是找不到原因所在，当我和他一起深入分析时，我们才发现，只要他和管理层闹矛盾，他的交易就会出问题。他在心情不好的时候就想从交易中找到安慰，结果就是过度交易。他并没有刻意地把这两者关联起来，他的刺激—反应模式太简单了，不高兴就过度交易。

也许你在写了很长时间的交易日记以后才能看出自己的消极模式。你会发现，工作和生活中的问题会影响身体和情感状态，继而会影响到你的交易。了解这些关联性能够为你的交易建立一道防火墙，我会在后面的课程中进行解释。如果不了解这些关联性，你可能会盲目地重复之前的错误，不知道如何判断。现在是建立属于我们自己的关联性的时候了，只有这样，我们才能真正地拥有自由意志并追求既定的目标。

训练提示

你要每天注意你的身体状态——警觉状态、精力状态、是否健康——再看看对应的交易结果如何。很多时候，疲劳、身体紧张和生病都会导致交易者精力不集中，还会导致交易者采用没用的旧的行为模式。当你睡眠不足或者由于缺乏锻炼而感到身体虚弱的时候，你就没有充沛的精力。我们的身体状况，比如我们吃了什么、吃了多少，这些细微的变化都会影响我们的情感。通过每天记录各种身体状况下的业绩，你能发现它们之间的关联，并通过保持身体和心态处于最好状态来避免糟糕交易的发生。

第63课 加强向别人学习的力量

交易者在自我训练过程中可能犯的最大错误之一就是孤立地进行交易。对于交易者来说，只要有一台能上网的计算机，就能进行交易了，所以交易者很容易形成孤军作战的局面。当我和一些客户沟通时，我发现和专业人士接触对学习是有好处的。专业人士能起到榜样的作用，他们会鼓励你，还会给你提供很好的建议。多认识一些交易者对你的自我训练是有好处的。多亏 Web2.0 和众多即时通信软件的帮忙，我们可以和任何交易者进行沟通。

心理学家阿尔伯特·班杜拉率先发现人际交往可以强化行为。当我们看到别人因积极行为而获得回报时，我们也能从中学到一些东西。同理，当我们看到别人犯错并付出代价的时候，我们也可以学会不要犯错。如此一来，你能从别人身上学到东西，别人也能从你身上学到东西，经验成倍积累，加速了学习进程。

从别人身上学习能使经验成倍增加并加快学习进度。

2004 年我开始全职做教练，为交易公司的员工做心理辅导。从那时开始，我自己的交易发生了很大的变化。我学会了如何考虑不同品种之间的关系，还学会了从风险调整收益的角度来思考。对于每笔交易，我都会去分析潜在的风险和潜在的利润。我意识到仓位大小对我的收益有一定的影响，我会跟踪我的收益情况，以判断我的业绩是否是市场变化引起的。我在为各种交易公司和投资银行的员工做心理辅导的同时，也在向成功的交易者学习，从他们身上学到了以上知识。从那以后，我的利润率增加了，资金曲线的回撤减小了。我向优秀的交易者学习资金管理，然后运用到了自己的交易中。

然而，我从失败的交易者身上学到的知识更多。我见过很多交易者因为资金管理出错了，或者是因为没有能力应对变化的市场，结果失业了。我同很多交易者建立了深厚的友谊，他们在失败后会感到痛苦，我也会感到痛苦。他们的梦想破灭了，他们痛苦不已，我则是感触深刻，我发誓永远不要像他们一样犯错。

我们从自己和别人的情感体验中能学到很多东西。

当你和别人分享交易经验时，你也能从别人身上学到很多知识——无论是学习交易技术，还是学习如何面对业绩压力，从别人身上学习也是一种学习方式。像《市场奇才》这样和成功交易者访谈的书籍能让我们学到别人的经验。然而，只有在实战时用心体会他们的经验，你的体会才是深刻的。交易者如何解套，如何适应不断变化的市场，如何为交易做准备，这些你都能从书中学到。你不仅可以学习他们的交易方法，还可以看出他们的方法是否能赚钱。

如果你结识了很多有能力、有激情的交易者，他们的表扬和鼓励会激励你的。大部分人都希望得到同行的认可，权威人士的认可就是一种奖赏。这种强化现象在孩子中间很普遍，他们会因为品行良好而得到老师、父母以及同学的表扬，表现差劲时则不会得到表扬。时间一长，强化过程让小孩产生了关联，这样即使他们不会立即得到表扬，也会做正确的事情。同理，年轻交易者会像海绵一样吸取导师的表扬，这将帮助他们将正确的交易行为同满意的收益关联起来。当你和专业人士分享成功经验的时候，你就把交流变成了学习。

你要去寻找那些在你犯错时愿意帮助你的有经验的交易者。在他们的教导下，你将学会如何自我训练。

我鼓励你上网找交易者做朋友（或自己组建一个交流群），一起讨论交易中的成功和失败。你可以找论坛，也可以找交易类的博客。你还可以自己写博客，公开分享你的交易经验，以吸引志同道合的交易者。当你与具有相似动机、志向和能力（交易风格和品种都差不多）的交易者进行交流时，可以分享思路和经验。我在第五章已经介绍了关联可以引起改变。从行为学的角度来看，为了吸收别人的经验，你要融于别人的学习过程。你可以和志趣相投的交易者互相学习。你会吸收他们的经验，他们也会吸收你的经验。他们的成功会激发你正确做事的能力，你的成就会为他们展示一条通往成功的道路。这样你的学习进度就加快了，你自我训练的能力也提高了。

训练提示

越来越多的专业交易公司，特别是私人交易公司，能够通过网络了解交易者的个人情况、交易情况和其他情况。我在第九章会提到几个这样的公司。浏览这些公司的网站，参与它们举办的学习活动是联系其他交易者并模仿他们的极佳方式。

第64课 塑造自己的交易行为

有两个小孩，来自两个不同的家庭，他们的数学成绩都提高了，英语都不行。在第一个家庭中，父母表扬了孩子在数学方面的进步，同时鼓励他在英语上面也要取得与数学一样的进步。在第二个家庭中，父母让小孩注意自己的英语成绩，同时让他知道为什么没有取得像数学那么好的成绩。哪个小孩最可能在学习上取得更大的进步？

行为心理学家会支持第一家父母的做法，他们认为改变行为就可以改变行为模式。总的来说，积极强化比惩罚好。如果我们强化正确的行为，那么孩子就能学会做正确的事。如果我们惩罚错误的行为，那么孩子就会害怕我们，必定学不到任何积极的东西。

> 惩罚之所以会失败，是由于它没有塑造和强化正确的行为。

很多交易者为了激励自己，于是惩罚自己，他们不知道采用表扬自己的方式。这些交易者更多地将精力放在他们亏损的交易上，而不是盈利的交易上。他们花更多的时间去改变弱点，却不知道充分利用自己的优点。这些交易者学会了将不愉快的事情与交易关联在一起。他们首先想到的是自己可能会犯错，会受到批评和惩罚，所以他们很难全心全意地投入到学习中去。

我们可以在很多交易者的日记中发现这种现象——几乎每一页都详细描述了交易者错误的行为和改正错误的方法。交易者在自我评价时总是死盯着糟糕的交易，总是认为自己本应该做得更好。这些交易者会发现长期用这种方式写日记是比较困难的。毕竟，没有人愿意每天面对消极，面对惩罚。

> 很多交易者不知道强化交易中积极的一面，所以他们的交易生涯失败了。

驯兽师通过频繁奖励来驯服动物。比如，驯兽师一开始并不会指望狗能连续跳过很多铁圈，只要狗走进一个铁圈，驯兽师就会给它奖励；之后，驯兽师会等着狗跳过铁圈，才会给狗奖励；接着，他们会将铁圈提高几英寸，并在狗跳过铁圈的时候，给予奖励；最后，他们会增加第二个铁圈、第三个铁圈……每次他们都将这些铁圈提高一点……只要狗按照要求做了，驯兽师就给狗奖励。

这个过程被称为塑造过程。只要动物按照驯兽师的意思做出了动作，驯兽师就会不停地给它奖励。在学校，开始时，一个爱捣乱的学生只要安静 5 分钟就可以得到老师的奖励；接下来，这个学生要安静听讲 10 分钟才可以得到奖励；最后，他要想获得奖励，就要整节课表现良好。航空公司的旅客奖励计划与此大同小异。刚开始的时候，你只要加入这个计划就会得到奖金。后来，你只有定期乘坐该航线才能得到奖励。如果你想得到更多的奖励，就不得不调整你的乘机习惯，以适应这个计划。

塑造是积极强化力量的表征。想象一下，如果狗没有跳过铁圈，结果得到了惩罚，那么狗很有可能会在驯兽师面前畏缩不前。狗只知道自己被惩罚了，但是并不知道什么是正确的行为。

当你自我训练时，你既是教练，又是受训者，你在教你自己跳过交易中的铁圈。所以，你需要一种以积极强化为手段的训练方法。你要坚持不懈且积极地训练自己，形成预期中的交易行为，而不是惩罚错误的交易行为。

> 你可以通过塑造自己的交易行为来实现积极的学习：只要自己取得了小进步，就奖励自己。

首先，在你的日记中采用塑造法。作为一次尝试和有益的练习，你可以用几周的时间写积极的交易日记。之后，将你的交易分为几个方面，举例如下。

（1）研究和准备工作。

（2）交易思路的好坏（有信心）。

（3）不同（不相关）交易思路的数量。

（4）进场策略的好坏（回报风险比高，每笔交易风险低）。

（5）交易量大小（加仓和减仓的标准）。

（6）出场（确定利润目标和止损点）。

写日记的时候，你要记录本周在哪些方面做对了，记录你在各个方面最好的表现，然后在开始下个星期的交易之前回顾你的日记内容，目的在于保持自己的积极性。

我在上一课中已经讲了，你应该和其他交易者互相沟通、互相学习，每周和他们分享你正确的交易行为。如此一来，你就得到了积极强化，塑造过程就会更有效果。在这个过程中，你可以支持其他交易者，其他交易者也会支持你的。

在我交易生涯的早期，我为我的账户定了一个利润目标，这也算是比较好的自我训练方法。我并不喜欢死盯着利润，我这么做的目的是实现稳定的利润率。一旦我实现了某个利润目标，我会从账户中取出一部分钱去做家人喜欢做的事。我的这种做法既可以奖赏自己，又把我的家人带入了积极强化。等我写完这本书以后，我的目标之一是减肥——为了给各地的交易者做心理辅导，我经常长时间坐飞机、住旅馆，结果长胖了。如果我实现了减肥的目标，我会给自己买一套芝加哥裁缝制作的服装。我每周都会量自己的体重，看看进展如何了。当我要吃快餐的时候，我就会想到我的新行头，还要想想如果当周没有减少体重，我的感受如何。我相信自己能实现目标。

> 最强的积极强化方法之一就是给自己奖励。

写积极日记的目的在于塑造。一开始，只要你做了正确的事，无论大小，都要写入日记。到了后面，你可以只记录你所做的正确的大事。如果你恰到好处地进行塑造，那么你就能记录自己所做的正确的事——亏损当天也有可能做出正确的事。只要你坚持这么做，你就在成长，就加强了你的优点，就会越来越有动力。自我训练的困难之处不是取得进步，而是持续进步。当你将精力集中于自我提升，而不是自我毁灭时，你就能轻松地取得进步。

训练提示

当你自我训练时，你想得到什么样的奖励？与心爱的人一起度假？一辆新车？我共事过的一个交易者将他的一部分收益捐给了他所敬仰的慈善机构，这么做让他更有动力。通过塑造过程强化自己的小小进步是有好处的，制订更大的、更有意义的目标更有好处。你要定期提醒自己你的目标，跟踪实现目标过程中你所取得的进步。心理学家亚伯拉罕·马斯洛明确地表示：当我们激励自己向积极的目标前进，而不是被亏损和失望左右时，我们的表现是最好的。

第65课 市场调节

大部分资金管理都源于对肥尾效应的深刻领会。市场收益并非呈正态分布，会出现极端情况，在所有的时间框架内都是这样。如果你在市的时间比较长，你会发现对你不利的时期总是很长，你会有力不从心的感觉。

市场收益呈尖峰分布，和正态分布相比，峰值离均值很远。这意味着市场回到均值的概率比我们想象中的要大。看起来市场正在向一个方向波动，但它会反转，最终并没有出现多少变化。

美好的环境怎么能让人感到沮丧呢？如果收益呈正态分布，那么市场会比我们想象的更加频繁地制造大行情，这会吸引交易者追逐大行情。但实际上市场常常会回到均值，结果会出现很多假趋势。因为市场是呈尖峰分布的，行情可能会有几个标准偏差那么大，如果你又是逆势交易的，那么你可能会爆仓。如果你想顺势而为，假突破又会让你苦不堪言。

> 市场收益的结构对交易者来说是一种折磨。

市场倾向于制造大行情，同时又倾向于回归均值。对交易者来说，自我训练的任务非常艰巨，也很有趣。要完全领会这点，我们需要理解行为学。

假设每次我敲铃，就打你的头。很快，你就会学会听到铃声后尽快躲闪。这就是条件反射。以后，即使在其他地方，只要铃声响起，你也会躲闪。这种反应是无意识的，是不受明确推理支配的。你已经学会将铃声与疼痛联系在一起，正如巴甫洛夫的狗将铃响与肉的出现联系在一起一样。铃声一响，狗就淌口水了。同理，铃声一响，你就要保护自己。

现在，我们进一步进行试验。我敲一种相似的铃，并且再次敲你的头。不久以后，不论你听见何种铃声，你都会躲闪。这叫作泛化。你的条件反射（躲闪）现在已经扩展到了与原始反应类似的一类刺激。

大部分创伤性压力都是这种条件反射的结果。在《重塑证券交易心理》这本书中，我提到了一次交通事故，我从乘客座位被甩到了车外面。这次事故产生了巨大作用，结果是，每当我坐在乘客座位上，即使车没有行驶，我也会产生一种焦虑的反应。我已经学会了将乘客身份与极其危险的情况联系在一起，这种条件反射一直纠缠着我，即使理智告诉我这毫无道理。

> 这些前提条件会导致我们对市场做出极端反应。

强大的积极情感活动也能产生相同的前提条件。从某种毒品中得到的快感是如此强烈，以至于人们在吸食一次后便会上瘾。我们把快感与毒品关联起来了，就上瘾了。上瘾容易让人失去理智，做出不恰当的行为。

作为交易教练，我最大的失败是在辅导一位年轻交易者的时候，这位年轻的交易者一开始的交易是成功的。他花了很多时间观察市场，研究短线模式并跟踪自己的交易。开始的时候，他是轻仓交易的，他学到了很多重要的知识，比如等待好的进场点，截断亏损，让利润奔跑。交易公司对他很满意并让他交易大资金。此时我犯错了，我本应该叫他慢慢地增加交易量，但是我当时没有这么做。这位年轻的交易者手上的资金多了，他以为可以战胜自己的同事。他满仓交易，利润和亏损都是大起大落的。由于他以前没有经历过情感上的大起大落，他开始冲动交易，后来他违背了所有的原则，没有及时止损，最终爆仓了。他无法把钱赚回来，后来就换工作了，重新开始。

> 如果利润和亏损都是大起大落的，人们就不可能保持情绪稳定。

如果交易者的本金比较少，又想以交易为生，为了获得高收益，交易者就会重仓交易。这样就会导致整个账户资金曲线的大起大落，交易者的情感也会跟着大起大落，有时开心，有时沮丧。一般说来，资金曲线波动越大，情感的波动也就越大。情感波动越大，交易者就越可能形成条件反射，影响以后的交易。

如果交易者在亏损后感到很痛苦，那么交易者就会把当时的环境和痛苦关联起来。环境的含义很广，包括交易者的身体状态和市场状况，很多时候环境因素是随机出现的。就像我在车祸后只要坐在乘客座位上就会焦虑一样，环境会引起情感痛苦。一位交易者问我如何在看到一个好机会时立刻动手。在这之前，市场是上涨的，他去做空，结果亏了很多。后来，虽然他的交易量变小了，但是他害怕做空市场。过去的亏损就像条件反射一样，总是在影响他的交易。这就是创伤后的压力：人们在受伤后，只要接受相关的刺激，就会感到痛苦。

如果这位交易者在第一次交易时就赚了很多钱，那么问题可能会更严重。暴利对于情感的影响如同可卡因带来的影响，会使人们形成条件反射，促使交易者追求暴利。大多交易者只知道大亏对心理有消极的影响，很少有人知道暴利对心理也有消极的影响。收益的肥尾影响了心理反应的肥尾，进而影响了认知和决策。

正因如此，当你自我训练时，不要总想着暴利模式。即使最终的收益相同，我认为资金曲线的稳定增长要比大起大落好。也就是说，稳定的风险收益比好过暴利，相对而言，交易者的心态会更加稳定。重要的不是你赚了多少钱，而是和正常的业绩相比，每单位的风险对应多大的收益。

本课的任务是像跟踪利润率一样深入、细致地跟踪你的收益波动。对于收益波动，我指的是每日投资组合总市值变化的绝对值：你的账户资金每天的波动值。当市场波动时，当你对交易的看法改变时，你就会从这个波动中看出变化。这个跟踪的过程将会告诉你在操作中如何控制风险。总体说来，当你对交易感到满意且交易思路明确时，收益波动会加大；当你看不清市场走势且交易思路不清时，你就要降低风险（降低收益波动）。

> 跟踪收益波动时，不要只跟踪收益波动的方向。波动性就像赢利和亏损一样从头到尾影响着交易心理。

当你跟踪收益波动时，你能根据过去的收益判断什么时候市场波动是正常的，什么时候市场波动是反常的。如果你的风险太大，那么有可能会引起情感的较大波动且产生条件反射。跟踪收益波动可以让你避免产生不必要的条件反射。交易者在赚钱的时候偏爱波动，但当他们亏钱的时候，他们厌恶波动。从心理学的角度来看，把收益波动控制在一定范围之内是有好处的。市场可能会出现肥尾效应，但是如果你能谨慎地调整仓位大小，就可以获得稳定的收益。你不想让市场来影响你的学习过程，你想成为自己的教练，指导自己的学习过程。

训练提示

心理创伤研究表明，大声地说出或写出你感到有压力的事，对搞清楚这件事情非常有帮助，并且能帮助你消除对情感的影响。当我们不断地重复一件事时，我们就会对其熟悉，这件事就不会引起强烈的情感波动。如果你的投资组合获得了特大收益或者遭遇了特大亏损，你在写交易日记或与其他交易者进行会话时要彻底搞清楚来龙去脉。就像前面提到的那样，无论是大赚还是大亏，你都有必要这么做。最容易影响情感的事情最有可能让我们产生条件反射。

第66课　不相容的力量

前面我们了解到所学到的知识是以独立状态存在的。我们会将特定的结果与具体的身体和精神状态关联起来。这些关联会触发消极的行为模式。上一课中提到的条件反射就是一个极佳的例子：如果我们由于巨额亏损而感到非常焦虑，那么离场可能会让我们马上得到解脱。即使我们应该坚持持有仓位，但只要我们感到焦虑了，我们也会想平仓。这种焦虑与危机感之间的关联太紧密了，以至于我们无法按原定计划行动。

对很多活跃的交易者来说，无聊可能与焦虑一样有害。无聊意味着无法赚钱，会产生消极的关联作用：感觉孤寂或感觉像孩子一样被抛弃。此时如果你进行了交易——特别是高风险交易——那么你确实不再无聊了，但是你会制造新的交易问题。很多时候是你的心理状态让你做出了交易行为，你并没有做逻辑分析。

> 如果我们把交易与厌恶感关联在了一起，那么我们一定要竭尽所能消除这种感觉，甚至不惜以我们的投资组合为代价。

要想防止出现这种条件反射，一种方法是让你进入另外一种状态。如果你发现自己在焦虑时会盲目离场，那么你就要将自己置于一种与焦虑不同的平静而轻松的身体状态下。如果你天生害怕无聊，就要培养一些兴趣爱好，这样当市场波动缓慢的时候你不致感到无聊。当我身体疲惫的时候，我发现如果我剧烈运动一番，不仅会让我变得更加警觉，而且能触发我的积极的行为模式，这样我就能处理艰难的问题。如果你的状态不能让你做出正确的决策，那么你应该将自我训练的重点从市场转到自己身上，采用不同的方式来改变你的状态。

我发现两种非常有用的方法可以使一个人进入不同的状态——在交易时控制呼吸和放松肌肉。当我跟踪行情的时候，我会集中精力地盯着屏幕并慢慢地深呼吸，这样我既不会过度自信，又不会感到恐惧，我已经学会了将这种状态与良好的交易关联在一起。当我们通过有节奏地深呼吸来放慢自己的节奏时，想使自己节奏加快并达到兴奋状态是非常困难的。因而，留意自己的呼吸能够起到缓冲极端情感的作用。它在最基本的层面上强化了自控和自律。

回顾我的交易生涯，我发现有问题的交易通常发生在我身体紧张，特别是前额肌肉紧绷的时候。如果我感到很舒适，很少会皱眉。相反，我容易头疼并且会把前额肌肉紧绷与紧张关联起来，这将造成严重的精神涣散。如果我保持慢慢地深呼吸——故意保持前额放松，稍稍瞪大眼睛并暂时凝视——我就能保持一种与我紧张不安时不同的状态。在交易出问题之前，我会积极主动地寻找并维持一种不同的状态，我不会等到紧张或激动之后再想办法缓解这些感觉。

> 控制好身体状态，就能控制好心理状态。

我经常通过坐姿来确认身体的紧张程度。当我感到舒适、自信和放松时，我会稳稳地坐在椅子里，后背靠在椅背上。当市场波动让我感到紧张时，我发现身体会前倾，会坐在椅子边上。一段时间以后，这个姿势会使我腰酸背痛。我知道当我感觉疼痛的时候，我对交易和市场的感觉也会不好。通常，这时我会重新调整坐姿并调整呼吸，然后我会发现我更容易以一种不同——更可靠——的角度来观察市场。

进入不同状态可以扩展到思想上。认知行为学认为思想是一种独立的行为，该行为可以像肢体行为一样被调节和改变。如果我们在交易中容易产生消极思维，那么在交易问题发生之前，我们可以采用一种不同的思维方式。当我进行交易的时候，我经常让一只猫——通常是吉娜坐在我旁边。当我轻抚吉娜的时候，我几乎不可能被消极的情感影响。它一会儿舔我，一会儿用它的脸在我脸上来回蹭，同时它会大声地"喵喵"叫并用它的前爪做出揉搓的动作。对猫的抚摸会让我产生爱和关怀的感觉，这种感觉与令人沮丧的、在市场中出现的糟糕情感是不同的。

最能扰乱我交易的一种状态是所谓的混乱状态。在这种状态下，我感觉好像离市场只有一步之遥，但就是无法理解市场中所发生的事情。这是一种困惑的状态，也是一种令人沮丧的状态。在这种状态下，我感觉不能自控。我已经认识到，如果将自己置于一种与混乱不同的环境中，我的思想状态就会比较平稳。这样的环境比较有序——我的笔记和其他材料都在手边，都准备好了——可激发积极情感。在这方面，音乐对我非常有效。如果在纽约股市开盘之前，我已经研究了市场，那么我很难感到混乱。我会提前整理我的思路，感觉自己能有条理地控制局面。

> 你可以调整自己的日常行为，不要给自己带来压力和痛苦。

作为自己的交易教练，在改变内部环境和外部环境方面，你具有广泛的行动自由——使环境不去触发那些与糟糕交易相关的状态。一位我共事过的交易者喜欢和其他交易者一起交易（他是公司员工），因为在社会环境中，他会感到很不安，以至于不能做自己想要做的事。当他和其他交易者一起交易的时候，他发现自己会更加谨慎，情感波动不厉害。关键你要确定与最糟糕的交易状态不同的状态，然后每天进入这种状态。

一种简单的起步方法是将下面的句子补充完整。

> 当我＿＿＿＿＿＿的时候，我的交易最差。

一旦你写下了答案，你的任务就变成了创造与其不同的环境。例如，我可能会以“未做准备工作”补充这个句子。我知道我每天应做的交易准备工作对于我当天的交易影响巨大。我还知道如果我睡过头或者很疲倦，就会极有可能不努力做准备工作。我每天早晨锻炼时，会进入一种使我做好准备工作的状态：我已经学会将充满活力和精力充沛的状态与准备妥当关联起来。当你看到最好交易和最差交易间的状态差异以后，你就能够采取类似的行为，使自己主动地保持最好的交易状态。

训练提示

前文已经解释了混乱感觉如何导致最差的交易。如果我不了解市场，就会思维混乱，还可能会鲁莽地进行交易。痛苦的经历使我认识到，进入与这种混乱不同状态的有效方法是暂时减少交易量，直到我恢复对市场的感觉。降低了风险，我就不会感到有压力并且能继续在市场中积极地操作。当我们控制了风险，就能控制自己对市场的情感反应。如果风险不大，你就不会恐慌。当我们不会被风险和不确定因素触发的情感波动分散注意力时，市场运行就好像变慢了，我们就找回来了对市场的感觉。

第67课　以积极关联为基础

在认知行为法中，我们可以用想象来激发出我们想要的反应，来激发出我们积极的学习模式。想象可以帮助我们建立积极的关联，触发我们最好的交易行为。

假定有一位交易者研究了自己的思路，想在早盘进场。在股市开盘之前，他想象按照自己的思路执行交易的情况，并能收获做出正确决策后获得的满足感。这种积极的预演起到了为实际交易做好准备的作用，就像他按事先铺好的行为之路前进一样，我称其为预先强化——通过想象正确地做事所带来的好处，会强化积极的关联并让我们在实战中成长。

很多交易者进行的是反向预先强化，他们总是想着消极结果和可怕的状况，低估了自我效能。从本质上来讲，这是预先惩罚，会使交易者错失机会或不能利用机会。这些年来，我发现优秀的交易者与普通交易者的区别不在于思路不同，而在于他们是否能按照自己的思路走。假如两个交易者的仓位都是赚钱的，然后资金曲线出现了回调，第一个交易者害怕被惩罚，害怕亏损，平仓后获得了一点利润；第二个交易者预见到自己会赚钱，在回调时加仓，从而获得了巨额利润。相同的交易思路产生了不同的结果，所有这些都是条件反射思维作用的结果。

我们的思维能反映出条件反射，这就是市场控制我们的方式。

当我们强化积极模式时，我们不仅强化了积极模式，还消除了消极模式。行为理论认为，如果刺激和反应之间的关联得不到强化，那么时间一长关联就会消失。动物做了某个动作就给它食物，这样就形成了关联；然而，如果动物做了某个动作，你并没有及时给它食物，时间一长，动物就不会做这个动作了。因此，我们不仅要学习行为模式，还要积极地强化行为模式，使其在我们的交易过程中发挥积极作用。只要我们对积极行为模式进行奖励，就能削弱消极行为模式，最终就会忘记消极行为模式。这种方法很有用。

交易者有一个共同的模式，那就是把愤怒、沮丧和激进关联起来。当市场——比如横盘震荡的市场——让交易者感到沮丧时，他们就会出于愤怒报复市场。这种模式——通过报复市场以寻求安慰——可能会使交易者暂时感觉良好（消极强化），但是最终会导致交易者决策错误并出现亏损。

我们如何利用积极关联来遗忘这种报复性的交易模式？

假定一个交易者正在深入分析上个月他在震荡市场中的交易。他通过分析曲线图找出震荡时期，回顾他在这个时期内的所有交易，并找出最成功的交易。他发现在震荡市场中成功的交易比较好找（数量较少）：进场点在震荡区间的边缘交易、真突破交易、假突破交易、回到震荡区间的交易，持仓时间较短。相反，他亏损的交易大部分是在震荡区间中间价位建仓的，持仓时间较长，价格还没到达利润目标，市场就反转了。

在了解到这些信息后，交易者就可以将震荡市场看作机会，而不是威胁。当他注意到当日交易进入某一震荡区间时，如果价位在区间中间附近，他就可以通过想象来提示自己保持冷静。他还可以在心中预演在震荡区间的上限或下限进场，包括设置适当的目标价格。当他预演这些交易想法时，就和以前赢利的交易关联起来了。经过一段时间，在反复学习中，他学会了如何把震荡的市场和赚钱的交易关联起来，先前在沮丧基础上建立起来的行为模式不再被强化了。当他建立起更重要的关联模式后，消极的模式就会逐渐消失。

> 看看在什么市场状况下最难赚钱，再看看你是如何赚钱的。这个过程会将威胁转变为机会。

从 20 世纪 70 年代末开始，我就活跃地进行交易并对很多短期市场模式产生了相当良好的感觉。这些模式包括成交量模式和当天情绪指标模式。一般情况下，我凭直觉就知道哪些模式有用，哪些模式没用。来之不易的经验告诉我：如果我忽视这些直觉，就会在交易中遭受亏损。这些直觉并非基于希望或恐惧，而是长期学习的结果。我会想象市场状况并想象自己是如何交易的。回想近来一些交易，因我没有忽视自己的判断，故避免了很多亏损的交易。这种积极关联的预演创造了一种内在强化：我急切地盼望这些本能提示的出现，也已经做好思想准备根据这些提示进行操作。

如我在前一章所提到的，我会对音乐产生很多积极的关联。实际上，当我写到这里的时候，我正在听伊甸之桥乐队的音乐，我发现这种音乐可以使我精力充沛且令我振奋。我今天从早上 6 点 30 分开始写作，现在已经过了 2 小时，而我仍然兴致盎然。音乐与写作间的关联使我保持一种积极的思想状态。尽管编辑过程可能会变得比较沉闷，然而音乐与写作间的关联令我渴望写作。这些积极关联使我不再办事拖拉了。办事拖拉的作风对作家来说并不好，我不用担心这个问题了。另外，我获得了一种积极的动机，它让我不再消极地拖拉或回避。

在我写到这里的时候，发生了一件可以很好说明预先强化效力的事。我正在飞往香港的航班上，航程15个小时，我要和亚洲的交易者进行沟通。机舱很暗，我感觉很累。我已经做了决定，无论如何，在写完本章之后好好休息一下。当我快完成本章的时候，我发现自己更加积极，我想要好好休息一下。最终，实现目标的积极强化战胜了拖拉的消极强化。

找到你的动力，并将动力与你的最好行为关联在一起。

本课的训练任务是，设想每天的市场状况，预演在各种状况下你会如何做交易计划，如何交易。这些想象的情景要详细而生动，还要想象出你赚钱时自豪和满足的样子。对于每一种设想的结果，你都要设想出最好的交易方式。用这种方法，你可规划自己的交易与交易行为，还可以强化积极模式，同时消除消极模式。作为自己的交易教练，你要有能力同时做一名老师和一名学生——行为的塑造者和被塑造者。行为方法的核心是积极学习，如果你能积极学习，就能创造自己的模式。

训练提示

我发现找出上周最好的交易对交易者是相当有帮助的，即他们做得特别好的交易。依据这些最精彩的部分，我们可以想到这位交易者真正擅长的是什么——什么使他成功。之后，我们再想想自己最擅长的是什么，下周该如何操作，在随后的几天内如何发挥自己的优势。这些优势是我们要跟踪的目标，我们要预先强化，并持续做出最好的交易。你可以与其他交易者一起推进这个过程，分享你所做的最好的交易以及如何在实战中使用你的天赋和技术。你要关注你所做的最好的交易，并设法消除最差的交易。

第 68 课 呈现法——强大又灵活的行为方法

如果我必须选出一种对交易者最有价值的行为方法，那么它就是呈现法。正如我在《提高交易者的业绩》中关于行为方法的章节中所描写的，呈现是一种技术，可以使你改变那些导致交易失败的刺激反应。

呈现法的主要观点是：回避消极体验变成了一种强化，阻止人们克服恐惧。假如我的空头仓位遭受了巨额亏损，那么当指数在买盘的作用下上涨几个点时，我会感到恐惧。我只要平仓就可以避免出现恐惧心理。然而，避免只是一种缓解，对我的交易没什么帮助。采取回避的方法只会强化我的恐惧感。如果你向恐惧屈服，你是不可能战胜它的。

我们通过成功地面对恐惧心理来克服恐惧心理。

在采用呈现法时，我们刻意将自己呈现于使我们崩溃的形势下。通常的做法是，我们先想象如何呈现自己，然后在实战中呈现自己。这种呈现能够告诉我们如何避免糟糕的交易。因此，在上面的例子中，我们可以生动地想象当市场上涨的时候如何平静地应对市场。

让我们想象一下这样做有什么好处。一方面，我们使自己沉浸于对恐惧事件的思考和想象当中。我们强迫自己去体验最深的恐惧。与此同时，我们非常努力地使自己保持平静和自控。我们平静地与自己交谈，放慢呼吸并保持身体放松。我们一遍又一遍地重复想象有压力的市场状况，直到我们能够完全保持平静和聚焦状态。如此一来，我们就消除了有压力的市场状况与恐惧心理之间的关联。

应用呈现法可以改变我们对市场状况的情感反应。

下面两个步骤对呈现法非常重要。

（1）在你想象有压力的市场状况之前，你要确保自己有应对技巧。例如，在至少一周的时间内，你要每天做深呼吸和放松肌肉，这样才可以确保你能自主地集中精力和放松自己。最初，可能需要 20 分钟左右来练习这项技术，才能使自己真正放松下来，后来只需要花 15 分钟，然后只要 10 分钟。经过充分的练习，最终，只要几次深呼吸你就可以非常有效地放松自己并集中精力。在开始想象之前，你要先学会这个技术。该步骤的要点是在想象有压力的市场状况之前，你已经内化了应对技术。

（2）重复是有效呈现的关键。不要只是简单地想象一种有压力的市场状况，然后使自己保持平静并完成当天的交易，你应该详细地想象多种有压力的市场状况。先想象压力小的市场状况，如果你感觉可以平静地应对了，再想象压力大的市场状况。对于某种市场状况，如果你想象了五次以后就不再感到焦虑了，那就说明你可以平静地应对这种市场状况了。你的目标是要遗忘有压力的市场状况与不当反应之间的关联并训练自己学会新的关联：把有压力的市场状况和新的反应关联起来，并保持最好的状态。

这是一种非常基本的呈现方法，你可以将其运用到所有的市场状况中。如果你对市场状况感到焦虑、沮丧和愤怒，那么这种方法是很有用的。无论何时，只要市场状况让你感到很不安，你都可以使用呈现法来改变自己的反应。

第一步 舒服地坐下，用耳机听轻松的音乐。听音乐的时候，闭上眼睛，慢慢深呼吸。身体保持静止，思绪集中在音乐上。

第二步 从身体的下部开始，逐渐绷紧和放松肌肉，在沿身体向上继续之前，每个肌肉群要重复几次：像这样绷紧和放松脚趾几次，然后是脚部和小腿……在绷紧和放松肌肉的过程中，你要缓慢地深呼吸并继续将思绪集中在音乐上面。

第三步 在绷紧和放松脸部肌肉后，做几次深呼吸并注意放松身体。

第四步 在依旧播放音乐的情况下，具体想象有压力的市场状况，设想你的仓位和市场的波动状况。你想象中的市场状况通常会让你感到恐惧和沮丧。在整个过程中，你一直在缓慢地深呼吸，放松肌肉，背景则是音乐。

第五步 当你感到紧张、恐惧或沮丧的时候，停止想象（定格该想象画面），继续缓慢地深呼吸并听音乐。一旦你感到放松了，从你停止的地方继续想象。当你的反应开始影响你的想象的时候，你就要停止想象，并使自己保持平静和精力集中。

第六步 如果你不得不打断想象以使自己保持平静，你要重复想象这种有压力的市场状况，直到你的想象过程不会中断。这样，你就可以彻底消除对这种市场状况的反应。

第七步 在你想象了一种有压力的市场状况之后，再想象另外一种有压力的市场状况，最好是压力越来越大。同理，对于某种有压力的市场状况，只有当你能彻底放松并集中精力的时候，再想象其他有压力的市场状况。也就是说，你想象中的市场状况的压力最好是越来越大的。到了最后，哪怕是最可怕的市场状况，你也不会感到恐惧了。

通过这个练习，以后再遇到有压力的市场状况时，你就不会有过去的情感反应了。如果你能预演在有压力的市场状况下使自己保持平静和精力集中，你就建立了一种新的关联并重建了你的行为反应。这个过程对于巨额亏损的市场状况是非常有效的，对于改变过度交易模式也非常有用。在你训练自己面对和克服你最大的恐惧的过程中，你建立起了信心，产生了抗压能力和效用感，使自己能够面对过去无能为力的市场状况。

训练提示

想象对于重建新的反应非常有效，我建议你将呈现方法应用到真正的交易中，先从轻仓开始，再慢慢过渡到用正常仓位交易并获得成功。当你在重大亏损之后，情感不佳、信心不足的时候，采用呈现法可以有效地帮助你修复创伤。想象造成你创伤的市场状况，然后在模拟和实战中面对这些市场状况，并一直预演自控技术，如此一来，我们就能感觉自己掌握了交易。你只有通过反复呈现才能消除创伤压力。最终，在没有发生可怕的亏损之前，我们战胜了恐惧心理并获得了信心。

第69课 扩展呈现法以掌握技术

上一课，我们讲解了如何用呈现法消除消极行为模式。为了实现积极的交易行为，我们还要在技术方面做一点调整。

交易的困难在于，当战斗没那么激烈的时候，我们知道该怎么办（比如在回调时进场，调整仓位大小），但是当我们处于压力下，或看到了不一样的机会时，就会采用其他的行为模式，很难采取正确的行为。我与很多有经验的基金经理和交易者共事过，他们偶尔也会受市场状况的影响，结果像新手一样犯错。强化正确行为的技术对专家和初学者都是非常有用的。

我曾经辅导过一位交易者，他总是喜欢后悔。他会建立长线仓位，如果市场对他的仓位一直有利，他没问题。然而，只要回吐了一些利润，他就开始后悔自己没有在较高的价位兑现利润。这种后悔对他的心理产生了影响。有时，他会认为自己确实做错了，会有一种负罪感。

这种状况产生的结果就是他期望价格再回到原来的高点，这样他就可以在那个价位平仓了。问题是这种行为和最初的交易思路不一致。很多时候，情况是这样的：当市场回调并反弹到原来的高点时，他就平仓了，但是市场会继续上涨到他的利润目标，这位交易者却早就空仓了。然后这位交易者又要后悔，又有了负罪感。这会导致他去寻找其他很好赚钱的思路，可惜只会继续亏损。当我见到这位交易者的时候，他一直在说，如果他按照原来的计划进行交易，早就赚很多钱了。

> 很多交易者的目标是不亏损，而不是利润最大化，这些交易者会爆仓。

这位交易者必须采用呈现法。如上一课所述，首先，交易者要保持平静和精力集中。我建议用以前讲到的设备来测量心率变异性（www.heartmath.com），看看自己是否能平静下来。交易者必须做到精力集中并有节奏地深呼吸，同时做到心率变异性读数在高位。交易者可以在家使用这个设备，要尽量做到至少 5 分钟内设备的读数在高位。交易者可以通过集中注意力（在心里数数）、保持身体静止和放松、慢慢地呼吸来使读数保持在高位。

一旦交易者掌握了使自己平静下来的技术，就可以通过想象形成他的交易思路，包括制订他的目标利润点和止损点。他生动地想象市场对他的仓位有利，他回顾了最初的交易计划并告诉自己不必改变计划——市场和预期的一样。我让交易者不断重复这种想象，直到他不再因赚钱而兴奋（不再在心里计算账面利润）。相反，他通过再次肯定交易计划来想象自己保持平静状态。

> 如果你赚钱了就兴奋，那么即将回吐这笔利润的时候，你就会感到恐慌。

交易者只有在掌握了使自己平静下来的技术以后，才能进一步想象当市场回调时该怎么办。当他慢慢地深呼吸并一直盯着计算机屏幕（包括心率变异性读数）的时候，他会想象市场在回调，直到回调不再让他感到恐惧和担心。此时，我们再次在心中预演这种回调，这次不仅要保持平静和精力集中，还要在心中想象自己的交易思路。交易者将会想象到，如果他坚持自己的交易思路，那么他会感到非常自豪。对于他来说，这种自豪与他所感受到的负罪感是对立的。当他感到很自豪时，他不仅消除了旧的行为，还加强了自律。

这项工作的关键是，当你处于通常会引发错误交易行为的状态时，你要在心里预演正确的交易行为。作为自己的交易教练，仅仅知道正确的行为还不够，你还要在通常会引发错误交易行为的市场状况下做正确的事。如果你不在平时练习正确的行为，那么在实战时，你很难克服消极的关联。

当然，我们可以从想象转换到实战，这个过程能表明呈现的力量。我建议交易者先轻仓交易，同时进行深呼吸并集中精力来执行交易计划。一旦建仓了，交易者要使用心率变异性测量设备，看看自己是否处于理想状态，是否遵守了自己的交易计划。当市场回调时，交易者只要重复他在想象中练习过的行为：有规律地深呼吸，集中精力于交易计划，保持平静。如果轻仓交易没问题了，交易者可以逐渐地将交易量增加到正常的风险水平，同时继续使用心率变异性测量设备。

在交易过程中使用心率变异性测量设备，你可以提前发现业绩不正常。

如果出现了具有挑战性的市场状况，掌控这些市场状况的最好方法就是直接面对它们。交易者应该在收盘后或风险不大的时候经常想象有压力的市场状况和对策。通过不断地重复练习，交易者能自然地采用应对策略，旧关联就会消失。呈现法不会一直让你感觉舒服——你做得越好，越感觉不舒服——除非你有能力处理这种不舒服，否则你就要面对这种不舒服。在最有压力的市场状况下，练习是最好的训练，也是最有效的训练方法之一。

训练提示

依据你最好的交易行为制订具体的规则非常有帮助，你可以在呈现时练习这些交易规则。在这些规则中，我发现对于呈现最有帮助的是如下几种。

（1）根据不同板块和不同品种制订交易思路。

（2）在回调时建仓。

（3）在交易前制订目标价，潜在利润要大于潜在亏损。

（4）确定交易量，使我所承担的风险只占本金较小的百分比。

（5）做长线时，在赢利的前提下，在回调处加仓。

（6）在计划中的止损点或利润目标点处平仓。

每位交易者交易的品种和交易风格不同，他们的交易规则也不同。最重要的是要知道如何做最赚钱，如此一来，即使遇到了有压力的市场状况，你也能强化自己的模式。

第 70 课　解决忧虑的行为法

很多人都在讨论恐惧和贪婪，所有人都体验过过度自信和沮丧。然而，交易者每天都要面对的问题则是忧虑。

当我们预见到不利的局面及其结果的时候，我们就会感到忧虑。我们会担心失去机会或者在交易中犯错误。我们会担心交易事业的前途，有时，来自交易之外的私人生活中的忧虑也会影响到决策。例如，对于年轻的交易者来说，在结婚、生子或买房后普遍会感到更有压力。财务上的压力会让交易者感到忧虑。

忧虑成为交易者的主要问题，主要有以下几个原因。

（1）**忧虑能削弱信心**。当交易者预见到消极的结果时，就很难保持乐观，也无法保持自信。

（2）**忧虑能妨碍精力集中**。交易者的思想和情感都集中到了忧虑上面，没有做到认真跟踪市场模式。

（3）**忧虑能导致冲动交易**。对于大多数交易者来说，忧虑是如此有害，以至于他们会采取措施来减少忧虑。他们的行为有可能会适得其反，导致账户亏损。

（4）**忧虑本身是没有创造性的**。忧虑不能使人们有建设性地解决问题。担心消极的结果并不会帮助人们获得积极的结果。

从行为优势的角度来看，忧虑本身没有任何意义。没有人真的喜欢忧虑，所以很难理解为什么这种行为还一直存在着。尤其是慢性忧虑者，更是令人不解。他们不喜欢消极的事情，却是典型的不快乐的人。那么，是什么使他们总是感到忧虑呢？

> 想象到最差的状况，并想象到你的对策，这是很有建设性的。如果你在想象到最差的状况时感到忧虑，你就强化了无助感。

为了说明忧虑有一定的意义，我们来看看想象消极事件与实际体会消极事件的差别。我可以想象在交易中亏损了，这种想象不会使我特别焦虑。然而，如果我生动地想象我重仓亏损了，那么我会明显地感到紧张。抽象的思维一般不会让人产生强烈的情感。

从行为优势的角度来看，忧虑是一种思维方式，它会强化消极的行为。假如说我在交易公司做交易员，预感到公司的风险经理要找我进行严肃的谈话，我就会害怕他对我失望了，会减少我交易的资金量。我不会体会到这种会面所带来的伤害和不满，我担心的是不要迟到，会面的时候我该说些什么，在会面时我会不会错过了市场中的机会，等等。我担心的这些事都不会引起强烈的情感。然而，如果我想象到会面的结果，就会体验到不好的情感，我担心的事就会让我分心。如果我避免体验这些情感，我担心的事就会变为消极强化。相对于可怕的结果而言，我们担心的事并没有那么可怕，这似乎看起来很奇怪。

忧虑在其他方面也有强化作用。如果我感觉在交易中无法自控，这种感觉就会令我感到不快。如果在装修房子时我担心很多细节问题，那么我就会将我的注意力转移到我可以控制的方面。在本例中，尽管我好像是在担心消极的结果，但我的真实想法是，当我担心的时候，我把注意力从大事转移到了小事上。我们所担心的事情通常不是最令我们害怕的。其实，这种行为逃避了最可怕的状况——消极强化。

担心小事常常意味着忽略了大事。

应用呈现法可以解决忧虑这个问题。当我们将自己担心的大事呈现出来时——最糟糕的状况——我们可以在内心思考应对策略。例如，如果我对即将到来的与公司风险经理的会面感到恐惧，那么我会想到最差的结果——大量削减我的资金——之后我就会想出一个交易计划，集中精力赚钱，争取让资金规模再回到原来的大小。一旦我预见到最差的结果并想出我如何应对这种结果，我就逃过了一劫。如此一来，我就不会由于担心而分心了。如果我们担心的事比直接面对问题还可怕，那么我们担心的事无法实现消极强化。

训练自己战胜忧虑的好方法就是每当你发现自己感到忧虑的时候，就问自己“我真正恐惧的是什么？真正的问题是什么？”，并把你的答案写在笔记本上。你通常会发现有一种若隐若现的未知市场状况。除非你能正确地面对这种市场状况，否则这种市场状况会影响你的交易，影响你的情感。假如说你担心的是某笔交易无法赚钱，当你停下来反思时，你会发现交易量是合适的，止损单也设置好了，并没有担心的必要，那么你真正担心的是什么呢？也许你担心的是自己的交易之路能否走下去，也许你和家人发生了矛盾。不论真正的问题是什么，你都要生动地想象这种市场状况并做出最好的对策，然后不断地想象市场状况与解决办法。经过不断重复，最差的市场状况也会变成习以为常的事。最终，最差的市场状况也不会让你有强烈的消极情感了，你也不会感到忧虑了。

训练提示

忧虑可能是一个非常重要的信号，意味着也许我们的交易思路有很大的问题。如果我本来是做长线的，却发现自己在目不转睛地盯着屏幕，紧盯着市场的变化，我就知道可能哪里出错了。市场在波动，我在担心——也许我的交易思路出错了。这是一个有用的信号：当我们对交易感到舒服的时候，不必对市场中每一点的变化感到忧虑。如果市场波动了几个点后，我们感到担心，这是我们对自己的仓位感到不安的重要征兆——也许我们要重新规划自己的交易思路。

第八章

训练交易这门生意

> 如果一个人不是极为优秀，他就算不上伟大。
>
> ——威廉姆·莎士比亚

前几章我们已经探讨了如何变成自己的交易教练，以训练自己。现在我们将研究自我训练的另外一面：指导你的交易。作为交易者，你是一个生意人，你和销售商品和服务的其他生意人没什么区别。你有一定的开销，你必须赚取利润，否则就得歇业。像所有生意人一样，你付出了时间、精力和资金，以获取更高的收益，这个收益应该比你做其他生意所获的收益要多。但是，你的努力是否换取了最大的收益？你是否在正确的时间承担了适当的风险？你是否在可以为你提供最大收益的生意中投入了大部分的精力？作为自己的交易教练，你不但要注重做正确的事，还要注重正确地做事。作为自己的心理医生，你可以做很多事。现在，我们来看一下作为自己的业务顾问，你能取得多大的成就……

第 71 课　启动资金的重要性

如果你在交易时总是不亏不赚，最终你会亏掉所有的资金。这是因为交易中产生了费用支出，这些费用包括交易佣金、行情数据服务费用、软件费用和购买计算机的费用。任何生意都是一样的，至少要实现收入大于支出。

很多老板失败的原因是他们缺乏足够的启动资金且不能严格控制开支。他们不知道建立稳定的客户群需要多长时间。他们烧了很多钱，结果只是不赚不亏。为了保住资金，他们会减少开支，例如减少营销费用和广告费用。如此一来，顾客数量减少，收入降低，进一步节约资金，从而产生了恶性循环。

如果创业者的启动资金不够多，他很有可能因经营不善而导致歇业。商业计划就像作战计划：计划是必不可少的，但也会受制于频繁的变化。没有足够的资金来源，生意就不能挨过这些变化。

> 大部分新手的压力来源于本金不够，他们总是试图以少得可怜的本金获得丰厚的回报。

交易者都会遇到本金不足的问题。当他们以很少的本金开始交易的时候，一旦市场发生了变化，出现了暴跌，他们的本金就不够用了。就像企业经营不善一样，他们会减少必要的开支，比如放弃一些数据行情服务，放弃一切收费系统。在本金不足的前提下，交易者减少开支，就会更没什么优势。

那么，对于交易者来说，需要多少启动资金？如果你只是为了了解市场，那么只需要较少的资金就可以提升自己的学习曲线。1977 年底，我在堪萨斯市的经纪公司开了一个 2500 美元的账户，开始进行交易。我可以一次交易一手，检验我的交易思路是否能赚钱，风险也不大。正如我在《提高交易者的业绩》中讲的那样，随着模拟软件的出现，人们不必拿真金白银来冒险，就可以检验自己的交易思路是否能赚钱，还能在市场中找到感觉。

交易者在模拟交易和模拟测试时没有心理压力（赚钱时还容易过度自信），所以有人认为模拟交易和模拟测试的价值不大。然而，正因为如此，新手在起步时可以采用模拟交易。模拟交易时，新手不必担心亏损本金，这样就可以重点关注交易的基本原理和交易模式。如果交易者在模拟交易时不能成功，那么在实战时，再加上心理压力，他们肯定也不会成功的。

所以，在模拟交易时，你必须在交易一手（期货则是一份合约）的前提下实现持续一致地赚钱，这个要求是合理的。也就是说，一开始的交易量要小，成功后，再加大交易量。就像开店一样，第一个店面成功后，再开第二个店面。交易者必须靠自己赚钱并扩大交易量。如果新手坚持这么做，就会在交易中长期生存下来并变成有经验的交易者。

一条重要的交易规则：从小的交易量开始进行交易，如果能持续一致地赚钱了，再加大交易量。

如果你的目标是以交易为生，那么你需要更多的启动资金。例如，我现在正在为一家基金管理公司做咨询服务。在这家公司，如果基金经理的年收益能实现 30%，那么这位基金经理简直就是明星人物了，公司就会让这位基金经理管理更多的资金。如果这位基金经理的业绩还是很好，他甚至可以自己组建一家基金公司了。实际上，只要一位基金经理每年的年收益能实现 15%，且资金的风险一直都不大，大部分公司都愿意聘用这样的基金经理。没错，任何人都能在某一年取得高额回报，尤其是在重仓交易的条件下，更容易实现高额回报。然而，关键是要知道长期的平均收益到底是多少。

如果交易者希望自己每年的收益都超过基金经理，那么这基本上是幻想。每年能做到 30% 纯收益的人已经很少了，如果要想以交易为生，交易者还要实现资金曲线的稳定增长，这最少需要多少启动资金？不难看出，对于想从交易中得到良好生活条件的交易者来说，账户内最少需要六位数的启动资金。

大部分交易者在刚开始的时候并没有这么多的启动资金。结果，为了做到以交易为生，他们必须以小博大。有时候他们确实能做到以小博大。然而，这些交易者迟早会大亏的。毕竟，如果你亏损了 50%，那么你必须赚 100% 才能回本。资金不足的交易者就像流动资金不足的企业，熬不过艰难期——如果风险太大，会更危险。

你必须首先做到不亏钱，然后才能考虑以交易为生。

作为自己的交易教练，你同时也是自己交易生意的老板。这意味着你要制订一个可行的（商业）计划。这个计划包括以下内容。

（1）你将如何从市场中学习并获得交易能力。

（2）你将如何投资，使你可以从真实、稳定的风险调整收益中获得不错的收入。

如果你的启动资金太少了，无法以交易为生，你可以想办法找交易公司，它们可以为你提供足够的交易资金。你在商业计划中要想好如何吸引交易公司的注意，下一课会讨论这些内容。在你拿巨额资金冒险之前，你目前的任务是了解市场，你要在不同市场状况和时间周期条件下赚钱，等你赚到了足够的资金以后，你再辞职。你要考虑好你的交易生意计划：如果在你交易生涯的头几年中收益并不高，你将如何生存下来。然后请能够以交易为生的交易者帮你审查你的交易生意计划，看看有哪些漏洞。俗话说得好，没有计划等于计划着失败。

训练提示

我所做的最明智的交易决策之一是开始交易时的资金并不多，即使亏光了，也不会影响我的生活。在我的交易生涯早期，我并没有幻想以交易为生，我的目标是能够取得进步。当亏损一直小于盈利的时候，我迎来了交易生涯中一个重要的里程碑。在我早期的交易生涯中，几次大亏就回吐了我所有的利润。如果我当时拿生活费做交易，那么我的错误就太严重了。玛吉将我账户内的钱看作闲钱，她从没想过要花掉那些钱，也不指望动用我赚来的钱。在我交易生涯的早期，由于没有必须获利的压力，我可以犯错并从中总结经验。在你掌握交易技术之前，拿资金冒险肯定会加大你的压力，成功率也不高。

第72课 为你的交易做商业计划

作为自己的交易教练，你同时也是自己的业务经理。你为成功制订的商业计划是什么？作为交易者，你如何实现你的目标？

要想制订好的计划，第一步是要知道你为什么交易。也许这听起来很愚蠢：难道每个人交易不都是为了赚钱吗？这种说法既正确又不正确。我发现很多交易者目标不明确，我感到很吃惊。如果你是新手，我帮你制订的目标是：摸清门路、了解市场模式、加强执行力、做好风险管理。你可以根据上一课讲的方法，进行模拟交易或只交易一手，这样就能在风险不大的前提下实现这些目标。你需要一个学习计划，还需要一个模拟交易软件（学习计划的内容在《提高交易者的业绩》中有所提及，在本章后面的课程中会重点讲述）。

如果你像我一样非全职交易，你的目标应有所不同。你的目标应是在扣除正常成本后，获取比无风险收益率还要高的收益（例如，债券和存款的收益率就是无风险收益率）。你可以把一部分存款转到交易账户内，然后通过交易某些品种获得比较高的收益。你不想让你的资金承担过大的风险，所以你要特别注意风险调整收益。如此一来，你不但要做好你的财务计划，还要在交易时做好风险分散。

> 如果你将交易作为副业，那么你的商业计划应该有所不同。

如果你以交易为生，那么交易就是你的生意。零售企业必须懂得怎样才能赚到钱：他们出售什么产品，如何出售产品，销售成本是多少，为了获得可观的收益该如何定价。对于你的交易这门生意来说，其变成了如下问题。

（1）你将交易什么？如何进行交易？成功的交易思路是什么？

（2）你的成本是多少？这包括软件费用、硬件费用、佣金、上网费用和购买学习资料的费用。

（3）对于每笔交易、每个月的交易、每年的交易，你期待的利润是多少？你的收益会有多大的变化？你是否能控制收益的变化幅度？

要想回答这些问题，你必须有经验才行，猜测或希望都是不行的。

要想以交易为生，你应该先在以下几个方面获得足够的经验。

（1）盈利交易的平均交易量是多少？

（2）盈利笔数和亏损笔数的平均比例是多少？

（3）平均胜率是多少？

（4）盈利交易对亏损交易的平均百分比是多少？

（5）每天、每周和每月收益的平均变动率（波动性）是多少？

这些问题的答案将决定你可能的收益，也就是交易这门生意的收入。这些问题还会引导你去问其他问题。

（1）我是哪种交易者：我主要以什么方式赚钱？依靠高胜率？依靠每笔交易的利润大于每笔交易的亏损？或是两者兼而有之？

（2）对于我来说，胜率的变化率在多大范围内是正常的？利润和亏损比率的变化率在多大范围内是正常的？

（3）本金要多大才能产生可以接受的收益？本金要多大才能熬过灾难性的震荡期？

令人吃惊和担心的是，大部分交易者还没搞懂赚钱的方法，就开始交易了。因为交易者并不知道自己的平均业绩是多少，也不知道业绩的正常变化幅度是多少，所以他们无法区分资金曲线的正常回撤和不正常的暴跌。当市场发生了变化，导致他们的交易模式无法继续赚钱时，他们没有意识到这种变化，还是会继续采用之前的交易模式。

> 如果你没有在各种市场周期和市场状况下进行过交易，那么你的经验是不够的，一旦市场从有趋势变成了震荡或从震荡变成了有趋势，你就会亏损。

你在这节课中的任务是，访问亨利·卡斯滕斯的垂直解决方案网站（www.verticalsolutions.com/tools.html），这个网站上有两种预测工具，你要检验这两种预测工具是否有效。第一种工具会说明波动性的变化将如何影响收益。市场的变化或每笔交易的风险变化都会导致波动性发生变化。你会清楚地看到波动性水平和资金曲线回撤的幅度是有一定关系的，这将有助于你估计自己的容忍程度。

第二种预测工具需要你输入盈利交易的平均交易量、平均胜率、平均利润和平均亏损的比率。用你的行情数据多次测试这种工具，然后你会发现各种似乎合理的收益。通过大量测试，你可以知道自己的大概收益是多少。

最后，你可以调整各种参数，比如调整交易量（也许市场节奏变慢了）和胜率（也许看错了市场），之后再测试，看看结果如何。你还可以调整平均利润和平均亏损的比率，测试在不同持仓期间、止损前提下、回报风险比低等情况下的收益如何。

如果你测试了以上所有市场状况下的数据，你对交易就会有比较好的感觉。如果你提前考虑了创业时可能会遇到的各种艰难，你就能处理好这些问题。当你训练自己的时候，对自己的交易这门生意了解得越多，就会做得越好。

训练提示

在你的交易生涯中，有一点对成功非常重要，那就是你要有能力快速看出你的交易系统在何时会落伍，这样就可以避免你的资金曲线出现较大的回撤。你对交易知道得越多——包括平均交易量、资金曲线回撤的时间、这两个数据的变化幅度——当数据偏离正常值时，你就越能做好应对准备。你要记录交易中的统计数据，这样你就能知道自己在什么时候最赚钱，并总结经验。要想提高你的业绩，最重要的一步是详细记录你的统计数据。这些方法会告诉你对在哪里，错在哪里，有利于你做自我训练。

第73课　要多样化

假如说你很喜欢喝咖啡，并决定经营自己的咖啡店。你找到了优质咖啡豆，购置了咖啡机，并在人流量大的地方租好了门面。你把咖啡店装饰得很有吸引力，购买了杯子、托盘等。你为你的新事业投入了10万美元，这是以房子做抵押向银行贷的款。平均每杯咖啡的原材料和人工成本是50美分。如果每杯咖啡售价1.50美元，那么每卖一杯能赚1美元。以每天300名顾客计算，则每天你会赚300美元，每年会赚大约9万美元。再减去经营成本，你的利润并不多。

在这种情况下，你只能通过增加咖啡店的顾客数量，增加每位顾客的平均消费额，或双管齐下，才能赚钱。也就是说，你可以在菜单上增加品种，以吸引顾客多消费。除咖啡外，你还可以提供茶。

很不幸，这对你的经营没有多大帮助。咖啡店多了些喝茶的顾客，但是很少有顾客同时点咖啡和茶。你增加了开支（设备和原材料），但是净收入没有多大增加。茶与咖啡的相似点太多，也就是说，你的品种不够丰富。

然而，假设你在菜单上增加当地面包店做的糕点，你就会发现很多喜欢喝咖啡的顾客也喜欢同时要一份糕点。这就增加了顾客的消费范围，这样饮料和糕点都能让你赚钱。现在，你也吸引了那些喜欢吃点心或者在听完音乐会、看完电影后想吃点什么的人。这样你就既增加了客流量，又增加了净收入。

总而言之，你做到了多样化经营。你有了多个利润中心，而不是一个。如果你还提供晚间娱乐节目、三明治和早餐，你提供的商品和服务将更加多样化。这样你可能会每天吸引 800 位顾客，平均每人消费 2.5 美元，而不是每天吸引 300 位顾客，平均每人消费 1 美元。扣除原材料成本和人工成本，你每天的毛收入是 2000 美元，这样你的生意就可以兴旺发达了。如果你在其他地方再开一家咖啡店，那么你的生意会更有前途。

多样化是明智的。

影响咖啡店稳定发展的经营原则也同样适用于交易。交易不同的品种，在不同的时间框架内交易，根据不同的模式进行交易，这些行为都是增加收入来源的方法。当市场发生了变化，导致某种交易思路或模式无法赚钱时，多增加几个收入来源是必要的，因为你的收入来源多了，利润率就会提高。

使你的交易多样化的方法很多。如果你是日内交易者，多样化的方法有：既做多，又做空，交易不同的板块和股票，你还可以在不同的时间框架内交易，在晚上也交易。如果你做中长线，你可以交易不同的品种，采用不同的策略，如此一来，你的持仓时间都是不一样的。

对于交易者及咖啡店来说，关键是确保多样化能够真正增强多样性。

在菜单上增加茶并没有使咖啡店达到足够的多样化，交易道琼斯指数和交易标准普尔500股指期货差不多，也算不上多样化。多样化应能提供完全独立和可靠的收入来源。例如，当咖啡生意不景气时，顾客有可能来咖啡店吃小吃，使一天中的客流量保持稳定。同样，当你的一种交易策略不起作用时，其他不同的策略还可以带来利润。

当然，在你进行多样化操作时，要确保在自己的专业知识范围内进行。在菜单中加入新鲜主菜对缺乏烹饪技术的咖啡店老板来说，意义不大。同样，作为交易者，如果你并不知道某种策略是否能赚钱就拿来用，也无法增加利润率。只有确认能赚钱时，多样化才有意义。

很多新手认为只要找到了一种赚钱的方法，就可以以交易为生了。市场并不是好好先生。如果咖啡店生意火爆，则一定会有竞争者紧随其后。如果某种交易策略很赚钱，就会有很多人使用这种策略。成功的创业者一定要坚持创新并走在前面。要想在市场中长期生存，就要根据变化的市场采用新的策略。

这点非常重要：市场会变化。市场中的优势会消失，趋势会变化，市场参与者会变化，市场的热点会变化，市场的波动性和风险水平也会变化。很多人都在兜售交易系统，他们号称在任何市场状况下都能赚钱，但是我从没见过真正赚钱的证据。我所认识的成功交易者，都是进行了长时间的努力才成功的，就像创业者要根据经济情况和消费者的品位做出很多革新后才能成功一样。据我所知，有很多交易者采用一种交易策略赚钱了，但是一段时间以后他们就无法靠这种策略赚钱了。这是因为这种策略无法继续适应市场环境了（比如20世纪90年代末科技股的变化），或是因为市场太拥挤了，找不到优势了。学习如何进行交易很难，然而，忘掉旧方法并学习新方法更难。

> 成功的企业，如高科技公司、医药公司、消费品公司和制造企业，为了领先于市场，在研发方面投入很大。

你在进行自我训练时，仅仅了解市场是不够的。你是企业家，你要不断开发新策略，以强化自己的优势。你的生产线上有什么产品？你想交易哪个新品种？你想采用哪种新策略？你想在哪个新的时间框架下交易？你可以把现有的策略应用到新品种上，也可以把新的策略应用到类似的品种上。你的艰巨任务是打造一条生产线：永远开发新产品，力所能及地寻找新的利润来源。

很多交易者在开盘前才来到自己的座位上，交易一天，然后回家，日复一日地重复这样的过程。你到咖啡店上班是一样的状况，如果你是咖啡店的雇员，你就要如此日复一日地打工。作为自己的教练，你的任务是积极地管理好交易这门生意，不要在屏幕前浪费时间。你需要拥有在交易中取得成功的优势，还要找到新的交易方法。

训练提示

我发现学会在不同的时间框架下进行交易是有意义的。短线以及日内交易者可以通过市场热点赚钱。这些市场热点包括不同市场间的关系和不同板块间的关系。如果你能识别这些热点和关系，就能够在市场趋势一出现时马上抓住机会。另一方面，我发现对于长线交易者、基金经理和投资者来说，学习短线交易者如何对市场时机进行判断是非常有帮助的。这个过程能帮助他们执行交易——帮助交易者以好的价格进场，以好的价格加仓。不同时间框架可以帮助我们寻找新的优势，投资者和做市商可以互相学习。

第74课 跟踪自己的交易收益

如果你不写交易记录，就不能取得交易上的成功。写交易记录时，你不仅要跟踪每天、每周或每年的利润或亏损，还要了解你的业绩如何。

如果你将交易当作一门生意，写交易记录就有意义了。销售服装的公司会每周密切跟踪销售情况。零售商不仅知道他们卖出的产品总数量，而且知道每件产品的库存数量。也许是因为经济低迷，价格低廉的女性饰品很畅销，但是高价服装并不畅销。定期跟踪产品趋势的公司会根据实际情况调整自己的产品线，以实现利润最大化。同样，如果一家处于有利位置的商店的业绩明显不如其他商店，那么经理就可以利用记录的信息找出商店可能存在的问题，并做出调整。

在企业界，生意方方面面的数据都会被详细地记录。通过观察全世界最成功企业的做法，我们发现投资信息系统是必要的。公司可以跟踪每天的产品销售情况，以确定具体营业时间。这些公司会根据不同性别、不同年龄制作不同的广告，开展不同的促销活动。企业的统计数据就是知识，在企业界，合理地使用知识就拥有了力量。

> 如果你不知道什么是对，什么是错，你就不能正确地管理自己的企业。

这种力量在质量控制中比在任何其他方面都更明显。像丰田这样的公司会收集很多其制造过程中的数据，以帮助其管理人员发现质量问题，改善制造工艺。如果你不收集数据，就无法评估、衡量自己的进展情况。这不仅是做对的问题，创业者必须做到从优秀到卓越。

当你写交易记录的时候，以下几点很关键。

（1）资金曲线，随时间变化跟踪资金的变化。

（2）盈利笔数和亏损笔数的比值（胜率）。

（3）赚钱交易的平均交易量、亏钱交易的平均交易量。

（4）平均每笔利润额、平均每笔亏损额。

（5）每日收益的变化。

1. 资金曲线

在这条曲线中，我们要关注收益坡度及其变化。亨利·卡斯滕斯的工具能够做模拟测试，通过模拟测试，我们可以看出资金曲线方向的变化也许是偶然的。因此，你不要对资金曲线的回撤做过度反应，更不要放弃宝贵的经验。只要资金曲线一回撤，很多交易者就要换系统，他们根本就没想到也许自己的系统是能赚钱的。你在自我训练时要分析自己过去的资金曲线，看看哪些回撤是正常的，这种方法很重要。如果你已经学会如何交易，那么你可以通过模拟测试和轻仓交易来分析自己的资金曲线，之后再实战。如果和过去的资金曲线相比，现在的资金曲线的回撤很不正常，那么你就要做出调整。如果资金曲线快速上涨，那么你就可以总结系统的优点在哪里并充分发挥这个优点。如果资金曲线回撤过大，那么你要减小仓位并找出问题所在。

> 你要知道什么样的业绩是正常的，这样才能发现不正常的业绩。

2. 胜率

这个数值能说明你对市场的了解程度。同理，具体的数值并不重要，重要的是要知道你过去正常的胜率。假如说你通过做趋势跟踪，发现胜率只有40%，但是你盈利交易带来的收益大于亏损交易造成的亏损。如果你的胜率突然降到了25%，你要找出原因：是不是因为市场在横盘震荡？是不是你改变了进场方式？如果你的胜率保持在了25%，你一定要搞清楚原因。可是，如果在缓慢横盘震荡的市场中你的胜率才会降到25%，那么你可以在震荡时期不做任何调整，但要密切关注市场中的大机会。

3. 赚钱交易的平均交易量、亏钱交易的平均交易量

如果亏钱交易的平均交易量是赚钱交易平均交易量的2倍，那么60%的胜率也没用。当你统计这两个数据后，你可以知道你是如何执行你的交易思路的——相对于亏损，你的进场价是否能给你带来丰厚的回报。这些数据也会告诉你，你的风险管理好不好，尤其是止损。如果赚钱交易的平均交易量和亏钱交易的平均交易量同时扩大或缩小，那么你要在波动性更大或更小的市场中交易（加仓或减仓）。管理好盈利交易和亏损交易的交易量非常重要。如果盈利交易的平均交易量能增大，亏损交易的平均交易量能减小，那么很明显你的交易会非常成功。能够识别正确的做法也很重要，这样你才能坚持这种做法。相反，如果亏损交易的平均交易量增大了，盈利交易的平均交易量没有增大，你就要找到问题的原因：是不是你

对市场的理解有误？是不是你的执行力差？还是两种问题都存在呢？

4. 平均每笔利润额、平均每笔亏损额

假如说你在 1 月份赚了一大笔钱，在 2 月份也赚了同样多的钱，你也许会觉得这两个月做得不错。然而，这可能是一种错误的理解。如果你在第一个月进行了 50 笔交易，在第二个月进行了 100 笔交易，你就会看到增加的交易并没有产生更多的利润，每笔交易的平均利润实际上下降了。这表明有些交易的利润并不高，你应该找到原因。这相当于一家公司在一年内开了 5 家新店，但是销售量和前一年是一样的，本质上每家新店的销售量都是下降的。仓位大小不同，市场的波动性不同，平均每笔交易的利润（或亏损）也会不同。你要注意这样的情况，即市场波动性增强了，你每笔交易的利润却下降了：这说明当市场状况变化时，你的赚钱能力下降了。很多时候，交易者只要采用最好的思路，并减少交易笔数，就能赚到很多钱。这种做法会让平均每笔交易的利润猛增。依据平均每笔交易的利润可以评估你的效能高低。

> 如果你经常进行交易，那么要确保增加的交易会增加经济价值。

5. 每日收益的变化

如果你每天统计利润额和亏损额，并将数字转换为绝对值，你就会对收益的分布情况有所了解，会看到资金曲线每天的平均变化值。你可以观察收益每天的变化值和平均变化值之间的关系。每日收益变化最终会决定资金曲线的回撤幅度。假如说你遇到连续亏损，那么每次亏损 2% 和每次亏损 0.5% 相比，前者会导致资金曲线回撤幅度较大。如果你知道正常的连续亏损如何，那么你就能在实战时控制好每天的收益变化。这对风险管理至关重要。例如，如果你想把资金曲线的回撤幅度控制在 10% 以下，那么每天的亏损不能超过 2% 。当然了，如果你想把资金曲线的回撤幅度控

制在10%以下，就不能期待每年获利50%或更多：风险与回报是成比例的。一旦调整了平均每天收益的变化值，就等于把利润目标和亏损目标都定下来了。如果你每天的交易都很成功（即获利颇多），且收益的变化不大，那么你可以考虑慢慢地增加风险（也就是加大交易量，以产生更多收益）。如果你的交易亏损，且亏损金额超出了正常范围，那么你就要减小每日收益的变化幅度并回避风险。

这意味着当你自我训练时，你要统计所有的数据。所有认真的交易者都要统计以上介绍的数据。对自己的交易情况了解得越多，你就越能发挥自己的优点，回避自己的缺点。

训练提示

在第九章中，大卫·阿德勒提供了更多指标。一个对你非常有帮助的要点是：进场后和出场后都要继续观察市场。了解赚钱交易的平均收益会帮助你判断你的执行力水平，了解出场后对你有利的行情能让你判断出场策略的好坏。有时，你透过盈亏数据无法看到最重要的数据：如果进场价和出场价不好，你也容易亏损。

第75课 记录数据的高级方法

也许要记录的数据太多会让你感到不知所措。我很抱歉地告诉你，上一课所讲到的指标还不够。交易公司中的交易者会收集更多的信息，在这些公司做事的好处就是能学到更具体的管理风险的方法。虽然你不可能学到他们管理风险的方法，但是你可以深入研究你的交易，总结管理风险的方法。

我们将在本课讨论一种提高业绩的方法：跟踪你交易的品种和方法。这种跟踪不仅会告诉你交易进行得怎么样，还会告诉你哪种交易最有助于增加你的收益。

哪种交易方法最赚钱？最赚钱的方法就是最成功的方法。

我们已经强调了交易多样化的重要性，常见的交易方法发下。

（1）交易不同的品种，例如股票和指数基金。

（2）在不同的市场中进行交易，例如原油期货和股指期货。

（3）根据不同的模式进行交易，例如事件交易法和突破交易法。

（4）在不同时段内进行交易或在不同时间框架下进行交易。

为了真正了解你的交易，你要了解你的交易类型，也就是根据上面所讲的几种方法进行分类。例如，将所有的夜间交易归为一类，所有的白天交易归为另一类；将所有的股指期货交易归为一类，所有的固定收入品种交易归为另一类。如果你是日内交易者，你可以根据一天中的时间、交易的板块甚至股票的名字区分交易类型。

对于交易这门生意来说，每个类型就是一个产品，每个类别就是一个潜在的利润中心。当你把交易看作一种多样化生意时，就要搞清楚每个产品贡献的利润价值。如果只关心总体收入，你就不知道不同交易类型之间的区别。

实际上，上一课提到的资金曲线，胜率，赚钱交易的平均交易量、亏钱交易的平均交易量，每笔利润额、每笔亏损额，收益的变化率交易者应该详细分析。例如，我自己的交易有三种类型：计划持仓时间不超过 1 小时的日内交易、计划持仓时间超过 1 小时的日内波段交易和夜间交易。短线日内交易基于价格、成交量和情绪指标的短期形态进行。我会研究过去的数据和轴点，根据概率用趋势跟踪的方法进行波段交易。我会研究长期数据，确定方向优势，用趋势跟踪的方法进行夜间交易。这些交易基于不同的原理，仓位方向也不同，所以属于不同类型的交易。例如，我在做日内交易时是做多的，但在当天晚上是做空的。

根据交易的品种和方法的不同，你的交易可以分为多种类型。

其他交易者会根据资产类别（有利息收益的品种、外汇或证券）或交易系统（根据新的信号交易、根据开盘缺口交易、根据板块的相对强弱交易）划分交易类型。在我相对早期的交易生涯中，我将交易按时间进行划分，上午、中午和下午有各自的交易方法。这种方法有利于我在早盘聚精会神地交易。换言之，不同方法的收益会有所不同。不同的交易系统应该相互独立，进行独立分析。

我发现研究进场时的市场状况很有用。要想做到这一点，你就要把市场划分为上涨趋势的市场、下跌趋势的市场和没有趋势的市场，再进行分析。你的分析方法要保持一致，因为我是做短线的，所以我会分析市场的前后状况。有些交易者在某些市场环境中会比其他人操作得好，这很正常。例如，我发现自己在波动适度的市场中最容易赚钱，进场点由波动率指数（VIX）确定。当市场没有波动或剧烈波动时，我的收益就会明显减少。这样我就能知道在什么时间、什么价位去冒风险。

如果你能发挥优点并克服缺点，你的交易就会成功。

通过分析，你就会知道自己的优点和缺点。你可以总结各种交易方法的历史数据，知道在正常情况下的各种指标，这样在实战时就能和正常指标做对比。举例说明，如果你整体上赚了钱，通过分析，你发现基于事件的交易（那些消息和经济报道出现后迅速进场的交易）要比趋势跟随交易进展得顺利，那么，这说明你要重点关注有用的方法。同样，你可能会发现赚钱的交易笔数和亏损的交易笔数的比值是合理的，可能在某个市场中却不合理，这能够指引你对该市场中的行为做出调整。

做记录的目的是认清你自己的模式，并尽量利用这些模式赚钱。

当你进行自我训练时，我鼓励你想象自己拥有了很多交易系统。每个交易系统的业绩会影响总体资金的业绩。你的工作是跟踪每个交易系统的业绩，总结出什么时候业绩好，什么时候业绩不好。拥有这些信息后，你就可以将资金有效分配到业绩好的交易系统中。如果你没有如此分析多个交易系统，那么多样化就不会对你有帮助。正如一个足球教练所做的那样，将他对球队的训练内容划分成几部分——跑、踢球、防守、传球、掷界外球，并对每个环节进行训练。对于你的各种交易系统，你也要如此详细地测试分析。如果你对各个方面都非常了解，就可以避免很多错误导致的资金曲线的回撤。

训练提示

当你加仓或减仓时，交易的金额是多少？你加仓的那部分仓位业绩如何？减仓后，你少亏了多少？如果你对冲了自己的仓位，你赚了多少？你善于做多，还是善于做空？你是不是在特定时间段内的交易业绩比较好？你是不是在特定的时间框架下交易业绩比较好？如果你深入研究交易系统的方方面面，就能提高自己的业绩。

第76课　分析不同收益的相互关系

超市是多样化经营的一个例子。超市会出售各种各样的商品，所以会吸引形形色色的顾客。如果顾客不买季节性商品，他们可能来买服装或家居用品。超市会统计分析儿童、青年人、中年人、老年人及男人和女人等的消费习惯。

在你的交易中，多样化为你提供了多种利润中心。例如，你可以通过日内交易股指期货赚钱，也可以通过长线持有债券赚钱。如果你把自己的总资金分配到不同的交易系统中，就会使资金曲线变得平缓，同理，超市每天的客流量就能保持相对稳定。如果有一两个交易系统的收益不高，其他交易系统的高收益就会弥补这一两个交易系统的不足。

> 如果有一两个交易系统暂时不起作用或已过时，多样化能帮你渡过难关。

你如何知道自己实现了多样化？你采用不同的交易系统交易不同的品种不一定就是实现了多样化。跟踪不同交易系统收益间的相互关系是确保实现多样化的唯一方法。

假设你是一个日内交易者，你采用了两种交易模式：一种是在公布盈利报告时交易，另一种是在横盘震荡突破时交易。因为有时候你会做多某些股票（意外的盈利报告和价格向上突破），有时候你会做空某些股票（意外的亏损报告和价格向下突破），所以说你的交易是多样化的。你还可以通过交易不同的板块，采用不同的时间框架等形式实现多样化。根据上一课所讲的内容，你可以跟踪分析每种交易类型的业绩情况，也可以跟踪分析多头交易和空头交易的业绩。

当你跟踪分析收益间的相互关系时，也等于分析了你的交易系统。你可以先分析对比不同交易系统在一段时期内的收益情况，再分析不同交易系统之间的关联度。如果交易系统是各自独立的，那么它们之间的关联度就不大。当市场波动缓慢时，你用突破的方法不能赚到大钱，但是你可以在某些上市公司公布盈利报告时买入对应的股票赚钱。同理，上市公司公布盈利报告时你买入的股票不一定赚钱，但是你根据突破买入的股票赚钱了。

很多交易者认为他们的交易是多样化的，但事实上他们只是用相同的交易系统交易多个品种而已。这意味着他们承担的风险比他们想象的要大。

我共事过的一个交易者有过非凡的业绩，却突然无法赚钱了。表面上，他将多样化进行得很好，他交易很多品种，并有效利用期权进行对冲。然而，当我们详细回顾他的策略后，能明显看出所有策略都在某种程度上依赖牛市的趋势。一旦市场横盘震荡，然后进入漫长的下跌期，他就不再赚钱了。他交易了很多品种，但并非多样化交易。他的做法就像某个只卖货车、卡车和多功能厢式车的汽车经销商，如果汽油、柴油涨价，大型车就不好卖了，那么生意就惨淡了。他的做法看起来是多样化，其实不是多样化。

假如说你分析了不同交易系统的历史业绩，发现不同交易系统的关联度为0.20，不同交易系统收益的变化就是关联度的平方——0.04 或 4%。这意味着一个交易系统的收益只占另外一个交易系统变化的 4%，相关度不高。如果上个月的关联度是 0.70，那么交易系统之间的相关度就接近

50%，就算不上各自独立了。

是什么导致关联度出现了如此大的变化呢？答案是：在趋势明确的市场中，突破的方向可能是一样的——和盈利报告预期的方向一致，或你和大众的思路是一样的。在上面任一种情况下，你的多样化都不是多样化，就像那个汽车经销商一样。

> 市场不同，你的倾向不同，交易系统和交易之间的关联度也会随时间发生变化。

如果你没有做到多样化，那说明你的交易系统很少，资金不够分散。和使用一个交易系统相比，使用多个交易系统交易能够让资金分散。如果投资者突然感到恐慌，导致不同的品种、板块出现了联动，那么这对资金也不利。当交易者害怕风险的时候，会回避股票，转而购买安全性更高的债券和黄金。因此，这三种资产类别（股票、固定收入的品种和黄金）的品种就属于高度关联的品种了。如果你投资了这三个品种，那么在本质上并没有分散资金。

当多个品种的收益高度关联时，你应该问自己，是因为自己的偏向导致了这种情况，还是因为这些品种出现的变化导致的。第一次出现这种情况时，你可以努力找出问题所在；第二次出现时，你就要减少每笔交易的交易量，以防止风险过大。不要把所有鸡蛋都放在一个篮子里面，这么做也许暂时有好处，但是一旦市场状况出现了变化，资金曲线就会回撤。

我辅导过很多交易者，发现交易者会用以下方法实现多样化。

（1）将日内交易与波段交易结合，或将长线交易与短线波段交易结合。

（2）将方向性交易（做多或做空某个品种）与相对价值交易（做多一个品种，再做空一个相关的品种）结合。

（3）将一种策略（例如围绕公布盈利报告进行交易）与另一种策略（价格突破震荡区间时进行交易）结合。

（4）将一个品种或资产类别（例如外汇）的交易与另一个（例如美国小盘股）结合。

例如，一个交易者根据第一种思路可能会长期持有高收益股票；第二种思路是在美联储收紧银根前，卖出没有希望的股票，买入长期有希望的股票；第三种思路则是做空高估的股票并做多低估的股票，以希望它们之间的价差越来越小；第四种思路是短线做多小盘股。对于第二种思路和第三种思路，我们可以采用价差或对冲组合的方式，这也是一种多样化方式。当你关注的重点不再是单个品种的涨跌，而是一个品种相对于另外一个品种的涨跌时，你的选择面就广了。

高频率日内交易者会倾向于以其他方式实现多样化交易。他们的多头仓位和空头仓位会比较混乱。他们会在不同的时间框架下交易，会交易不同的品种和板块，仓位很多。日内交易者的风险是陷入对市场的固定看法，倾向于在一个方向上进行交易。如果日内交易者实现了多样化，那么长期下来，不同系统和不同交易（不同时段）间的收益会比较稳定。从某种意义上讲，日内交易者的每笔交易或每种交易类型应该是各自独立的。

> 你不必为实施多样化而在很多市场中进行交易，可以通过时间框架（长线、短线）、方向性（多头、空头）和交易系统（趋势、反转）来实现多样化。

你的交易实现了多样化吗？多样化的范围正在扩展还是收缩？如果你和多数交易者一样，就不会知道这些问题的答案。然而，数据可能唾手可得。你需要做的只是根据策略对交易进行划分，每天跟踪各种策略的收益，并将信息输入到 Excel 中。在 Excel 中，你会很容易计算出不同时间段内的关联度。如果你不是每天都进行交易，持仓时间长达数天，也没关系，就当是每天平仓了，然后计算每天的收益。通过计算，你就能知道所有交易之间的关联度如何，你还能知道你有多少个利润中心。

训练提示

将方向性思路转化为对冲交易并不难。一旦你确定了某个指数、板块，某种商品或某只股票要上涨或下跌，就要问自己哪个品种的行情最大，然后你就买入最有可能大涨的品种，做空最有可能大跌的品种。例如，你可能会认为标准普尔500指数会上涨。你注意到纽约证券交易所综合指数比道琼斯指数的波动大，所以你可以买入罗素2000小盘股并以同样的资金卖出道琼斯工业股票。即使你对标准普尔指数的方向性判断有错，这种思路也会让你赚钱的。只要大盘指数的买盘大于大盘股的买盘，你就会赚钱。只要从这些方面来思考和交易，你的思路就多了。

第77课　调整风险和回报

我最近使用了亨利·卡斯滕斯的盈亏比预测工具（www.verticalsolutions.com/tool.html），为两个散户做了模拟测试，以观察资金曲线的变化。

（1）交易者A有小的消极优势—胜率是48%，而且盈利交易与亏损交易的交易量比率为0.90。

（2）交易者B有小的积极优势—胜率是52%，而且盈利交易与亏损交易的交易量比率为1.10。

模拟测试时间为100天。在这两个系统中，盈利交易日的平均收益额是100美元。这意味着，如果交易者的启动资金是2万美元，那么其收益的每日变化会在50个基本点左右（0.5%，或者是100美元/2万美元）。如果交易者平均每天只交易一笔，那么每笔交易的风险大约是标准普尔500迷你股指期货合约的2个点，利润也是2个点。

每个系统交易10笔，收益如下。

预测数字	交易者A	交易者B
1	-904.2美元	769.9美元
2	-727.4美元	667.5美元
3	-718.5美元	614.7美元
4	-763.5美元	783.8美元
5	-786.1美元	528.7美元
6	-551.0美元	830.4美元
7	-518.9美元	933.0美元

续表

预测数字	交易者 A	交易者 B
8	-610.5 美元	500.7 美元
9	-760.5 美元	791.5 美元
10	-812.6 美元	884.2 美元

我们会看到，时间一长，小优势就会累加。当小优势是消极的时候，如交易者 A 的系统，100 天内的平均亏损在 3% 左右。当小优势是积极的时候，我们看到交易者 B 在 100 天内的平均收益在 3% 左右。

很明显，将积极优势变成消极优势很容易：52% 的胜率和 48% 的胜率差距不大，盈利交易的交易量和亏损交易的交易量的比值差别也不大。只要市场出现了小的变化，我们的执行力不太好或我们没有严格按照思路交易，那么我们就会把优势变成持续亏损。

你并不需要巨大的优势，你真正需要的是持续一致的优势。

如果我们每天都跟踪交易结果，那么我们会发现交易者 A 有一些盈利交易日而交易者 B 有一些亏损交易日。但是，100 天后，优势就很明显了，交易者 A 会亏损，交易者 B 会赚钱。就像赌场中每笔赌注的优势经过一段时间后形成该赌场的可靠收入一样，当每笔交易的优势持续一段时间后，就能创造可靠的利润来源。一旦你有了自己的优势，作为自己的交易教练，你最大的挑战是持续一致地利用这个优势。

然而，如果我们进一步分析和研究风险和回报，会发现交易者 A 和 B 并不是杰出的风险承担者：他们用 2 万美元的账户只交易一份股指期货迷你合约。收益的平均日变动是 50 美元，这种资金管理很平常。然而，我们可以看到交易者 B 在 100 天内的收益是 3%，一年的收益则是 7.5%（250 个交易日）。这样的收益并不多，再扣除佣金和其他费用，收益更低。当承担的风险不大时，持续一致的小优势不会产生巨大的收益。

那么，交易者 B 如何增加他的收益呢？一种简单的方法是交易 3 份合约。假如说交易者 B 的交易方式不变，那么现在收益的日平均变动是 1.5%，平均每天的收益是 300 美元，那么每年的收益是 20%，现在看起来很高。当你拥有持续一致的优势时，如果你想承担更大的风险，这当然有道理，就像在赌局中对你有利时下重注一样。即使你拥有优势，也需要有足够的资金，以度过预料中的亏损。当我对交易者 B 的交易系统进行模拟测试时，资金曲线从最高点到最低点的回撤幅度会有 700 ~ 800 美元。将该结果乘以 3，则交易者 B 的资金曲线会出现 12% 的回撤。

但是，如果交易者 B 开始交易金属期货，持有 10 份合约，结果会如何？年收益有可能实现 75%，看起来确实不错。不过资金曲线会出现 40% 的回撤，这比较麻烦。如果风险太大，小优势会导致大亏损。

收益变动总是与情感变动有关。

激进交易的时候，交易者 B 的每日收益变化会上涨到 5%。这种幅度的平均日波动，特别是在暴跌中的平均日波动，一定会震撼交易者。一旦交易者惊慌失措，那种小的积极优势可能就变成了小的消极优势。即使交易方法是对的，但在杠杆效应的作用下，交易者会爆仓。

优势的大小和每日收益变化（和仓位大小有关）会决定资金曲线。管理好资金曲线就能管理好情感。你的任务是以上述方式使用亨利·卡斯滕斯的预测工具，利用你的优势和赚钱的平均交易量，来实现可能的资金曲线。然后，调整交易量，找出风险、回报和资金曲线回撤的合理范围，这样，你就能在资金曲线不出现巨大回撤的前提下交易了。

很多交易者不知道交易量大小的重要性。如果你知道赚钱和亏钱的幅度，就会很好地应对艰难时期，在赚钱的时候也不会过分自信。只要使你的风险水平与个人风险容忍度相称，你就向成功交易迈进了一大步。

训练提示

仓位加倍相当于市场的波动增加了一倍。对于持仓时间长达数天到数周的交易者和在一天之内遇到多种波动的交易者，把仓位加倍会遇到很多问题。交易者根据波动性来判断机会是正常的，甚至会在波动性加强的时候加仓。这种行为让资金曲线的振幅变大了，并严重破坏了交易者的情感。根据市场波动性调整你的风险偏好是控制交易量的好方法，这样不会在短期内把几天到几周的利润都回吐了。

第78课 执行力的重要性

你可能有非常好的创业思路，但是如果没有去执行，那就没价值。产品再好，如果不去推销，也会没有销路。在篮球场上，如果球员传球不好，也不能在篮下站位抢篮板，就算顶级教练为其制订了卓越的训练计划也无济于事。四分卫是个重要的角色，但是如果队友没有突破防线，就无法传球。

交易也是如此，执行是成功的基础，大部分交易者都没有意识到这点。普通交易者将大量精力花费在进场上，但是常常是市场交易思路决定了他们是否赚钱。当你是自己的交易经理时，要关注每天的执行情况，就像自己开店一样。

当交易者感到指数、商品或股票的估值不当时，他们就会按照自己的交易思路开始交易。例如，我们可能会认为股票指数不应该是目前的水平，理由可能来自基本面：根据目前的利率和收益率，该指数应该是X，而不是Y。我们的理由可能完全来自统计结果：这个指数对应的3月份和1月份的期权合约价差到达历史高点，所以我们预测价差会回到正常水平。同样，我们也可以使用技术标准进行推测：市场不会向上突破其长期震荡区间，所以我们期待市场会跌到震荡区间的下限。在各种情况下，交易思路都是这样的：“目前的价格是Y，但是我认为会到X。”

这表明完整的交易思路不仅涉及进场价，还涉及利润目标。很多时候利润目标是模糊的，但交易思路至少会涉及一个利润目标。和潜在的风险相比，如果利润目标带来的利润明显大于潜在的亏损，那么这笔交易才是有价值的。

> 就像企业家有投资收益目标一样，交易者也要有利润目标。

联系上下文我们可以看出，每笔交易都是一种设想：我们对资产价格的信念代表了我们的设想，而我们的交易是在验证我们的设想。随着市场的波动，我们的设想有时会被验证，有时不会被验证。这意味着，一旦开始交易，我们要么会收获信心，要么会失去信心。

成功的科学家不但知道设想何时会得到验证，而且知道设想何时得不到验证。只有当设想可以被客观地检验时，它才有意义。止损价就可以否定我们的交易设想，其与止盈价相对应。如果我们的设想是对的，价格会向止盈价方向前进；如果我们的设想是错的，价格会向止损价方向前进。

没有明确止盈价和止损价的交易者就像是没有明确设想的科学家。你可以毫无目的地进行交易，科学家也可以毫无目的地待在实验室中，但是两种做法都不科学，都不能长期赚钱。制订明确的设想和客观的判断标准，可以丰富一个人的知识。同理，制订一个交易系统并制订明确的标准以判断这个系统是否有效，你才能更好地理解市场。如果一个不错的交易系统让你止损了，你就应该看看市场发生了什么变化。无论如何，科学家都可以从不成立的设想和成立的设想中学到东西。

头脑中有明确的止盈和止损点后，我们就有了执行交易思路的基础。执行力要求我们进场后，潜在的利润要大于潜在的亏损。当交易者说进场点很好的时候，他的意思是潜在的利润大于潜在的亏损。和打牌一样，我们的止损点反映了我们愿意为某种交易思路下注的大小。

> 多数交易者所犯的错误是根据金额大小来设置止损点。其实，你应该把止损点设在能明确告诉你交易思路错误的价格上。

假如说我做了研究，认为股价可能会突破前一天的最高价 51 美元。昨天的最低价是 47.5 美元，今天开盘后，股价下跌到了 48 美元，现在的价格则是 49 美元。正好这个板块的利好消息出来了，所以我立即以 49 美元的价格买入股票，短期目标是 51 美元。我的设想是，如果早盘的下跌没有跌到昨天的最低点以下，那么这则消息将会推动股价上涨。我的止损点是 1 美元（即在 48 美元时止损出场），目标利润是 2 美元（止盈价为 51 美元）。

然而，假设公布消息时，股票的价格是 50 美元，而不是 49 美元，那么现在我承担的风险回报率就对我不利了。如果止损价设置在48美元，那么潜在利润是1美元，潜在亏损是2美元。同样的思路，执行起来却完全不同。如果你一直用2美元的风险来赚1美元的利润，那么长期下来就是亏损的。然而，如果你以1美元的风险来赚2美元或更多，即使胜率低于50%，也是能赚钱的。

> 有效的执行是指根据预期的回报来调整风险。

执行提供了积极的风险管理。如果你根据进场价格控制盈利和亏损，那么潜在风险就会低于潜在回报。如果你计算了每笔交易的平均风险，就可以评估你的执行力。风险是指不利于仓位的价格变动。如果你总是冒着比较大的风险去赚比较少的利润，那么你就容易爆仓。执行力好，是指你应该承担比收益小的风险。本课的任务是，分析最近每笔交易的风险，并研究一段时间。这项任务会告诉你你是否成功地执行了你的交易思路，还能用于衡量回报风险比。

从心理学上讲，执行力好是指有耐心。为了得到满意的价格，你必须放弃一些赚钱的交易思路。就像赌牌，当概率明显对你有利时，你应该下注，这意味着很多人会亏钱。同理，做生意并不是为了让所有人都受益。企业家放弃某些产品，是因为他关注的是自己最有信心的产品。当你将自己的交易操作得很好的时候，你没有必要抓住每个可能的赚钱机会，应该抓住概率最大的机会。你越了解回报风险比，就越容易抓住赚钱的交易。

训练提示

对我的执行力有极大帮助的一条简单规则是，我要等买家进场后再卖出，等卖家进场后再买入。因此，只有当纽约证券交易所综合指数在过去 *X* 天是下跌的，我才会买入。同样，只有当纽约证券交易所综合指数在过去 *X* 天是上涨的，我才会卖出。这样可以避免进场后被上下洗盘出局。有时候你会错过机会，但总体而言，你的收益会大于亏损。

第79课　思考热点——产生好的交易思路

请注意，成功的企业会经常提供新产品和新服务，以满足消费者不断变化的需求。在商场，不思进取，就会被淘汰。如果产品畅销，那么肯定会有竞争者和模仿者追随。当经济状况或技术发生改变时，一时流行的东西——汽油廉价时的大型汽车、CD播放机，会突然变得过时。

交易界也是一样。过去买入技术股一定会赚钱，所以成千上万的日内交易者放弃他们的工作来碰运气。2000年后，市场大跌，人们赚不到钱了。目前只有少数技术公司经营良好，其他技术公司都不行了。市场如消费者的口味一样在改变。

正如多样化那一课所讲的，如果你只有一种方法—— 一种交易思路或模式——那么你的交易就会不堪一击。曾几何时，在开盘后的横盘震荡突破时进场很赚钱，最近几年就无法赚钱了。别人都说趋势是你的朋友，但是在前几年，哪怕是做多后亏损了，做多还是比做空赚钱。正如尼德霍夫所强调的那样，市场形态在不断变化着，这意味着成功的交易者要像成功的企业家一样，必须不断寻找新机会。

> 成功的系统开发者不仅仅开发使用一种系统，而且会不断开发和测试新系统，为多样化做准备。

我发现成功交易者所拥有的技术之一是，有能力在不同市场、不同品种和不同时间框架下测试数据并找到热点。这些热点是交易者对市场的解读，是交易者关于金融市场的理论。他们的交易是对这些理论的检验。成功的交易者会提出并按好的理论进行交易：好的理论是指能抓住波动市场本质的热点。

基金经理都有这种热点思维，我发现短线交易者也有这种思维。也许理论—和测试时使用的数据—有所不同，但是过程非常相似。基金经理可能会注意到油价太高了，房价下跌，从而推断出必需品的价格会上涨，非必需品的价格会下跌，所以这位基金经理会买入必需品对应的股票，卖出非必需品对应的股票。

短线交易者可能会研究上周的市场概况图，发现了一个震荡区间，在震荡区间的成交量也很大。当市场指数到了震荡区间的顶部时，交易者看到很多板块远远没有到达突破点，成交量很低，买盘也不大。短线交易者据此判断市场不会上涨，因此，他预料市场会下跌到震荡区间的下部，因而卖出股票。

热点思维将市场数据变成市场设想。

热点思维的关键是把数据合成一幅连续的画面。多数交易者，特别是新手，只知道在一个时间框架下进行思考。他们目光短浅，只能看到图表中的形状，却看不到促进资金流动的真正原因是消息、经济状况、市场对价值区域的测试和长期情绪指标。如果他们没有能力了解市场热点，在各种市场状况下只会使用一种交易方法。无论是有趋势的市场、波动缓慢的市场，还是震荡的市场，他们只会做突破。无论货币政策和利率政策是否会迫使市场重新定价，他们看见了缺口就要去交易。当他们由赚钱变成了亏钱时，就会非常困惑：他们不明白市场为什么会突然改变了。

交易逻辑要简单，理由很多。将市场数据合成为连贯的热点，是将大量信息精炼为可操作模式的极好方法。然而，交易者还要尽量简化交易。一个交易系统——即价格或震荡指标的模式——会有助于交易思路的执行，但是并不能解释为何你认为市场会朝你预测的方向前进。你对自己的交易逻辑了解得越清楚，就会越清楚地了解何时进行交易对你有利、何时进行交易对你不利。

市场间的关系对形成热点非常重要。你会注意到在交易者的博客中，我会定期比较股市板块之间的关系。这提醒我们要注意经济增长和放缓的热点，还要注意不同市场之间的关系。市场热点时不时地变化——金融板块过去涨得快，现在已经落后于整体市场指数了，不过中期来看，金融板块比较抗跌，活跃的交易者可以考虑交易这个板块。

其他市场间的热点说明了不同资产类别之间的关系。经济下滑且美联储下调利率，不仅表明了债券的走势，还表明了美元交易的走势。下调利率，美元走弱时，在海外有业务的公司就会很赚钱，因为它们的产品相对便宜了。有些人就会根据这种思路投资相应的公司股票。

> 跟踪不同板块和市场间的关系，我们可以发现一些热点——热点是变化的。

短线交易者可以从美国市场开盘之前的欧洲和亚洲市场的交易情况中发现市场热点：利率是上涨了还是下降了？商品的走势如何？美元的走势如何？夜间交易者是以回避风险的方法进行交易吗？他们是不是在买入风险大的品种，卖出风险小的品种？亚洲和欧洲市场是不是根据消息或中央银行的政策而突破到了新的价位？很多时候这些半夜发生的事会影响美国市场的开盘情况，交易者应该根据开盘情况决定自己的交易思路。

短线交易者也可以从突发消息和板块的强弱中找到热点。如果你经常跟踪创造了新高和新低的股票和板块，就会发现市场热点。如果石油价格坚挺，你会注意到替代能源公司的股票创造了新高，这可能是一个热点。同理，如果出现了信用危机，你会发现银行股会创造新低。及早抓住这些热点是驾驭趋势的关键，横盘震荡也算是一种热点。

作为你自己的交易教练和交易这门生意的经理，你需要了解市场的最新情况。这是指你在屏幕前进行交易的同时必须对市场进行了解和观察。在我的博客中，我强调了消息和热点有关系。我每天使用即时通信软件更新这些热点。不过，你需要自己找出你最感兴趣的消息和热点。你对市场了解得越多，就会越了解市场的走势。像四分卫一样，你需要观察整个赛场的情况，这样才能做出正确的判断。当你只盯着一个地方看时，很容易被激战的中后卫攻击。

训练提示

根据消息找到热点很重要。比如，如果经济报告比预期的要好，大家都在买入，甚至在回调时有些板块都很坚挺，那么你就要买入了。有些热点会持续几天，可以考虑做波段。

第80课 管理交易

经营上的成功不仅仅与一个公司提供给公众的产品和服务有关，其大多源于管理。如果你没有雇到合适的员工，没有适当地进行监督，没有跟踪存货清单，也没有遵守预算，那么即使你拥有最好的产品和服务，也不会赚钱。

交易也是如此。我所知道的最好的交易者都十分善于管理交易。我所说的管理交易不是指开发和使用交易系统，而是指管理仓位。

也许你的做法是没有进行仓位管理。当然，你可以建仓并持有仓位，等待价格到达你的利润目标价或止损价。然而，这种做法效率不高。这就如同在所有门面销售一样的商品，无非就是不同的门面好卖的商品有所不同。

要了解具体原因，仔细想想你进场的那一刻。那一刻，你几乎没想过自己的思路是否有效。当你进场后，市场的波动就能说明你的思路是否有效：市场波动要么对你的仓位有利，要么对你的仓位不利。例如，如果你认为利率要下调，同时你发现债券突破了震荡区间，这说明你的思路也许是对的；如果你认为股票要向上突破，同时发现成交量放大了，还发现纽约证券交易所市场指数创造了当天的新高，这说明你的思路也许是对的。你在持仓时跟踪市场波动和热点，就可以提高自己的成功率。

> 根据市场信息做出交易决定就是交易管理。

我发现交易者使用消息的方式和加减仓的方式相关。他们建仓时仓位很小，当更多的信息证实了他们的思路时，他们就会加仓，仓位越来越大。对于每种交易思路，我都会将资金分成六个单位。通常，我用一两个单位建仓。只有当思路正确时，我才会用第三个和第四个单位加仓。我发现，如果我的思路是错的，那么一开始就能知道思路错了。建仓时轻仓，如果思路错误，资金曲线只会出现小的回撤。如果在加仓后，市场证明我的思路是对的，那么我就赚钱了。我发现交易管理和交易思路一样重要。实际上，我发现交易者会放弃很多交易思路，最终会根据赚钱的交易思路加仓：不同的管理形式使他们的收益产生了差异。

交易管理意味着在持仓时，你要积极处理信息，而不是被动地看着你的仓位。优秀的交易管理不同于追市。你可以在回调时加仓，这就是交易管理。例如，如果你持有多头仓位，且市场处于上涨趋势，那么市场在连续上涨后会回调，你可以在回调时加仓。当市场继续上涨时，你的潜在利润就增加了。但是，对于增加的仓位，你要确保它的回报风险比较高。

对于增加的每个仓位，你都要分析它的回报风险比是否足够高。

当我做短线的时候，我会分析情绪指标，会搞清是多头激进些，还是空头激进些。我会查看纽约证券交易所市场指数（上涨的股票数量减去下跌的股票数量），也会跟踪市场数据（www.marketdelta.com，股指期货迷你合约的卖盘量减去买盘量）。这些情绪指标能够说明我的判断是否正确。如果情绪指标对我不利，价格还不到止损价，我就会平掉部分仓位，这也是交易管理的一部分。当然，在价格到达止损价之前进行操作是危险的：无论市场指数是否对你有利，都会引起冲动交易。然而我发现，如果我持有标准普尔股指期货迷你合约的多头仓位，同时看到罗素 2000 股指期货合约（ER2）向下突破了，其他几个关键的板块也在下跌，那么市场上涨的可能性不大。此时我会积极平仓，为下一笔交易做好准备。

这表明，知道自己是正确的很重要，但是知道自己何时是正确的更重要。我发现，非常成功的交易者在自己判断正确时会更加激进，而且他们能知道自己何时判断正确。这意味着他们是敏锐的市场观察者，他们能够评估自己的思路——设想——何时有效、何时无效。因为能管理好自己的交易，所以他们是成功的交易者。

本课的任务是，将交易管理作为一个单独的利润产生中心进行评估。你有没有衡量你的交易思路呢？当你判断正确时，你是否会更加激进？如果你像多数交易者一样，那么你就要加强这方面的管理。你可以模拟交易，也可以少量加仓，这样就能提高管理交易的技术水平。这意味着当你进行交易时要安排好自己的时间，重点关注和管理交易有关的信息。特别是当你判断正确的时候，你要更加激进。

作为自己的交易教练，你要发挥自己的潜能。识别出亏损的交易者很容易。但是有很多交易者，他们在赚钱时没有发挥自己的潜能，要想识别出他们就很困难。赚钱后至少加仓一次是一种很好的方法。对于加仓的仓位，你要密切关注它的回报风险比和利润率。简而言之，你要根据学习曲线、实践和反馈的实际情况，把加仓当作全新的交易来管理。你不必一直都判断正确，关键是要知道自己何时判断正确，并充分利用这些机会。

训练提示

检查你的交易，看看你在价格到止损价之前就平仓的交易。这种做法是赚钱了，还是亏钱了？研究你管理交易的方式，看看自己的管理方式是否有效，这是很重要的。

第九章

专业人士的经验

关于自我训练的资源和观点

> 为了将来而奋斗的人现在就活在将来。
>
> ——艾恩·兰德

我在网上征询了有经验的交易者们的观点，我的问题很简单：

“要想训练自己成为成功的交易者，哪三件事最有用？”

我相信你会发现他们的观点很有价值，你会从中受益。自我训练时，你不必从头开始，也就是说，你可以从前辈们那里获得指导，这些指导可能是无价的。请将本章的课程作为自我训练的最优方法。请留意他们强调的方法，他们讲的都是精华。

第 81 课　利用核心能力培养创造力

寻找衡量利润和亏损的指标时，我们找到了亨利·卡斯滕斯。亨利的网站（www.verticalsolutions.com）上有很多对主观交易者有用的信息，他非常懂如何开发交易系统。亨利自食其力：他自己开发交易系统，用自己的系统进行交易，用自己的系统管理客户的资产，并为其他交易者和交易公司开发交易系统。当我问他“你觉得对自我训练最有帮助的事情是什么”时，他很快给出了三个答案。

（1）充分发挥自己的核心能力和兴趣。

（2）知道如何学习。

（3）善于合作，有道德。

让我们来逐个看一下。

从童年起，亨利便跟随祖父弗洛伊德·格雷厄姆学习机械知识。亨利说：“我是一个痴迷于机器操作的人，并且一直都是。”因为迷恋机械，亨利决定研制一种新机器：他开发出了能交易的机器。研制了几台这样的机器之后，他找到了一种量化市场行为变化率的方法。他总是一边使用交易系统，一边开发新的交易系统，这样自己的系统就不会过时。他的核心能力和兴趣就是创造，而市场是创造的土壤。亨利充分发挥了自己的爱好，并收获了成功和满足。

充分发挥与众不同的兴趣、才能和技术才能成功：做你喜欢做的事，做你擅长做的事。

需要注意的是，创造的基础是破坏。为了创造，你要先破坏——挖开泥土，是为了盖房子。亨利的优势在于他愿意将旧的交易系统放在一边，开发新的交易系统。这并不是说他想要开发一个完美的系统，并把这个系统当作提款机。当他的交易系统不好用的时候，他有信心再开发一个好用的交易系统。

关于“知道如何学习”，亨利认为奈杰尔·戴伟思帮了他的大忙。他跟奈杰尔学下棋时，奈杰尔让他密切关注各种模式及其细微差别。亨利解释道：“我从象棋课程的学习中体会到了细微差别的力量——经验和不断地追求能带来知识。”亨利学会了像观察棋局一样去观察市场：“我在不停地寻找线索，细微差别就是细微的优势。”

我发现很多成功的交易者都能将不同学科的知识融会贯通。具有数学背景的交易者学会了量化价值区域，一旦价格背离了价值区域，他就知道了。具有体育背景的交易者会利用他们的经验来指导自己的训练，并培养自己的竞争能力。我在心理学方面的工作加强了我对人类行为模式的认知。我的工作能够帮助我识别市场模式。训练自己要从了解自己开始，尤其是了解自己与众不同的优势，如你是如何妥善处理信息的，你的思维是什么样的，你喜欢什么。如果你没有充分利用你的核心能力和价值观，就很难成功。

最后，亨利认为善于合作、有道德也很重要。亨利解释道："志同道合的交易者能够帮助我，爷爷教给我的是精益求精。"重点是，人际网络是多元化的——它可以从多个角度提高你的创造力——同样也充满了挑战和支持。经常有人问我为什么不用我的博客内容赚钱，我的答案是，在开发一个读者群的同时，我也培养了如亨利所描述的多元化人际网络。我的读者会促使我更深入地思考市场，让我学到更多的知识。我们都想安于现状，关心我们的人会促使我们更上一层楼。

和很多有创造力的成功人士一样，亨利的行为说明发展人际网络很重要。他免费分享自己的交易思路和研究成果。这种方法在专业基金经理之间很常见，在成功的专业基金经理之间尤为常见。尽管如此，特别多的交易者还是不愿意和别人分享，等待他们的结果就是孤立、停滞不前。亨利说："如果别人给我一条有用的信息或为我指明了新的方向，我一定会用我的研究成果来回报他。我分享的内容给我带来了成倍的回报，即稳定的人际关系和很多思路。"

> 如果想要避免停滞不前，交易者必须有创造力。

这点非常重要：作为一个交易者，思路强大，你才能强大。思路就是你的生命线：新变化能够使你进化并适应瞬息万变的市场状况。交易中，成功是一种进化；如果没有创造力和大量与时俱进的思路，灭亡将成为真正的威胁——任何跟不上市场步伐的交易账户最终都会爆仓。

本课的任务是设立目标和计划，让你变得更有创造力。你不必通过成为一个系统开发者来学习如何学习，你要利用自己与众不同的优势，要在和别人沟通的过程中培养创造力。为了完成你的任务，我鼓励你增加一种新思路，它会增强你的能力并提出新的挑战。你的这种新思路可以来自网站、业务通信邮件或其他交易者；其有利于你形成交易思路。亨利在网上免费分享了他的经验，包括测试交易系统的方法。对于你来说，他的自我训练成果将会是无价之宝。

训练提示

当我们成功时，我们的工作体现了我们的价值。亨利强调他是一个创造者。交易是如何体现你的价值的？是你的赚钱才能和兴趣吗？请确定在市场中你最高兴和最满意的时刻。这些时刻为什么特别？怎样才能将这些特殊因素更有规律地带入交易中？

第82课 对自己负责

Globetrader 博客（www.globetrader.blogspot.com）的作者克里斯·泽尼克为本章提供了很多内容。与其他市场作家不同，克里斯对交易心理学十分敏感。他的博客一直将市场知识和心理学知识结合在一起，他的博客很有价值。

我问克里斯："你觉得对训练自己成为一个成功交易者最有帮助的三件事情是什么？"克里斯的话匣子打开了，给了不止三个答案，而是十个答案。他的回答是深思熟虑的结果，所以我决定介绍所有十个答案的含义。

（1）能够观察自己——设置外部观察员。

（2）有纪律。

（3）有优势。

（4）对自己负责。

（5）没有圣杯（稳赚不赔的技术）。

（6）相信自己。

（7）失败后能够重新站起来。

（8）运气。

（9）写详细的交易日记，写博客。

（10）不恐慌。

1. 能够观察自己——设置外部观察员

克里斯解释道："看了你写的第一本书以后，我才获知了外部观察员这个概念。外部观察员让我看清了自己的交易，并防止我从教师的角度来思考交易。它让我推敲我的交易，看清利弊，并注意到原本可能错过的价格行为。它不受情感的影响，并能在快速变化的市场中指导我，所以它非常有价值。它能告诉我该怎么做。有时候我没有听见它的声音，但是它在动荡的市场中能帮助我走出困境。"

2. 有纪律

克里斯解释道："纪律是如此难以捉摸、难以维持，没有纪律，你就不能成功。我是一个有纪律的交易者吗？很不幸，我不是，但经过这么多年，我发现我不得不遵守一定的规则，否则我将亏损很多钱。让我们来看一种做法，每一本交易书中都说这种做法是错误的，会给你带来灾难：在亏损的仓位上加仓。你得承认，有时你是这样做的，因为你深信自己是对的，而市场是错的。我最大的一次亏损就是在亏损的仓位上加仓。我当时认为在亏损的仓位上加仓是正常的，否则 1000 次止损也会让你爆仓的。没错，我是在亏损的仓位上加仓了，但我现在增加了一条纪律：错两次就出场。如果加仓不起作用，我就要出场。当然，你可能是错误的，交易信号可能对你不利，但是如果连续两个信号都对你不利，你必须退让一步，审视一下你的信号为什么是无效的。"

> 规则增强了纪律性。

3. 有优势

克里斯断言："如果没有优势，你注定会失败。理由很简单，也许你可以用抛硬币的方式来进行交易，但是，只有有经验的交易者才会遵循必要的资金管理规则，用胜率为 50% 的系统赚钱。有优势意味着你可以用统计数据来证明你的交易系统有作用，扣除成本后，长期下来是赚钱的。你也许是机械交易者，也许按基础面做交易，或按价格行为、某些神秘指标或它们的组合进行交易。归根结底，只有一件事情：你必须能够证明自己的交易系统是有用的，长期下来能赚钱。如果不能证明这一点，并且你不知道交易系统的基本原理，那么你就不会信任你的交易系统，也就没有信心去交易。对于一个不相信交易系统会赚钱的交易者来说，即使使用最好的交易系统也会亏损。”

4. 对自己负责

克里斯说：“当初我的客户破产了，欠我的钱不还，导致我财务困难，我才开始做交易。对于我来说，交易似乎是解决问题的方法，因为只有交易能立即兑现利润，只要判断正确，就有收入。不过，我没想到还要自己负责任：我要对自己的所有行为负责。如果我每天、每周、每月或每年都在亏损，我不能责怪任何人。我每天都要总结并告诉自己错在哪里，应该如何交易，我在哪里错失了回本的机会。一切只能自己负责。我必须对自己负责，找大师帮忙也没用。我用我的系统进行交易，我可以告诉你我是怎样做的，不过只有你自己能决定是否采纳这些知识。”

> 需要大师指点，说明你缺乏自我引导能力。

5. 没有圣杯

克里斯解释说：“最优秀的交易者只看价格图表，甚至不看任何图表，很多外汇交易者都能做到这点。他们不是魔术师，他们在长期观察自己交易的品种，所以不再需要指标或图表。但是，如果你问他们，他们会告诉你哪里的价格出现了背离，可能要出现顶或底，现在是买或卖的好机会。他们过去也看图表，也使用各种各样的指标，也分析成交量，最终他们什么指标都不看了，他们已经明白了并没有圣杯，并没有什么神奇的指标，没什么可以保证你在交易中百分之百地赢利，所以不必寻求。你需要将努力的焦点放在别的地方，以获得成功。”

6. 相信自己

克里斯指出：“我是主观交易者。这意味着，虽然我有一定的交易规则来为我提供交易计划，但我是否交易取决于一种感觉，暂且称之为直觉。我曾经多次尝试使用机械交易系统，但我对其没有信心。另一方面，我认为我的潜意识的计算能力永远要比机械交易系统强。或许如果我试着建立神经网络，我会开发一种有用的机械交易系统，但是那时我将再也无法理解规则。这意味着我还是不相信机械交易系统，无法用机械交易系统做交易。潜意识不会给出清晰的指示，它只通过情感进行交流。如果你想要利用潜意识的力量，就必须学会倾听它。如果你这样做了，潜意识将是你不容忽视的几乎无穷的资源。如果想要训练或规划你的潜意识，使它工作，你需要在屏幕前投入大量的时间。你需要将潜意识应用于尽可能多的情况……增强对自己的信任，相信你一直在做对自己有利的事情。”

> 如果你不信任自己或自己的方法，你在亏损的时候就熬不过去。

7. 失败后能够重新站起来

克里斯解释道：“破产和十分倒霉的日子确实会出现。很多散户在爆仓很多次之后才能稳定地赢利。我刚开始交易时，在基金方面亏损了很多钱。我原本相信基金经理会帮我赚钱，然而，他们做得很糟糕，我认为我会做得比他们好！这不是件容易的事。我在某处读过这样一句话：如果你连一份期货合约的交易都不能成功地完成，那么你为什么会觉得你会成功地完成十份合约的交易？我认同并一直遵守这个说法。所以，我投入了3000 美元并开始交易期货（我从未在模拟交易的时候遇到过问题，我大部分时间都是在实战）。我至少破产了 5 次（亏到 2000 美元以下就算是破产，这是我坚持交易的底线）。在过去的 7 年里，我亏损了 2 万美元，但当我搞清楚后，3 个月内便赚回来了。现在我还不算真正成功，但我已经开始从账户中取钱用于生活了。我也有大亏的时候，此时我需要重整旗鼓，并质问我的计划、我自己和我的交易方法。不过，我知道我现在的交易是有优势的。即使当我把事情搞砸的时候，也要去做必须做的事。我相信我会重新站起来并赚回本钱。”

战胜巨大的挑战会让自己产生强大的信心。

8. 运气

克里斯断言：“交易不能靠运气，绝对不要相信运气。回顾你的所有交易，不赚不亏的交易有多少笔？大赚的交易有多少笔？我认为我每个月有两三次交易运气都不错，但是你要记住在运气好的时候及时出场。当你违反了规则并亏损的时候，如果运气好，你有机会以比较好的价位出场，此时不要沉浸在过去的光环之中，赶快出场。”

9. 写详细的交易日记，写博客

克里斯建议道：“你需要对自己完全诚实。当你把事情搞砸时，你没有靠山。当亏损出现在你的账户中，你要把它记下来，否则你将重复犯相同的错误。相信我，即使你写日记，你也仍然可能重复犯相同的错误，但至少你知道自己犯了相同的错误。日记可以给你提供增强自信心的必要统计数据。日记可以告诉你你是否有优势，还可以告诉你哪种交易方法有用，哪种方法没用。四年前我就开始写日记了，这段时间里，我大约做了 5500 笔交易。日记记录下了我的情况和我应对某些市场状况的方法，这些都是很有价值的信息。如果我在市场中遇到了坎坷，我可以通过查看日记，看看我是否曾经有过类似的经历。我可以查看一下我是如何应对当时的状况的，我是否解决了问题，或尝试了其他方法。通常的情况是，我的利润会越来越少，然后我就把事情搞砸了。通过回顾，我发现我曾感觉到市场很不安全，因为有些东西在改变，而我没有随机应变。所以，我总是先赚钱，然后突然之间出错了。在随后的一两天，我会把钱赚回来，然后又亏损，结果是只赚了一点点。从此以后，资金曲线就没有起色了，直到出现新的趋势，资金曲线才会开始上升。”

“我一直在写 Globetrader 博客，别人很相信我。我开始写博客是因为我希望通过分享我的交易方法，使有经验或聪明的交易者阅读博客，通过评论我的思路来质疑我或提出不同的思路。幸运的是，有些评论非常有价值，我把这些评论中的建议融入了我的交易系统。你不必写公开的博客，但需要写出你的交易思路、你对市场的看法和你认为交易系统包含哪些方面。现在，我正在向一个交易者转变，我正在试图剖析我所写的‘直觉’，我可以清楚地明白为什么我的潜意识会给我一个清晰信号，让我进行这笔交易，或为什么潜意识会怀疑一个看似很棒的交易信号并很快证明潜意识是正确的。写下这些交易计划，可以使我在实战时体会到相同的情感。最终，我可以明白为什么交易计划实际上并不是机会。博客也是你对付交易过程中遇到的所有阻碍和障碍的地方。写下问题是解决问题的第一步。在你没有一个自动机械交易系统之前，你必须接受你是普通人并且会犯错误的事实。你需要应对障碍并找到避免或减少障碍的方法，否则你的交易就不能成功。第一步是把障碍呈现出来，使其无法再隐藏。”

写博客是和别人分享交易思路的好方法。

10. 不恐慌

克里斯解释说：“这是道格拉斯·亚当斯所著的《银河系漫游指南》（*Hitchhikers Guide to the Galaxy*）一书封面上的话，它们在交易中是如此真实。如果你恐慌了，就会按照直觉做事，导致大亏。如果市场突然开始大跌而你正在做多，不要不知所措，相信你所看到的并采取行动，或者不行动，执行你的应变计划。你需要为每种情况制订一个计划。通常情况下，市场给你上的每一课，你都需要付费，付多少学费完全取决于你自己……所以，如果我突然持有不利的仓位，我会看一下图，弄清楚我是否喜欢这个仓位。如果不喜欢，我就出场，就是这么简单。相反，如果我喜欢这个仓位，我就会做好交易管理，但是绝对不要恐慌。”

克里斯的总结来自难得的经验。对交易的各方面都完全负责的态度是自我训练的核心：你的交易之路需要你自己走，你书写的是自己的故事，你的行为将决定故事的情节和结尾。我最喜欢的克里斯的总结是“失败以后能够重新站起来”。他的成功来源于恢复力：一开始小亏了很多次，然后才大赚。你在这一课中的任务是，为你的交易制订一个灾难计划，以说明当你交易失利时，将怎样和何时减小你的交易量（风险），还有如果你的交易思路是对的，在资金曲线回撤的时候如何挺住。最优秀的交易者在交易失利时都能很快地保护好自己，但并不轻易放弃他们的交易。如果你制订并遵循了你的灾难计划，你就能对自己的交易负责并能控制自己的交易。正如克里斯所说的，我们不能排除不确定性，但是我们可以避免由于恐慌和缺乏准备而做出错误决定。

训练提示

确保你的交易日记记录了重要的经验总结，以便使日记成为在未来数月及数年里回顾交易的有益工具。日记的价值体现在回顾时，而非最初记录时。如果你确定每篇日记对以后都有教育意义，那么你就可以确定现在的学习可以让你在未来获得丰富的经验。

第83课 培养自我意识

特雷弗·哈尼特对交易有个有趣的观点。他是个经验丰富的交易员，经营着一家软件公司，为交易者提供工具。所以，他既观察自己的学习曲线，又观察使用他的软件的交易者们的学习曲线（他的软件名为“市场三角洲”，网址是：www.marketdelta.com）。“市场三角洲”归纳了大量的图表特征，这个软件可以把买盘成交量和卖盘成交量分开。这种区分使交易者能够获得短期市场情绪指标。这对于日内交易者来说是非常有价值的，并能为长线交易者提供一种有用的执行工具。

迈克尔·西涅扎是个专职交易者，也是“交易者迈克”博客（www.tradermike.net）的作者。当我刚开始看别人的博客时，迈克尔的博客是我定期访问的博客之一。我认为他的短线做得不错，他善于捕捉消息。他在博客中公布了他当天关注的股票、市场和最新消息。迈克尔始终保持博客的真实性，他的博客没有为了提升人气而进行大肆宣传或自我吹嘘，这反而说明他很出名。我在本课会把特雷弗和迈克尔的经验结合起来，因为他们都谈到了一个重要的方面：他们都具有自我意识且都是自己的心理医生。

我问特雷弗："你觉得对自我训练最有帮助的三件事情是什么？"他回答道："回顾我的交易生涯，对我的交易最有影响力的三个因素是：①我所处的环境；②在交易中和平时生活中形成的自律；③自我意识和我对市场的看法。"让我们具体分析一下。

1. 环境

当特雷弗开始交易时，他确信自己即将行动并在芝加哥商业交易所大楼中租了一间办公室。特雷弗解释道："我渴望交易，但是我的知识有限，也很少有朋友或导师告诉我应该怎么做。对于我来说，和高手打成一片很重要。"特雷弗从交易者所犯的错误中学到了很多。特雷弗指出："我从其他交易者那里学到最多的是有些事不能做。我从其他交易者那里学到了很多有价值的经验，但是，知道哪些事不能做才是我长期生存下来的经验总结。和别人打成一片，我的学习速度很明显地提高了。我可以从别人的成功、失败、做对的事和做错的事中总结经验。这对我来说是无价的，因为他们的某些经历正是我永远都不希望经历的。我可以看清所发生的事情，并尝试从这种市场状况中学习。"

我多次发现这个主题适合成功的专业人士：他们在各种环境下快速学习，然后才成功的。特雷弗的经验说明，不去交易公司工作，也能学到交易知识。只要和专业人士待在一起，就能学到很多经验。

> 如果你想成功，那么就要和成功人士互动。

2. 自我意识

特雷弗强调作为一个交易者，了解自己很重要。他解释道："1998 年，当我大学毕业后刚开始交易时，每个人都告诉我应该进行场内交易。我一直很内向，但我精通计算机。"他很快发现自己并不喜欢场内交易，而对刚刚兴起的芝加哥商品交易所的电子交易平台十分感兴趣。他还意识到自己的交易风格是天生地厌恶风险并安于现状。特雷弗回忆说："我的性格倾向于频繁地交易并控制亏损。这种方法对我很有效，因为我很少会失控。"我们听过很多好的和正确的交易方法的归纳总结。特雷弗认为要以适合自己的方式进行交易。他的成功源于对自己的优势和兴趣的坚持。

3. 纪律

特雷弗指出："据我所知，纪律关系到交易者的成败。如果你拿自己的钱进行交易却没有风险管理计划，那么你最好要有纪律。如果没有纪律，你迟早会爆仓，无法回本。"有纪律能加快学习进度。特雷弗解释说："我没有耐心持有仓位，所以我经常提前出场。幸运的是，我有纪律，我知道要再次尝试。"这是一个很好的观点：有纪律并不意味着不犯错，而是意味着正确地犯错。尤其是当你培养自己的能力和信心时，学会"正确地交易"很重要。利用积极的经验可以培养乐观的态度。应对困境的能力能使你产生信心，并处理好在市场中遇到的大部分问题。

> 最重要的是，优秀的交易者同时也是优秀的风险管理者。

迈克尔将自己在自我训练过程中最有价值的三件事描述为：①写详细的交易日记；②成为一名业余的交易心理医生；③相信自己的判断。很多有经验的成功交易者都有这个特点：始终致力于交易，并始终依靠自己。

1. 写详细的交易日记

迈克尔解释道："对我的进步最有帮助的事情就是认真写交易日记。

我一直为自己能记录并通过记忆进行学习而感到自豪。把有些事写下来似乎是没有必要的……几年前我遇到了困难，我下决心要克服这个困难，从那时开始，我的态度就转变了。我回到了原点并按照这些年来读过的书中给出的建议操作——做了详细的计划并开始写日记。花几周时间写日记后，我就发现了我自欺欺人的行为。我很吃惊，以前怎么没有注意到这些行为？例如，我发现我有个坏习惯，即过早地调整我的止损价。我经常在价格到了进场价的时候就出场了，没赚到钱。改正了这个缺点以后，我的盈利显著增加了。"

我也有相同的经历：在做交易记录时，我也发现了我的问题。通常情况下，只需对你正在做的事情做出一点改变，你就能实现从不赚不亏到赚钱。

> 你在交易书中反复看到的建议通常就是最好的建议，因为它是从多年经验中得出的结论。

2. 成为一名业余的交易心理医生

迈克尔说："我一直在间断地学习交易心理学，但直到我读了一本专门研究这个主题的书后才开始真正了解它。我读的这本书是马克·道格拉斯写的《交易心理分析》(*Trading in the Zone*)。这本书中蕴含着我所掌握的零散的知识，并促使我审视自己的信念和行为。我每次读这本书都会有不同的收获。在未读《交易心理分析》之前，我就清楚地知道交易是概率游戏。即使亏损笔数比盈利笔数多，只要期望值是正数，我仍可以赚钱。但在实战时，我的行为和理念脱钩了。这本书迫使我承认我无法知道任意一笔交易的结果，也没有必要知道。这本书使我意识到，只要我坚持自己的交易计划并坚持采用好的思路，长期下来我就是赚钱的。"

当我们成为自己的心理医生时，便缩小了知识和感觉之间的差距。

3. 相信自己的判断

迈克尔回忆说："几年前，我从日内交易课程网站（www.DayTradingCourse.

com）上买了一张 CD 光盘，名叫《交易者自我确认》（*Trader Affirmation*）。这张光盘长达 30 分钟，声音是一种自我暗示，可以帮助交易者调节心理状态。我每周至少听两次，通常是在早上淋浴的时候听。这些自我暗示能帮助我记住以前读过的交易心理学书中的内容。这些自我暗示对保持头脑清醒很有帮助。”说实话，我并不相信积极思维和自我暗示（我没听过他所说的那张光盘），但是我承认迈克尔的话非常有意义。仅读一本关于交易心理学的书，然后就置之不理是不行的。你需要反复阅读，以便更好地消化吸收。迈克尔每周就是这么做的，他想成为自己的心理医生。

你的任务是，确定并实施一项每周惯例来帮助你养成良好的交易习惯。这种每周惯例可以是听 CD（或自己录制的内容），也可以是回顾你所写的交易日记的内容。正确的思维和行为要合为一体，以便使你达到理想状态。

训练提示

如果你想查询迈克尔在交易日记中的观点，请访问网址：http://tradermike.net/2005/08/on_trading_journals/，http://tradermike.net/2005/08/thoughts_on_day_trading/moving-stops。

第 84 课　指导自己成功

布莱恩·香农不光是个交易者，还培训其他交易者。他的“阿尔法趋势”博客（www.alphatrends.blogspot.com）每天都通过录像来解释交易模式，交易者可以从中学到很多知识。他在《多时间框架技术分析》（*Technical Analysis Using Multiple Timeframes*）一书中引用了这些录像中的很多理论。布莱恩的作品很好地说明了联想思维：将观察到的交易模式放入大背景来衡量这些模式的意义和重要性。我发现很多短线交易者总将焦点放在几分钟之前的某种模式上，他们没有大局观。在比较大的时间框架下的交易模式，我们才有希望捕捉到大行情。

科里·罗森布鲁姆是个专职交易者，他将自己的作品发布在“害怕交易”博客（www.afraidtotrade.com）上。对于科里的作品，我最喜欢的是他将交易心理学知识和市场心理学知识融合在一起。他的博客提供了大量的交易观点以及对交易者心理的分析。我将布莱恩和科里集中到本课，是因为他们都将指导自己的方法——引导自己学习的过程——作为训练自己成功的一部分。

布莱恩的回答（对自我训练最有价值的三件事情）反映了他的交易情况，也反映了他的教学工作情况，让我们来看一下。

1. 不理会别人的观点

布莱恩强调他并不是完全忽略别人的观点，但是根据自己多年来的经验，他知道自己的观点才是最重要的。他指出："交易中的优势是如此渺小且经常难以捉摸，所以你必须知道市场的动力/结构以及自己的优势。"这一点很重要。正如布莱恩在录像中所说的，他重视市场信息，但他会过滤掉别人的观点。他知道如何依赖自己的判断和经验来保持在市场中的优势。这种依赖在建立和保持自信方面是必不可少的。如果你怀疑自己处理信息和做决定的能力，你将很难让资金曲线从回撤变成上涨。自己犯错误并从中吸取教训比通过别人的指点在交易中幸运地获利要好很多。

2. 回顾

当你一天天、一周周地观察并回顾市场后，你便会在市场关系和交易模式之间建立起紧密关系。这种紧密关系的内化就是交易者所说的市场感觉。市场感觉不是神秘的灵感，而是在适当的学习条件下反复接触信息的结果。布莱恩解释说："我用多个时间框架来回顾上百只股票，试图根据我的进场和出场参数来找出我认为具有最低风险比的交易。"这种回顾不仅为他提供了很好的交易思路，还加快了他的学习进度。通过对多个时间框架进行回顾，他知道了哪只股票能赚钱。这种内化的技术能帮助他以最有效率的方式分配资金。

> 我们通过认真回顾来了解自己的模式及市场模式。回顾的力量使我们将这些模式内化并对它们的出现感到敏感。

3. 心中的清单

关于这点，布莱恩说：“这是种新观点，是年初在某些情况下放松警惕后形成的。放松警惕给我带来了无法承受的亏损。每天市场开盘之前，我都会在心中检查一份清单——我的感觉如何（是疲惫、焦虑、兴奋还是其他），我有什么缺点，再进行交易。我还要想象，如果我看到了异常的交易状况我将如何应对。我准备在这方面多花点时间，这种做法似乎对我很管用。我发现这是赢家的做法：赢家会从亏损中吸取教训并调整策略。”交易要求具有积极的心态，这有点像在敌人的领土上侦察，你必须对意外情况时刻保持警惕。如果你没有准备好——没有反复演练——那么当意外发生时，你就无法凭直觉行动。布莱恩说只要他放松了警惕，就会有意外发生。他在心中创建了一个清单，提前考虑了各种可能的状况，集中自己的注意力，预料可能出现的问题，并改善结果。

科里认为自我训练时的三种最好方法是：①寻找一个交易伙伴/团队；②从概念的角度思考；③认真写交易笔记。这三种方法反映了他成为一个交易者的学习进程。

1. 寻找一个交易伙伴/团队

科里说：“当我开始专职从事交易时，我学会的第一件事情是：交易可能是非常孤独且孤立的体验。当只有你自己知道你在做什么，朋友和家人不理解交易的时候，保持足够强烈的动机是很难的。”交易很难，拥有几个了解你优点和缺点的可靠朋友，大家为了共同利益而互相扶持是非常有帮助的，人多力量大。我当初写博客的目的是接触有经验的交易者……这使我的交易发生了完全的改变，这主要是通过与别人交流实现的，同时，我的知识也变丰富了……我几乎每天晚上都会遇到一位有经验的交易者，与他讨论当天的事，分享思路并研究市场。这种交流同时挑战了我们两个人，给我们带来了技术上的结合，并在学术上（共同研究）、情感上（动机）和财务上（提高战术水平）帮助了我们。

形成团队，让交易给个人带来回报并促使自己成长。

2. 从概念的角度思考

科里解释说："我认为，当我开始从概念的角度观察市场和价格行为，而非受指标和新闻报道左右时，我的业绩发生了重大的改变。这个转变过程需要时间，有一定的难度。以前我喜欢用很多指标，认为这些指标是交易成功的秘诀。然而，过多的互相矛盾的信息不仅令人沮丧，而且无法让我赚钱。即使减少了指标的数量，我仍然很难赢利。我的收益简直就是随机的，总是令人失望。当我从概念的角度观察市场和价格行为时，我就有了转变……这种转变是缓慢的，并在一定程度上可归结为研究市场概况信息，例如有趋势的交易日、分析市场、买盘卖盘、时间框架等。早期的技术派人士也提出了很多概念，包括动量、价格区间（扩大/缩小）、更宽的趋势结构、价格行为的动力和价格模式（基本原理是：收集或派发、反转或持续）。事实上，这种转变是对价格行为和各种各样市场参与者参与情况的更深了解……为了进一步向概念化方向转变，我开始进行多市场分析，也就是比较不同的市场，分析板块的轮动，详细分析板块的业绩和期望值……我开始把市场看作棋局，这使我找到了一种新的认知方法。很明显，市场从不独自进行交易。"当你从概念的角度思考时，你就会理解市场为什么会波动，这会帮助你制订有用的交易思路。

3. 认真写交易笔记

科里解释说："除了创建一个简单的电子表格来跟踪交易业绩（知道你什么时候犯错和什么时候改正错误的关键）外，我还写交易笔记，叫作'我的理想化交易笔记'。在这本笔记中，我会打印出当天交易的股票或指数的日内图（通常是5分钟图）。如果发现了感兴趣的特殊图表，基于我对价格行为和机会的理解，我会标注出我认为理想（或最好）的交易。通过每天工作结束后在没有实时交易压力的情况下观察图表，我可以看到新模式，而这些模式在白天可能会被我错过……然后我会进行分析，看看自己是否有希望捕捉到行情……同时，这种方法使我更深刻地看清自己的业绩。更重要的是，它能帮助我确认比较好的交易模式，也就是进场、管理和出场计划。”

> 我们通过跟踪理想的交易将最优方法内化。

根据布莱恩和科里的建议，你的任务是建立自己的回顾方法。任务之一是回顾自己的交易，将自己的交易与市场的实际行情进行对比，以看清自己，看清你喜欢的模式。亏损时你要进行自我训练，平时也要进行自我训练。对于优秀的交易者来说，每个交易日都要进行自我训练，将你所做的与你本应该做的事情进行对比，跟踪你取得的进步，让你进入理想状态。

训练提示

当你与交易伙伴进行交流时，要分析你正在采用的最好的交易思路。如果别人能帮助你分析市场，你的模式识别结果就会更准确。

第 85 课 做详细的记录

对于我的问题，有两个人给出了相似的回答，多年来我一直在阅读他们的文章。他们的答案很相似，并非因为他们的交易方法也相似。实际上，他们的回答反映了他们多年的实战经验和所受的磨炼。

查尔斯·科克是交易者、基金经理，也是“科克报告”博客（www.thekirkreport.com）的作者。他在博客上帮自己的会员选股。查尔斯的长处是选股，不过他也会写很多有关交易时机的文章。他的博客是为数不多的讨论市场和经济的博客。这对于想要把握市场大局的人来说是特别有价值的资源。如果想知道机构是如何影响市场的，你就要关注基金经理在关注什么。查尔斯似乎能知道基金经理在关注什么。

杰森·乔菲特是“情感交易者”网站（www.sentimentrader.com）的编

辑。正如其名，这个网站致力于研究情绪指标。杰森免费分享他的市场观点，还会分享对一些市场模式的测试结果。他搜集了大量的市场数据，并将这些数据以独特的方式进行组合，以寻找优势。这些数据为交易者的思维提供了信息，并为特定交易思路提供了基础。其建议特别有趣的方面是跟踪庄家和散户，还包括研究期权情绪指标。

我问他们自我训练时什么最重要，查尔斯·科克给出了一个简单而具体的答案，即他的书“BOO”。“BOO”代表《观察之书》（*Book of Observations*），这是他交易经验的总结。他解释说：“我在这本书中对自己的每次交易都做了详细的跟踪记录，囊括了我对市场的观察、我从别人那里学到的东西、我从自己的成功和失败中学到的东西……《观察之书》解释了我所使用的各种策略和方法，还具体说明了我在不同时期的业绩。事实上，你可以在这本书中找到我至今所学到的知识。”值得注意的是，这本书的目录是在一个名为组织者（网址：www.gemx.com）的数据库中形成的，这使查尔斯很容易检索自己写过的所有思路。

数据库将交易日记变成了存档的研究工具。

查尔斯指出，数据库使他的思路变得有条理，正如科学家可以系统地记录从实验室研究中得到的数据和观察结果一样。他解释说：“关于应对市场，通过科学的、有依据的方法产生的策略有助于我保持专心、遵守纪律并正确交易。这也有助于我检验新策略，使我尽早意识到某些策略在特定市场条件下不起作用，所以我可以根据需要调整并改变我的交易。”他还用《观察之书》来跟踪新的交易策略。他说：“我认为自己永远是市场的学生，基于这种考虑，坚持利用《观察之书》对我有非常大的帮助。”

事实上，查尔斯解释说：“回顾过去，我交易生涯中最大的错误就是没有尽早写《观察之书》。我花了好几年的时间才获知了写笔记的重要性。写笔记可以有条理地以一种科学的、有依据的方法来检验并改善我的技术水平和策略。”

《观察之书》是应用创造性策略的很好例子，成功的交易者利用创造性策略来确定并增强他们的优势。我认为查尔斯的主要观点是：他书中的思路必须有条理。通过将日记以数据库的形式保存，他只需敲几下键盘就可以获取大量的相关经验。随着时间的推移，日记可能变得笨重，检索以往的日记内容就变得比较难了。一旦检索方便了，查尔斯就可以把过去和现在联系起来，有利于自己的学习。

当我请杰森·乔菲特分享对自我训练最有帮助的三个建议时，他的回答和查尔斯·科克差不多。

1. 写下每种思路

杰森解释说："我在过去 6 年里公开写下了近 5000 条评论，我还写了交易日记，记录的内容包括我的感觉、轶事、新闻网站的报道等。我会定期回顾这些内容，发现这是很好的工具。它们使我保持安分（使我在赢利时不骄傲，在亏损时不沮丧），不急于交易。我审视了一下自己以往在开启一次盈利交易之前的感觉，发现当时很焦虑，所以我现在并不需要第六感也能知道是否要交易。"

2. 与成功的、有经验的交易者进行交谈

杰森说他在提供市场服务时遇到了很多成功的交易者。他指出："我总是很惊讶，因为大部分成功的交易者和我们一样，也经历过痛苦。他们有时也有情绪，但他们绝不会让情绪影响他们的风险控制。他们的纪律是持续一致的——不能让任何一笔交易搞垮他们或他们的交易生涯。这就是我记下来的发生在我身边的事。风险控制是最重要的，也是我常挂在嘴边的一句话。"

> 你可以有情绪，但不要让情绪影响了你的风险管理。

3. 不断学习新事物

杰森说："这是老生常谈，但我学得越多，发现自己知道得越少。不断学习新事物在交易中给了我很大的帮助，它帮我找到了解决旧问题的新

方法。市场动力一直在变，当情况发生改变时，我们需要找到调整的方法。通过学习新的交易策略或新方法来检验旧策略或旧方法，你会很有收获。这么做的工作量会很大，如果一个人怕吃苦，那就不要去冒险了。学习新策略不仅仅是学习与交易相关的知识。我经常去一些新环境，接触陌生人。这种做法开拓了我的视野，所以我可以接受新方法。”

杰森的观点中最使我感到惊讶的是，写下自己的思维会促进自我发现。当他跟踪自己的交易和情感的时候，发现自己在交易赢利之前经常会紧张。他的跟踪做法能帮助他在交易之前不再紧张。渴望学习——了解自己和市场——使交易生涯变得充满趣味，也变得有挑战。跟踪还能帮助交易者适应变化多端的市场状况。杰森·乔菲特和查尔斯·科克并不害怕繁重的工作，他们花了大量的时间开发、研究并测试他们的策略。他们采用的交易方法都不是快速致富的方法。做记录就是为了加快学习进度。

你的任务是，为自己的交易日记创建一个索引系统，以便跟踪与你的交易相关的主题并了解你在做什么，你是如何做的。跟踪意味着将你的交易按策略/计划、市场、收益、品种和个人观察进行分类。你可以通过使用股票记录服务（www.stocktickr.com）用电子形式为你的交易日记做索引。另一种方法是将交易日记变成含有各种主题标签的交易博客。此外，你还可以像查尔斯·科克一样，以正规数据库的形式写日记。你的记录必须是真实的，以使你可以经常回顾并获得观点和看法。如果你的交易是按照市场、市场状况、交易计划、时间和交易量分类的，那么你可以检索任何市场状况下的收益。以这种方式写交易日记，你的经验可以成为你最好的交易教练——查尔斯和杰森都是这么做的。

训练提示

交易日记是为了做研究而写的——开发并跟踪新的交易思路。查尔斯和杰森不断地随着市场状况的变化寻找并研究交易思路。在目前的市场状况下，哪种思路有用？哪些股票有行情？现在出现的是哪种模式？通过记录市场，记录你的交易，你就能发现机会。

第86课 学会犯错

戴夫·马贝是交易者、系统开发者，也是股票记录服务网站（www.stocktickr.com）的创始人。股票记录是种独特的资源，它能使交易者在线跟踪自己的思路和业绩，交易者还可以与别人分享这些内容。这种服务采用了Web2.0技术，可以使交易者在网上建立自己的群。股票记录服务网站还是一个博客，用访谈的形式公布了很多交易者的思路。我特别喜欢股票记录服务，是因为它创建了真实的在线交易日记，使写日记变成了一种社会活动。这使交易者能够控制分享的内容和分享的对象。事实上，与交易教练实时分享日记的做法非常好。

克里斯·佩鲁纳是个专职交易者，也是个博客作者，你在含有他名字的网站（网址为：www.chrisperruna.com）上可以找到他的文章。他的网站致力于"通过培训实现成功的投资"。他的文章的话题，从筛选股票的基本原则、调整仓位大小到画图均有涉及。他与读者分享自己的股票筛选方法和具体的交易思路。我喜欢这个网站，是因为它能够让交易者学习他的实例。

让我们看看这两位专业人士对我的问题（对自我训练最有帮助的事情是什么）是怎么回答的。

1. 交易日记

戴夫说："到目前为止，交易日记的作用比任何指标或平台的作用都大。作为一个交易者，我所做的每件事都基于交易日记。你的思想可能会欺骗你，但是数据不会说谎。人们可以根据交易结果进行反思，我可以退一步，从大局的角度观察交易结果，以查看结果是否符合我的目的。"我和很多成功的交易者一致同意：交易日记提供了那些原本可能会被忽略的责任和焦点。戴夫还强调了在利用日记设定目标时要做到有灵活性，这很重要："我建议最好设定从保守到激进的一系列目标，不要仅仅设定一个目标（例如，在一定时期内赚一定数量的钱）。很多交易者的目标过高，一旦目标无法实现，他们就会悲痛欲绝。”

> 我们总是关注自己想看到的结果。交易模式的统计数据不会说谎，它们把焦点放在我们必须看到的地方。

2. 学会犯错

戴夫说：“多数新手都希望自己的交易是对的，不愿意认错。我很快就发现了交易是对的（即胜率高）并不能说明很赚钱。人们都高估了胜率——事实上，我最赚钱的交易系统的胜率不到30%。”戴夫是对的，和我一起工作过的多数优秀交易者的胜率都不到50%。他们的成功在于知道自己什么时候是对的——充分利用这个优势——并知道自己什么时候是错的——使亏损最小化。克服必须正确的心理是成功的关键。如果没有克服这种心理，你就会很容易提前兑现利润，或在亏损时死扛。

3. 自动化

戴夫说：“我一直想去除交易中的主观成分。人工交易系统的很多方面都可以采用自动化交易方式。自动化交易有很多好处：更加容易实现持续一致性、没有那么烦琐、很少犯错等。我发现我的系统自动化程度越高，我的收益越多，从人工交易系统到百分之百自动化交易系统都是如此。”他说到点子上了：即使是主观交易，你也可以采用自动化的方式执行，这样才能做到严格地遵守规则。下单时用限价单比用市价单好，长期下来，业绩会有很大的差别，因为用限价单时交易者可在令人满意的价位进场或出场，而不会追市并使自己在最坏价位进场、出场。

有经验的交易者对克里斯·佩鲁纳的回答颇为认同，他将重点放在了成功交易的普遍规律上。

1. 了解自己

克里斯解释说：“我发现在生活中和这个特殊的领域（市场）中，最强大的工具是了解自己的能力。最后我明白了，DNA 已经提前决定了我的性格，我只能在某些市场环境下取得成功。例如，和做短线相比，我做中长线（尤其是做多的时候）比较容易实现持续一致地赢利。我没有必要面面俱到，只要能用最好的思路赚钱就行了。了解自己是我在市场交易中持续一致赢利的秘诀。”克里斯的观点非常重要：不要迫使自己去适应某个市场或某种交易风格，你应该去寻找最适合自己的市场和风格。成功的交易者都在自己的能力范围以内交易，他们坚持发挥自己的优点并忽略其他方面。

找出你最擅长做的事，然后根据你最擅长做的事开发交易策略。

2. 学会止损

克里斯指出：“这是老生常谈，但是很多人在生活的各个方面都做不到及时止损。做交易的时候、工作的时候、打牌的时候，以及在生活的其他方面，我都学会了及时止损。如果没有这条规则，就不会有第三条规则了。”克里斯给出了一个宝贵的意见：你不能以一种方式生活，以另一种方式进行交易。如果你在生活的其他方面不遵守纪律，在交易中怎么会严格遵守纪律？好的交易方法体现出了一种生活哲学：寻求机会、管理风险、限制亏损和分散仓位。克里斯的生活方式和交易方式是一致的。

3. 努力学习，努力工作

成功的交易者都会把努力工作作为首要任务。克里斯指出：“我会从基本面和技术面两个方面来分析市场，还会从成败中总结经验，这些都是我成功的重要原因。我会总结经验，在以后的交易中分析类似的市场状况，以增大成功的概率。我总是说‘活到老，学到老’，事实证明这句话是有道理的。”

请注意，戴夫和克里斯都重点强调了“知道自己什么时候是错的”的重要性。这是新手和有经验的交易者之间的重要差别。正如克里斯所指出的，新手关注的是自己要做对，想避免犯错。有经验的交易者则知道他们将在多数交易中犯错，他们完全接受这个事实。有经验的交易者的自我训练能帮助他们预见到亏损并控制亏损，而不是回避亏损。对于任意一笔交易，他们知道如何止损；对于资金曲线的回撤，他们知道如何应对。我给你的任务是，检查你的交易日记，看看你容易犯什么样的错误，确定过去一年中五个大亏的交易日。你在这五天里都做错了什么？有更好的方法吗？你常犯的错误是什么？我要说的重点是你要从你的错误中总结经验教训。如果你知道自己在大亏的交易日犯了什么错误，那么你以后就可以避免再犯这样的错误。你所做的最差的交易可以成为你了解自己的最好工具——这也是训练自己的最好方式。

训练提示

当你回顾交易时，专门研究一下你是怎样出场的。你是不是倾向于提前出场，结果错失了更多的利润？你是不是倾向于持仓时间太长，又把利润回吐了？更进一步地说：你的持仓时间是如何确定的？你是如何根据市场的波动性确定出场点的？如果你能总结一下你的出场方法，就可以从更细微的角度来分析你的交易并做出改进。

第 87 课 认真研究的力量

罗布·汉纳是一位交易者，也是“量化优势”博客（www.quantifiableedges.blogspot.com）的作者，他的网站会跟踪股市的历史模式。他每天都会发电子业务通信邮件，详细介绍根据他的研究而进行的交易。对于交易者来说，博客和业务通信邮件可以帮助他们增强优势。我特别找出了与历史模式相关的主观交易，具体内容在第十章。通过对过去的市场模式进行认真分析，我们就能知道哪些模式可能有用，哪些模式可能没用。在这两种市场状况下，交易者都可以形成优秀的交易思路。

杰夫·米勒是伊利诺伊州内珀维尔市的一个基金经理，他通过“洞察力”博客（http://oldprof.typepad.com）来分享自己对市场和交易的看法。他经常质疑公认的交易智慧，会根据自己对市场的分析和对经济的了解来提出自己的观点。他研究交易系统并用自己的系统管理自己的基金。和罗布一样，杰夫的优势在于他在交易之前测试交易思路，以使自己有信心承担资本风险。

对于我的问题（你认为对训练自己成为交易者最有帮助的事情是什么），罗布的回答十分简单：“研究，研究，再研究。”他解释说：“我知道，这听起来就像是同一个答案重复了三次，但并非如此。这是三个最好的答案……我的职业生涯分为几个阶段，在不同的阶段，我会用不同的方法进行交易。我采用的所有交易方法中，始终不变的是，在市场交易时间以外，花大量时间进行研究，以便成功地应用这些交易方法。”

罗布·汉纳开始从事日内交易以后，主要做短线，杰夫·库珀的书《快进快出的交易》（*Hit and Run*）里面讲到了做短线的方法。罗布发现，最有用的不是交易模式，而是根据自己的策略筛选出波动性和趋势都符合要求的股票。他开始根据自己的交易模式总结自己的筛选方法，同时要做到回报风险比尽量大。罗布说：“我每天都会在笔记本上记下有望赚钱的交易，记下进场价。完成交易后，我会在我的财务软件中记下我的收益。我在财务软件中还留了一栏，用来记录交易的理由，我会输入我使用的交易模式的名称。”这是我们在成功交易者身上反复看到的现象：他们仔细地跟踪自己的交易结果，以便辅助推进自己的学习进度。

> 记录成功的交易会在你的脑海里强化成功的交易模式。

罗布·汉纳指出，在数据库中记录交易实现了两个目的：迫使他每次交易时都要有一个理由；使他能够跟踪自己的收益，这是交易模式的一部分。他解释说：“这可以使我非常容易地判断出哪些交易模式有用，哪些交易模式有问题。这样做使我知道应该继续将焦点放在哪些交易模式上，放弃哪些交易模式。”当罗布没有可靠的交易理由时，他便输入“直觉”这个词作为交易理由。他说：“不久之后，我发现直觉交易的代价太大了。”他很快便放弃了仅凭直觉交易。

罗布后来改做长线，这是他交易生涯的第二阶段。威廉·欧奈尔的CANSLIM法给了他很多启发。罗布开始使用华登兄弟公司开发的TC2000软件，这个软件有很好的筛选功能。他说："使用TC2000时，我可以在图表上面写注解。这样做非常有用。如果一只股票符合我的交易模式，软件就会把这只股票弹出来。我在前几周已经在股票上面写了注解，此时可以检查自己写过的注解，看看这只股票是否符合我的标准，不符合就删除。这样就不必对同一只股票查来查去了。"对于日内交易模式，他认为研究如何采用这些交易模式更重要。他强调说："我再次发现，认真研究让我赚到了钱。"

在罗布交易生涯的第三阶段，他利用Excel和TradeStation来做模拟测试，以检验自己的交易思路。模拟测试让他形成了可行的交易思路。正如他所说的："因为我知道自己的胜率，也知道自己的期望值是多少，所以我喜欢交易。"通过研究各种价格、宽度、成交量、情绪指标和其他指标，他形成了自己的观点。"在这个过程中，我还知道了哪些传统的智慧是真实的，哪些传统的智慧只是传说。信息铺天盖地，我们很难知道哪些信息有价值，哪些信息是忽悠人的……模拟测试很重要，据此我们能知道哪些交易系统有用，哪些交易系统没用。"

> 很多传统的智慧经不起客观分析的推敲。

对罗布来说，认真研究就是一种优势。他解释说："无论是做日内交易、中线交易还是做波段交易，我都发现认真做研究才是最重要的。所有的交易思路都是在晚上形成的，开盘时间是用来执行交易思路的。研究（如何筛选股票和画图）、研究（如何进行定量分析）和研究（分析结果）是我认为对训练自己成为交易者最有帮助的三件事情。"

在罗布的观点中，我最喜欢的是他强调了任何交易者都要认真做研究，机械系统交易者也要认真做研究。罗布知道要测试自己的交易系统，还知道要研究自己和交易。当罗布找到了最赚钱的交易系统以后，他就会尽量利用自己的系统，不再依靠让他亏钱的直觉。

杰夫·米勒的交易方法与罗布不同，但他关于自我训练的观点与罗布的观点惊人地相似。他强调："到目前为止，在我的交易中最重要的事情是拥有一个系统或一种方法。如果没有一个让你有信心的系统，你就会犹豫不决，你总是怀疑自己。这就会导致你提前平掉了赢利的仓位，死守亏损的仓位，还会犯很多其他错误。你必须确认自己的基本方法是有效的。如果你做到了这点，就可以将精力放在如何做出正确的决策上，虽然这些决策不会总是让你赢利。"

杰夫使用的关键词是"知道"。很多交易者不知道自己的优势在哪里，不知道自己使用的方法在不同市场状况下表现如何。他们有信念，但对自己所做的决策信心不足，结果导致他们没有纪律性。他们亏损并不是因为他们不能遵守规则，而是因为他们对要遵守的规则表示怀疑。

> 很多时候，自律性差是信念不坚定的结果。如果我们不能真正了解自己的优势，怎么会相信自己的优势呢？

杰夫·米勒关于自我训练的第二个重要观点是分析和回顾。他解释说："开发系统意味着要测试系统。仅仅测试一小段时间的数据是不够的，你要测试不同市场的数据，要测试相当长时间的数据。这样做，你才能拥有信心。即使你是这么做的，也必须定期回顾你的业绩，以确保每个方面都没有出现变化。资金曲线回撤时，有时候你很难判断是不是环境变了，无法知道这是不是正常的资金曲线回撤。"也就是说，交易充满了不确定性，最好的思路有时候也不奏效。分析和回顾的目的是形成优势，并监视是否有变化。你无法找到在任意时间、任意市场都赚钱的交易系统。

杰夫关于自我训练的第三个观点是学会识别例外情况。他指出："了解你的交易方法意味着你要知道什么时候会发生例外情况。当你说'这次不一样'的时候，就意味着你的想法很危险。请记住，即使是做长线，例外情况也许会持续几天。"这种思路使我们想到了亨利·卡斯滕斯的重要观点：你要知道在什么时候停止交易。如果有异常情况，常用方法产生的收益可能就没有以前那么多了。异常情况产生的收益是异常的，产生的风险也是异常的。

罗布和杰夫都强调了认识自我的重要性。你对自己的交易方法越了解，就越有可能发挥它们的优点并回避它们的缺点。对于罗布和杰夫来说，这意味着要在交易时间以外花大量的时间和精力来增强自己的优势，还要善于应对变化的环境。这些交易者都强调了收盘后研究交易的时间越多，就越有可能成功。交易者肯花时间反复研究自己的交易方法，就说明交易者赚钱的决心很坚定。作为自己的交易教练时，你与篮球或足球教练是一样的：你花在研究、练习和计划方面的时间越多，就越可能成功。

我给你布置的任务是，把自己看成一个交易系统，在不同的市场和不同的市场环境中反复研究自己的业绩。你要特别关注最赚钱的交易。这些最赚钱的交易是否出现在特定的时段或特定的市场状况下？是不是只有几个市场或几只股票最赚钱？最赚钱的交易是短线还是长线？最赚钱的交易是反转交易还是顺势交易？你的目标就是确定最赚钱的方法，尽量采用最赚钱的方法并回避风险。知道你的能力——尤其是你最擅长做的——是最有效的培养信心的方法。你可以每周分析一下你所做的每笔交易，这是一种很好的起步方法。

训练提示

跟踪分析你的交易，包括不赚不亏的交易、赚得很少的交易和亏得很少的交易。在这个过程中，你可以学会及时止损（同时你会发现有时候你提前出场了）。如果你能快速判断出哪些交易是错的，就能让平均每笔的亏损小于平均每笔的利润。这是交易成功的关键。

第88课 态度和目标是影响成功的因素

雷·巴罗斯有多重身份，他是基金经理、交易者、作者和交易教练。他是我所认识的将心理学和对市场的正确理解结合在一起的少数几个交易教练之一。他的“交易成功”博客（www.tradingsuccess.com/blog）因交易和心理洞察力而著称，他的著作《趋势的本质》（*The Nature of Trends*）则是交易训练的优秀工具。他在书中解释了他分析市场的方法、风险管理方法和交易心理。

类似的，约翰·福尔曼也有多重角色。他是体育教练，还培训交易者，并在他的“交易精华”博客（www.theessentialsoftrading.com/blog）上发表他的观点。他的著作《交易精华》（*The Essentials of Trading*）是一部优秀的市场概述和指南。书中谈到了市场分析、执行交易和开发交易系统，他的观点都很有价值。他深知技术培养和心理学对交易者成长的重要性。

当我问雷对自我训练最有帮助的三件事是什么时，他认为首先要有良好的态度。他认为以下态度关系到交易是否成功。

1. 诚实

雷解释说：“诚实绝不是有意识地伪造现实。如果说有一种品质对我和我学生的成功起了决定性作用，那就是诚实。成功的学生对自己都非常诚实，失败的学生都倾向于为失败找理由。”

2. 负责任

雷解释说：“无论是成功还是失败，我都会自己负全责。成功时我会问自己：怎样才能继续成功？失败时我会问自己：从失败中学到了什么？”

3. 坚韧

雷强调：“我会竭尽所能实现我的目标——先努力学习，然后量体裁衣。我注意到，对于失败的学生来说，只要书中所讲的内容让他们感到不舒服，他们就会有逆反心理。”

> 学习过程中，你要去研究让你感到不舒服的方方面面，这样你才能接受新方法。

4. 遵守纪律

雷强调：“在制订并遵守交易规则方面，我有自律性。我能坚持写日记，所以我可以从自己的交易中学到东西。而且，我会庆祝自己的成功，并不断地充电。”

琳达·布兰福特·瑞斯克在过去几年里通过她的在线交易室、研讨会和书籍帮助了很多交易者。雷引用了她的观点，也就是交易者必须掌握三个“R”——习惯（routines）、研究（research）和回顾（reviews）。

雷发现，作为一个交易者，其必不可少的习惯如下。

（1）更新数据和日记。

（2）回顾交易。

（3）为交易做好准备，“想象如何进场，如何出场”。

（4）协调交易的各个方面。

（5）控制好个人资金和交易资金。

（6）兑现承诺，包括写文章、准备演讲等。

他说他的自我训练综合考虑了回顾和研究。他解释说：“我可能会发现我的交易日记呈现出了一种模式，这种模式有点重要。也许这种模式表明我亏损了，也许这种模式表明我赚了很多钱。对于前一种情况，我需要研究导致亏损的原因：是不是我的计划与当前市场状况不兼容？是不是我没有遵守纪律？无论哪种情况，我都要做出正确的判断。如果当前市场状况不适合我的计划，我将减小交易量或暂停交易。如果我没有遵守纪律，我将找到原因并采取补救措施。然后，我会回顾这些措施，以便获知是否产生了预期的结果。如果没有产生预期的结果，我会改变我的行为。”

雷还会认真地回顾并研究业绩特别好的时期，“如果我获得的利润比正常情况下多，我将确定当前市场状况是否碰巧适合我的计划，或者基本面发生了变化，才导致我赚钱了。在前一种情况下，我将增大交易量并保证自己在交易之前遵守纪律。对于我来说，资金曲线的暴涨比回撤更值得引起警惕。如果基本面变化了，我会确认我的做法，并有意识地继续这种新行为。”

赢利时保持警惕是防止过分自信和不遵守纪律的有效方法。

雷说：“我还不断地研究新思路。”他是一个热心的读者，积极寻找能够影响他生活和交易的观点。当他形成一种新的交易思路时，会让其他交易者帮他检验这种思路，以确定这一思路是否真正具有优势。他解释说："我的回顾给我的行动提供了可靠的基础。我设定目标，采取行动，然后观察行动是否会产生预期的结果。"

雷采用的最好的方法之一是将日记分成交易部分和个人部分。他会在交易日记中将进场和出场纪律分级：如果自己按计划进场和出场，他会给自己打3分；如果进场或出场中的一个没按计划进行，他会给自己打1分；如果进场和出场都没按计划进行，他会给自己打0分。他解释说："我希望我的分数至少是90%，我必须实现90%。如果我的分数低于90%但高于85%，我便开始寻找原因并采取补救措施；如果我的分数低于85%，我就停止交易。"在交易日记中，他还跟踪自己单笔交易的利润率，看看单笔交易的利润率高不高。他说："我希望能抓住一个行情65%的利润。如果我只能捕捉到一段行情65%以下的利润，我会将这一情况视为警告，告诫自己已进入了衰退状态。"

> 和成功的制造企业一样，交易者可以通过评估他们的过程并改正缺点来不断地改进质量。

雷在日记的个人部分记录事件、感觉和每笔交易中的行为。他指出："这样做的目的是掌握足够多的细节，以使我能够知道基本面是如何变化的，我是如何违反纪律的和市场状况是如何变化的。"也就是说，他像跟踪市场一样跟踪自己的表现，以从数据中找出趋势的迹象。当他的交易顺利时，他希望更激进一点；当他的交易衰退时，他希望降低风险。他还会跟踪一些指标，包括盈利交易的平均交易量、亏损交易的平均交易量，胜率，利润的标准偏差、亏损的标准偏差，连续盈利的笔数、连续亏损的笔数，盈利交易的平均持仓时间、亏损交易的平均持仓时间，期望值，资金曲线的回撤值，资金曲线回撤后的恢复时间。雷自我训练的关键方法是像研究市场一样深入地研究自己。

在确保自己的交易适合个人生活这一点上，约翰·福尔曼和雷的观点产生了共鸣。他强调说："交易者的首要任务是退一步，从大局出发看待每一件事。这一点对于交易新手来说非常重要，因为新手需要弄明白交易如何才能与他们的生活融为一体。即使是交易老手，偶尔也需要这样做。交易是一个人生活的一部分，与生活密不可分。交易扮演的角色决定了交易的方式，并且交易的角色会随着时间的推移而发生变化。定期从 3 万英尺的高空俯视自己可以使一个人目光远大。”我非常赞同约翰的观点。即使是成功的专业交易者，也会因为工作责任而变得负担过重，以至于日日夜夜地跟踪市场和热点。如果交易者被交易弄得精疲力尽，就会失去效率，并最终影响业绩。成功的交易意味着知道什么时候不进行交易以及什么时候保存并恢复个人精力。有时候最好的交易决策是回避风险，暂时放假。从 3 万英尺高空观察自己会激发出好的交易思路和表现，可以提高交易的业绩。

约翰·福尔曼这样总结他的自我训练：“第二件重要的事情是要承诺提高自己的业绩。这是很明显的事情，但有时很容易被忽视。当人们成功的时候，人们会感到自满。虽然事实可能是你已经变优秀了，而且你也希望如此，但为了使自我训练有价值，你必须始终坚持提升自己。在我工作过的公司里，我时常可以发现这一点。最优秀的交易者和基金经理会在他们赢利时进行训练，而不是在亏损时训练自己。他们有自我完善的持续动力，而不是临时补救一下自己的缺陷。”

> 衡量一个交易者是否优秀的指标是他在赢利期间的努力程度。

约翰总结说：“最后，设定正确的目标和评价自己的进步也很关键。体育教练会扮演外部观察员的角色，交易者也可以借鉴这种方法。这么做的好处是不直接接触个人的心理，这样不会把自我评估搞复杂。交易者在评估自己的时候千万不要破坏了自己的信心。这意味着这个过程要尽量客观，交易者不能太自我。”约翰在此提出了一个好观点：设定目标和回顾时不能破坏自己的信心或动力。含糊或遥远的目标会使你得不到足够的反馈，也没有成长；很难实现的目标会使你产生挫折感。以消极的心态跟踪目标，并死盯着不足之处，会使自我训练变成一项惩罚性的活动。优秀的自我交易教练就像优秀的体育教练，会利用目标来促进个人成长并树立信心。如果某个过程不断使人感觉自己很差劲儿，那么没有人可以忍受这一过程。

你的任务是进行“3 万英尺高空”式的自我评估。我们讨论过如何跟踪自己的交易，但现在你的目标是跟踪自我训练。你的交易是否融入了你的生活？你是否发现自己的生活融入了市场？你的大部分时间是否用来进行交易？你是否用了同样多的时间来提高自己的业绩——回顾并研究市场和交易——帮你形成新的思路，并提高技术水平？你花了多长时间让自己做到聚精会神？有多长时间你在无所事事？你是否给自己的业绩评级了？你是否分析了自己业绩的起起落落？你是否利用了自己的业绩来指导自己如何承担风险？简而言之，如果你想成为一名优秀的教练，就必须像了解交易结果一样了解自己的训练业绩。训练自己成为自己的导师是我们可以从雷和约翰那里学到的关键经验。

训练提示

正如你可以通过形成自己的交易成绩单来跟踪你的进步，你也可以给自己的自我训练评分，方法有评价自己花在自我训练上时间的长短，评价你为自己设定目标的清晰度，评价你为实现目标而努力工作的程度。如果没有在交易技术上下功夫，你就不能成为一个交易者；如果没有在训练技术上下功夫，你就不能成为自己的教练。

第 89 课 交易公司的观点

迈克·贝拉菲奥雷是 SMB 基金公司的合伙人之一。SMB 基金公司是纽约的一家交易公司，专门从事证券短线交易。他是一个成功的交易者，也是公司里交易者们的导师。最近，SMB 通过博客（www.smbtraining.com/blog）和一些交易课程培训交易者。我很高兴能参观 SMB 基金公司，迈克、史蒂夫·斯宾塞和公司里的其他人都给我留下了深刻的印象。交易大厅里终日人声鼎沸，因为交易者们在分享思路和突破性进步。

拉里·费希尔是 TradingRM 公司的合伙人之一。TradingRM 是芝加哥的一个交易公司，专门从事个股及个股期权交易（http://tradingrm.com）。拉里和他的搭档里德·瓦尔法创建这家公司的初衷是为交易者提供一个训练和教学的环境。这家公司的特别之处在于拉里和里德会公开他们的所有交易，以向他们的交易者说明他们每天都在做什么。教学和训练内容就是以这种方式融入每日交易中的。在参观 TradingRM 时，这里的学习环境给我留下了深刻的印象。拉里和里德开发了一个网站（http://blog.tradingrm.com），以便与交易者们分享自己的观点。

迈克很有意思，当我问他对自我训练最有帮助的三件事是什么时，他用电子邮件给我发了一份 14 页的文件。他很了解训练过程并在自己的交易中实践这一过程。他认为最重要的事情是记录交易统计数据。迈克解释说："对于我的交易来说，统计数据非常重要。我必须知道哪些交易方法对我最有效，我必须知道哪些股票使我赢利，我必须知道我的胜率、我的资产流动数据等。"

SMB 的交易主管吉尔伯特·门德斯为交易平台开发了一种工具，叫作 SMB 跟踪者。这种工具为每个交易者总结了每日交易的统计数据，以使交易者们可以看清他们的表现以及他们是如何赢利或亏损的。迈克·贝拉菲奥雷说："选错了股票常常让我头痛。"他讲述了他交易一只股票的故事，这只股票在秋天时还走得好好的，后来就一直亏钱。他开玩笑说："在交易时，我感觉另外一个人住在我的身体里。于是，我查看我的统计数据。这些数据尖叫道：'嘿，迈克，也许换一只股票更好。'我做了些必要的调整，找到了更适合我交易的股票，并决定开始交易这些股票。于是我又开始赚钱了。"

> 交易统计数据使我们既找到了问题，又有了解决方案。

迈克还讲述了他在交易 SNDK 时的一次特别惨重的亏损。他回忆道："我一直都记得 2005 年 11 月 21 日这天，这天简直发生了大屠杀。连续几个星期，我都边走边在心里诅咒 SNDK，并发誓再也不会交易 SNDK 了。但有一天我在检查我的统计数据时惊讶地发现，实际上我那天的交易非常好，应该是救了自己。我只是高估了那天的下跌而已。交易时，你会产生一种关于你交易好坏的感知，这种感知可能是错误的。当你研究自己的交易统计数据时，你也许会发现你原本认为赚了巨额利润的股票事实上并没有带来巨额利润，你还可能会发现你原本认为带来了严重亏损的股票并没有带来严重亏损。”

迈克·贝拉菲奥雷的第二种训练方法涉及每个人都在无意识做的事——呼吸。他说：“交易时必须保持头脑冷静，以使你能够准确地处理市场数据。有些交易者认为他们只需要更好地集中注意力并排除不需要的刺激。这些交易者认为他们可以使自己很好地集中注意力，但保持头脑冷静是一种后天学会的技术。马里安诺·李维拉（一位快速球投手）只有在自己真的想投出变速球的时候才能投出变速球。他需要花上百个小时来练习动作和控制。他每天花 15 ~ 30 分钟来做深呼吸并掌握这种技术。我的搭档，SMB 基金公司的共同创始人史蒂夫·斯宾塞教我如何正确地呼吸。史蒂夫将这种方法教给了公司的新人。我过去常常认为我能准确地处理市场数据，但是在我学会了怎样正确呼吸以后，我发现那并不准确……你必须培养保持头脑冷静的技术，以使你准确地处理你的市场数据，并最终充分发挥你的交易潜力。”

迈克讲述了他身边一个年轻交易者的故事，只要他的股票价格变化对他有利，这个年轻交易者就会欢呼，而交易老手仅仅会微笑。这个年轻交易者很快就爆仓了。迈克指出：“像我们这样的交易老手，一天当中没有值得庆祝的事情。当你为你的股票欢呼的时候，你就忘了分析市场数据。”通过控制呼吸，他能更好地分析市场数据并改进自己的决策。

> 交易时，如果你为了交易而庆祝或感叹，那说明你没有将注意力放在市场上。

迈克·贝拉菲奥雷的第三种自我训练的好方法是观看他的交易录像。他说：“观看交易录像是最好的提升自己的方法。很多优秀的运动员，比如阿里克斯·罗德里奎兹，都利用录像来提高自己的业绩。我把我所有的交易过程都拍下来了，我会复习重要的交易。这种做法克服了两个较大的缺点：提前兑现利润和加大交易量。”通过观看自己的交易录像，迈克制订了有关以下问题的规则：何时坚持持仓，平仓后什么时候重新建仓，什么时候平仓。他把这些规则融入了自己的交易系统。他解释说："当我看到回报风险比很大的时候，我就有信心加大交易量。我从交易录像中得知，在某些情况下加大交易量，回报风险比很大，此时不加大交易量反而是不负责任的。所以一旦市场状况符合我加大交易量的标准，我就会立即进行。"

再次说明，自我训练归根结底还是要努力。迈克说："在我的交易空间中，我讲了，如果你不愿意在周末或在收盘后找些时间来观看你的交易录像，那么你就算不上一个交易者。交易是一项运动，也是一场比赛。你的交易结果经常由你在开盘之前付出的努力决定。"

拉里·费希尔对我所提问题（对他的交易最有帮助的三种自我训练方法是什么）的回答反映了其公司的培训方法，也反映了他多年来的交易经验。他是这样说的。

1. 写交易日记

拉里解释说："这些年来，我一直用日记来判断我的情感是否稳定。写日记成为我日常交易中的一项重要工作。我意识到写日记给我带来了巨大的好处，尤其是当我的交易很成功或很失败的时候。这个过程增强了我的能力，我能让资金曲线回撤的时间变短，让赚钱交易的时间变长。"我注意到，拉里在他交易成功和交易失败时都会有效地利用日记。这使他以积极的方式保持情绪稳定——使他在看清市场的同时能够自信地交易，并使他在感到正在交易的股票对自己不利时能够很快地采取修正措施。所以，成功的交易者和不成功的交易者之间的差别，通常是如何应对正确的交易和错误的交易。正确记录的日记可以成为应对这些极端情况的工具，能够使你在交易成功时增加风险投入，在交易失败时撤退。

> 交易日记能让你观察自我。

2. 与同行交流

拉里·费希尔说："我经常与一些朋友和同事们进行交流。我可以向他们学习，还可以分享实战经验。交流可以帮助我应对交易中的起起落落。”优秀的交易者们经常谈到这点：他们拥有广泛的人际网络，很多人会帮助他们。拉里的该观点与雷·巴罗斯的观点是一致的：交易难免起起落落，有时候很赚钱，有时候则很亏钱。能够与经历过这些的交易者交流并了解他们怎样度过那些日子对我们有巨大的帮助。我们低估了相互影响作为一种认识手段时的力量，有些人在说出自己的思路时的思维更清晰。大声说出我们的思路有助于优化我们的市场观察力并使我们做出更好的决定。

3. 在良好的环境中交易

拉里解释说：“为了更好地进行自我训练，我需要在有益于成功的环境中进行交易。我们成立公司就出于这一目的，在该点上，我们公司所有交易者的意见一致。公司的交易者不但有学习的欲望，还有团队精神。”我参观过很多公司，这些公司的交易者们几乎都是单独作战，每个人都是独自成长的。如果一个公司强调团队精神，那么每个人都能从团队合作中学到东西。这是拉里·费希尔的核心观点，也是他公司的最大优势。当每个人都公开说出自己的交易时，就没有什么好隐瞒的了，这也是一种解脱和放松。你可以从同事的成功中学习，也可以从他们的错误中学习。他们的思路会启发你，而你关于消息或突破的看法也会帮助其他人。在一个环境中，如果每个交易者都是自己的教练，那么所有交易者必然会有助于彼此的训练。

> 没有责任意识就没有成长。

他们是真正的交易者，他们做到了以交易为生，他们开的是真正的交易公司，他们的话可信。即使你不在 SMB 基金公司或 TradingRM 公司工作，他们的好方法也可以成为你的方法。与这些公司交易者的交易相比，你的交易如何？与他们的交易氛围相比，你的交易氛围如何？当你训练自己时——从某种意义上讲——你正在建立自己的交易公司，你身兼教练、风险管理者、研究人员和交易者数职。这些角色是否尽职取决于你在每个角色上付出的时间和精力。一个世界级篮球运动员同时关注进攻和防守的训练，训练内容包括传球、运球、投篮、篮板球和身体状况调整等。无论是体育比赛还是做交易，你都应该同时关注其方方面面。成功的交易公司会注意所有方面。

迈克和他的搭档史蒂夫都强调了呼吸训练的重要性。你也要注意这方面。控制情感的第一步是控制自己身体的反应。当我们的内心充满压力和忧虑时，会把压力和忧虑带入市场。当我们保持头脑冷静时，会根据市场的模式冷静地做出反应。写日记，与同行交流，研究你的交易统计数据，这些行为都能让你保持冷静并拥有信心。交易者确实需要每天花时间来保持冷静的头脑，有经验后就会更容易地做到。找一个安静的房间——没有噪声——使自己完全静止，将你的注意力集中在某个东西上：墙上的物体或耳机中的音乐等，然后缓慢地深呼吸并尽量保持注意力集中。如果你保持精力高度集中，情绪稳定，就会发现自己能够处理好恐惧、贪婪、焦虑和过分自信等情感。如果你情感不稳定，再好的交易方法和环境也帮不了你。顾名思义，你可以通过呼吸来训练自己。

训练提示

我发现，如果我每天起床后开始健身，就可以使注意力集中，精力充沛。如果你起床后无精打采，那么很可能会在整个交易日中变得更加疲倦和精力不集中。一方面，你要研究市场；另一方面，你要保持自己的体力和精力充沛，以提高自己的业绩。

第 90 课　利用数据提高业绩

雷思福·罗尼·杨的网站名叫“市场说话”（www.markettells.com），他还写业务通信邮件，通过分析市场行为形成交易思路。他在寻找趋势方面有优势，在盘中就能找到趋势。他的思路，我们可以直接用来做交易，也可以用来辅助我们的主观交易。对于没有时间、技术或意愿研究市场（见第十章）的交易者，“市场说话”提供的服务就很有价值。

大卫·阿德勒是“交易者 DNA”网站（www.TraderDNA.com）的负责

人，这个网站销售一种跟踪业绩的软件。这个软件会分析你的交易，然后总结出你的优点和缺点。高频交易者没有时间一笔一笔地输入自己的交易，所以这个软件对他们很有用。这个软件会把交易结果和总结报告以图表的形式展现出来，而且很好理解，你可以打印出来看。

当我请罗尼总结对自我训练最有帮助的方法时，他慷慨地分享了他在历史研究中发现的交易模式。他在回答中总结了日内、每日和每周的分析，我将在随后这几页内容中具体引述。

1. 每日/每周的分析

罗尼说："当纽约证券交易所上涨股票的数量与下跌股票的数量之比超过3:1，且市场还在上涨时，我就会用我的'大师表格'做测试和研究。这个软件包含了从1980年开始的日线数据和从1950年开始的周线数据，还包含很多其他数据（如宽度、成交量、新高和新低等），我可以利用这些数据进行快速测试。我会研究标准普尔，如果标准普尔的比率超过了3:1，且上涨了3天，那么我会研究之后2周内的市场表现。这种波动常常是市场见顶的表现，买盘非常大，在短期内买盘会枯竭，市场会下跌。但是，如果市场还是很强劲，那么我就会认为市场在之后两周内都会上涨。"

罗尼解释了他的分析过程："简单地说，假定我有一个电子表格，该表格包含标准普尔500指数的日线数据及纽约证券交易所上涨的股票数和下跌的股票数。A列表示日期，B列和C列分别表示标准普尔500指数的每日收盘价及纽约证券交易所上涨的股票数和下跌的股票数之比。从D列的第五行开始输入下面的公式：

=if(and(c2>3,b5>b2),(b15-b5)/b5,"")

"这个公式表示：如果涨跌比例从3天之前开始超过3.0，且标准普尔的收盘价高于3天前的收盘价，则显示标准普尔未来10个交易日的收益百分比。然后把这个公式向下拖拉，直到数据结束的地方，并迅速地浏览结果。你可以立即看到我的设想似乎是正确的。在最近的30个例子中，有25个例子表明：标准普尔在10个交易日后在上涨，即此种情况发生的概率占交易总时间的83%。"

为了了解优势是否存在，将 X 天内的历史形态与市场总体趋势进行比较很重要。

罗尼指出：这看上去好像是上涨优势，但你必须首先确定标准普尔在未来 10 个交易日内上涨的概率。这里提供一种快速而简单的方法。退回到上述电子表格样本 D 列的第五行。将公式改写成“=if(b15>b5,1,"")”。这意味着：如果两星期以后标准普尔股票的收盘价比今日收盘价高，则显示结果“1”，否则不显示。然后向下拖拉公式。我们常用的电子表格软件是 Excel，你可以在右下角看到所有带有“1”的单元格的总和。用这个数字除以总天数，得到的概率是 57%。也就是说，就某一天来说，标准普尔两星期以后的收盘价高于当日收盘价的概率是 57%。这远不及标准普尔上涨股票数和下跌股票数比例是 3 且 3 日后仍大于 3 时的概率 83%。这一现象证实了我最初的设想，即中线市场上涨的概率偏大，也就意味着有明确的上涨优势。

罗尼建议道：“你需要研究市场内部数据（如宽度、上涨成交量、下跌成交量、新高、新低）和纽约证券交易所综合指数等，不要指望常用指标，大部分常用指标只是反映价格行为。我发现模拟测试没问题的大部分交易系统都不错。价格创造了 52 周新低是否预示着中期底部？上涨成交量为 90% 是否表明市场要上涨？如果在短期内上涨成交量为 80%，结果会如何？对于任何思路，你都可以快速测试其结果。只要你有自己的研究方法和测试方法，就能知道自己的思路反映了上涨优势还是下跌优势。如果坚持利用这一优势，你就会跑在别人前面。”

当你凭借优势找到某种交易模式时，你很强大；如果你的优势能找到多种交易模式，你就会更加强大。

2. 日内分析

罗尼说：“纽约证券交易所跳动指数很可能是最有用的日内指标。只要你看一眼，你就能知道多少只股票在上涨，多少只股票在下跌。例如，如果你看到了‘+500’，表明刚才有500只股票上涨了。当你第一次观察纽约证券交易所跳动指数图时，它看起来好像过于复杂，好像没用……但是换一种观察角度，你就会看到一个完全不同的画面……实际上，你可以将纽约证券交易所跳动指数隐藏并仅绘制跳动指数的20天移动平均线，以看出供求关系。平均线在0以上，表明买盘较大；平均线在0以下，表明卖盘较大。这是每个交易者都应该知道的。”

罗尼说，还有另一种利用日内跳动指数的技术。很多数据提供商，比如e－Signal，可以让你在电子表格中输入实时数据。使用熟知的动态数据交换技术，可使你的电子表格中显示跳动指数的1分钟图。一旦实现这一点，你就可以很容易地创建自己的累积跳动指数。创建方法是：创建一个电子表格，其A、B、C三列分别表示日期、时间和纽约证券交易所跳动指数的收盘数值（e－Signal中是$TICK）。电子表格应该从第二行开始，并包含最近的390根的1分钟竹线，相当于一个交易日的数据。在D列的第一行中输入0，在E列的第一行中输入一个空格加当天的日期（空格相当于e－Signal中的$），然后跳至D列第二行，输入下面的公式：

=if(a2=E1, c2+d1, d1)

在390行中都填写该公式。这个公式表示：如果日期就是今天，则取最后一次收盘的1分钟跳动指数并累加到这一时段的总数中。如果有新增的数据，表格将自动在D列新建一个累积跳动指数。该累积跳动指数可被绘成日内图。在0点标记处画一条线并观察累积跳动指数，以揭露隐藏在纽约证券交易所下面买盘和卖盘的力量。

> 累积跳动指数揭露了每日情绪指标的趋势。

大卫·阿德勒以一种不同的方式使用数据，他将重点放在评估交易本身的业绩上。他解释说：“我深信，‘交易者DNA’背后的原理是知道在交易时段内发生了什么，这样才能发挥优点，回避缺点。其基本理论是，如果交易者可以回顾自己过去的交易并对整个结果有深刻的理解，他就可以主动防止未来犯同样的错误。同样，他可以确定自己的优势，并根据过去的经验判断在什么状况下能赚钱。”

大卫·阿德勒说：“我们的用户可以利用‘交易者DNA’软件读取交易订单数据，这使他们有机会彻底分析他们的数据，以便更好地了解他们交易的优势和劣势，尤其是他们的业绩趋势、亏损原因、交易特征、盈利交易和亏损交易之间的差别和其他因素。”以下是该软件提供的一些分析结果以及大卫的评论。

（1）分析的时间。大卫解释说：“每天的交易都在变化，我们的很多用户都是在交易的那天分析自己的业绩（包括平均利润、平均亏损，所承受的风险，盈利机会，盈利笔数、亏损笔数，盈利交易的交易量、亏损交易的交易量）。这可帮助他们利用过去的业绩来确定在特定市场进行交易的最理想时间。”

（2）盈利交易和亏损交易。大卫指出：“有件事情对找出盈利交易和亏损交易之间的差别很有帮助，很有必要做，即将盈利交易和亏损交易分别集中到一起，并用指标分析。这样做的好处是能发现你的盈利交易和亏损交易之间的差别。”指标包括盈利交易的笔数、亏损交易的笔数，盈利交易的平均交易量、亏损交易的平均交易量，盈利仓位加仓次数、亏损仓位加仓次数，平仓前的风险大小和风险到达最大前的平均持仓时间。最后一个指标是非常有趣的指标，通过分析盈利交易和亏损交易，你可以知道相应的持仓时间。

> 如果你知道盈利交易的风险、亏损交易的风险，盈利交易的最大风险、亏损交易的最大风险，相应的持仓时间，你就能制订规则，及时止损。

（3）将交易结果按照所交易的市场/品种进行对比。大卫·阿德勒说：“交易多个市场/品种的交易者有时候搞不清楚自己的业绩到底如何。交易者常常会在一个市场中大赚，但在其他市场中小赚甚至亏损。如果你在多个市场中进行交易，分开分析很重要。”分析指标有：各个市场的利润、各个市场的亏损，各个市场的平均利润、各个市场的平均亏损，各个市场的连续盈利笔数、各个市场的连续亏损笔数，各个市场的平均风险，各个市场的平均亏损机会，在各个市场中你为亏损仓位加仓的次数、在各个市场中你为盈利仓位加仓的次数，在各个市场中亏损仓位的平均持仓时间，在各个市场中的最大亏损、在各个市场中的最大盈利，在各个市场中按时间进行细分。根据我的经验，对市场的细分也会发生变化，因为某些市场会产生很好的机会，其他市场则不会。长期跟踪交易结果是实时看清市场何时和怎样变化的好方法。

大卫总结说："我看到很多交易者学会了上述技术以后，通过控制交易的频率和交易量来限制亏损，提高利润。根据我的经验，一周分析一次自己的交易比较好，两周分析一次或每月分析一次最好。"

直觉——长期观察市场模式之后内化学习的结果——在交易者建仓和平仓时可能具有重要作用。然而，即使你进行最凭直觉和最主观的交易，也可以从分析中获益：知道哪些市场和时间框架会提供机会，还要知道你利用机会的程度。最终，你会成为自己的交易系统。作为自己的交易教练，你的任务是了解你的系统是如何工作的，规避缺点并将优点最大化。罗尼和大卫提供的观点和工具是优秀向导，能使我们更科学地管理交易。

训练提示

以上交易者提供了很多经验总结，他们的观点能够改善你的交易。你要认真研究他们的观点，再看看其共同之处在哪里：他们都强调了哪些方面？这些共同的观点就是引导你努力前进的重要方法。

第十章

寻找优势

发现市场中的历史模式

> 科学是狂热和迷信的最好解药。
>
> ——亚当·斯密

交易者常常会谈到要在市场中拥有优势。这句话的意思是交易者的期望值必须是正数。算牌能为扑克玩家带来优势，交易者该如何在他们的市场中“算牌”并拥有胜算呢？其中一种方法就是开展历史研究。尽管历史可能不会在市场中完全重演，但我们仍可以识别出一些与过去的方向性优势相关的模式，并猜测这些模式在短期内和以前有相同的走势倾向。了解了市场的历史，我们就能用模式来指导我们的交易思路。

那么，我们该如何通过研究市场的历史来发现这样的模式呢？在交易者博客上，很多人都在问这个问题。如果你想将自己训练成一个交易者，如果你会测试不同的模式，那么你的能力就会大增。总而言之，如果你知道自己的优势，就有信心坚持交易。

关于模拟测试，一本书都讲不完，但是，我会领你入门。只要你运用历史数据和 Excel，就能找到一些很好的交易思路。让我们开始吧……

第 91 课 在交易中应用历史模式

一位交易大师说标准普尔 500 指数已经跌破了 200 日均线，所以他看空了。你可以据此开发自己的交易系统吗？跌破移动平均线真的就该做空吗？

确定答案的唯一方法就是研究，否则，投资和交易就与迷信差不多了。市场过去曾以某种特定的方式运行，但这并不能保证市场现在仍会以同样的方式运行。尽管如此，历史依然为我们提供了最好的指导。市场像人一样，不能被准确预测。但是，如果我们在不同环境下观察人们一段时间，就会对他们的倾向有一个大概的了解。同样，如果我们对不同历史条件下的市场进行深入研究，也会从中找到一些有价值的规律。

显然，在大众交易刊物中极力吹捧的移动平均线策略并不是十分可靠的。当我写到这里的时候，我看了一下，如果交易标准普尔 500 指数时，指数上了 200 天均线就做多，那么从 1980 年开始算，平均收益率是 8.68%。如果指数低于 200 天均线，随后 200 天的收益率为 7.32%。其差距并不大，很难将其作为做空市场的理由。大卫·艾隆森在写《实证技术分析》（*Evidence - Based Technical Analysis*）的时候测试了 6000 多个技术指标，他发现这些指标都不太可靠：依靠单个指标无法准确地预测未来的收益。

> 在投资前要进行调查研究，人们常说的交易智慧有时候是错的。

历史模式帮助我们进行自我训练的一种方式是：帮助我们区分神话和事实。我们常常听到"趋势是你的朋友"，然而，我在博客上所做的研究发现，赢利后继续交易的收益不如亏损后继续交易的收益多。对于人们常说的交易智慧，仅仅从字面上去理解是不够的。就像你买车一样，肯定要先试驾，之后再掏钱。交易策略的可靠性和有效性同样需要调查。

有些交易者会犯相反的错误，他们按市场的历史模式机械地进行交易。很多人最终爆仓了。市场模式是相对于我们所研究的历史周期而言的。在牛市中很赚钱的模式在熊市中就不行了。如果我的数据库中包括很多牛市信息和熊市信息，我会追溯到很久之前，以至于去研究市场推动力量完全不同于现在的市场。自动化的交易系统已经彻底改变了市场模式，尤其是短期模式。如果你只研究了 20 世纪 80 年代以前的市场，那么你的研究结果就没有考虑自动交易的不利影响。做模拟测试时，你选择的数据要足够多，要包含各种市场状况，但是也别太多了。

我的交易方法是将市场的历史模式看作定性的研究数据。简单地说，定性研究是形成理论的研究，而不是检验设想的研究。我把市场模式看作交易理论的来源，而不是固定的结论。我基本的设想是，下一个交易时期不会与最近几个交易时期有太大差别。如果一种模式在过去 X 个时期内一直存在，我们就可以设想这种模式在下个时期会继续存在。像其他任何设想一样，这种设想是可以被检验的。这种观点不是盲目的，而是有据可依，但不能视为永恒的真理，不能盲目地用于交易。

历史检验形成的是交易设想，而不是结论。

基于这种原因，我不推荐在研究历史模式的时候使用推理统计。就像心理医生会在病人身上寻找各种行为模式一样，我更多的是在寻找一些定性的差别。简单地说，我希望形成设想，而不是检验设想。在交易中，交易结果可以检验我的设想是否正确：如果我的收益明显很高，我就可以得出这样的结论——我是在凭知识交易，而不是在随机交易。

如果我们只是为了定性，那么测试数据的多少就不是很重要了。只要我们把历史模式的研究结果只看成设想，就能从过去的几周、几个月、几年或几十年的交易中勾勒出我们的交易思路。基本的设想仍然不变，即下个时期不会与最近几个时期有太大差别。拥有这样的想法，我们可以在不同时期、不同时间框架下根据不同的模式形成多种设想。比如，我们可以这样设想：收盘时如果价格涨到了前一天的 R1 支撑点之上，且涨势很强劲，那么我们可以考虑买入。我们还可以这样设想：如果上周的走势很弱，那么我们可以考虑买入。即使多种不相干的模式都说要做多（或做空），这也不是确定的结论，但这是一种可靠的设想。

当多种独立的模式均指向相同的方向时，我们就会得到非常可靠的设想。

当然，我们提出的很多设想，即使再有把握，也只是一种可能而已。我们可以看看一个星期中的几天和一年中的几个星期，道琼斯股票行情不错，所以我们会找到某只看似吸引人的股票的某种模式，比如 IBM 在夏季的第一个星期三会上涨，但这只是一种可能而已。好的设想应该合乎情理，你应该知道这些设想为什么有道理。比如，市场下跌一段时间以后，有些人要回补空头仓位，有些人会进场做多，此时你买入是有道理的。在用英文表示的以“M”开头月份的周四买入股票是没有道理的——无论你从历史数据中得到了什么信息，这种设想都是没有道理的。

当你第一次学着提出好的设想时，你所用的方法要简单，找到的模式要很有把握。你可以通过研究图表找到很多设想。也许你会注意到，当一只股票的成交量异常放大时，就该卖掉这只股票；市场第一天下跌，第二天跳空低开，那么就有可能会盘中上涨。你可以用历史数据来测试这些思路。你在交易和观察中注意到了什么模式吗？你要将这些模式记录下来并使其保持简单，这些模式有助于你进行定性研究。

训练提示

有几个业务通讯很善于测试历史模式，并能为你的思路提供灵感。它们的作者是第九章中提到的杰森·乔菲特、罗布·汉纳和雷思福·罗尼·杨。他们三人均为经验丰富的交易者和市场模式研究者。

第 92 课 利用正确的数据合理地设想

在上一课，我强调了设想要形式简单。这不仅仅是为了方便你的学习。只要我们不追求暴利，不加很多限制条件，我们就会形成很不错的设想。你可以直截了当地问自己：“如果第一周暴跌，那么第二周会如何？”你还可以这样问：“3 月份，黄金在上涨，债券在下跌，如果第一周暴跌，那么第二周会如何？”第一个问题比第二个问题好，第二个问题附加条件了——也许很多年中只有三次——所以很难从中归纳出结论。我在研究模式的时候，会注意这种模式在过去出现了多少次。如果出现了 20 次，我会特别留意；如果出现的次数很少，我会用字母“n”表示。附加条件越多，限制也就越多，我们就很难进行总结了。

> 最简单的模式最有生命力。

当然，模式在一个测试期内出现的次数在一定程度上取决于你所研究数据的频率。股指期货的一个交易日有 415 分钟，所以在 20 天内你可以观察到 8300 个一分钟模式。如果你要研究日线数据，那么得到相同数目的观察对象就需要有 30 年以上的数据。带有高频率数据的数据库在短时间内很难控制，并且需要使用专用的数据库使用方法；而我所进行的历史研究非常简单，就是在一个 Excel 文件中使用数据库功能。虽然我在可管理的时间框架下分析的数据并不多，但是足以满足我的需要。显然，一个要检验多个时间范围内多个变量的系统开发者需要使用一个数据库或一个专用的系统检验平台，比如 TradeStation。本章中提到的形成设想的活动对于那些想要系统地、慎重地选择交易模式的主观交易者们再合适不过了——主观交易者不是正规的系统开发者。

在提出值得进行研究的设想之前，你需要收集数据。你收集的数据要囊括一段时间。你所选择的这些数据要包含你要研究的市场状况和交易模式。比如，如果你根据板块间的轮动做交易，就要收集板块指数和交易所交易基金的数据。如果利用缺口模式做交易，你至少需要知道每天的开盘价、最高价、最低价和收盘价。以我自己为例，我研究的一些交易模式要知道创造新高或新低的股票数量，所以我要收集这些数据。

你可能会猜想到，数据库会很快变大。数据电子表格会包含以下内容：日期、开盘价、最高价、最低价、收盘价、成交量、变化率和一些你所跟踪的指标。无论是股票还是期货合约，你都可以创建一个大的电子表格，尤其是当你需要日内数据的时候。我强烈建议交易者从日线数据开始分析。这个过程会使数据集易于管理，并会帮助你提出更长时间范围的设想，从而对日内的观察和判断进行补充。应用日线数据你可以找到很多好的波段交易模式，并且干净、普遍、可靠的数据比较好找。

一些最可靠的模式持续的时间是几天到几周。

你从几个地方都能找到历史数据。很多实时交易平台都在服务器上保存了可观的历史数据。你可以利用这些软件下载历史数据，比如 e－Signal 和 RealTick（两个我亲自使用过的数据提供商），并在收盘后手动更新你的数据库。此种方法的好处在于，你不必从商家那里花钱购买历史数据。这种方法还可让你获取你想要的其他数据，并以你需要的方式进行保存。这是我收集大部分股指期货日内数据和纽约证券交易所跳动指数的方法。我会把这些历史数据存到电子表格中，很直观。整个工作表的更新过程（包括建立图表）最多只需几分钟。

你可以使用的第二种方法是从数据提供商那里购买历史数据，这也是我所使用的方法。我从尖峰数据公司（www.pinnacledata.com）那里购买日线数据，这家公司提供的在线更新软件是傻瓜式的。尖峰数据公司的很多数据可以回溯到很早的时候，有些数据和指标是很难搞到的。这些数据可以自动存入 Excel 工作表中，我们可以用不同的工作表存储不同的品种。你必须进入不同的工作表，并找出所有与某种设想和时间框架相关的数据。你可以将各种数据复制到一个工作表中，然后进行历史研究（以后还可以增加数据）。我从尖峰数据公司处得到的有用数据有：涨跌信息、新高和新低、成交量（包括上涨成交量和下跌成交量）、利率、商品和外汇价格以及周线数据。这些数据都是整体市场的数据，不是个股数据。关于个股数据，我认为实时行情软件中的历史数据够用了。

在收集干净的日内数据方面，我发现跳动数据公司（www.tickdata.com）是一个非常值得信赖的商家。他们的数据管理软件能让你在任意时间框架下将数据以 Excel 形式存储。这是一种快速建立日内数据的好方法，包括股票和期货的价格数据，还有一大堆指标数据。

如果你从数据供应商那里购买数据，就会有充足的数据用来研究，并且更新起来会非常容易。在行情软件中手动更新数据比较烦琐，而且很花时间，但是，这会很明显地为你节省很多开支。你收集数据的方式要简单，这也很重要。如果这个过程很烦琐，很快你就会放弃这种方法。

作为自己的交易教练，你要使学习进程令你兴奋、愉快，这是使你保持积极性的好方法。你要把焦点放在你已经留心的模式上面，然后收集相关数据。你首先要关注股票、板块、指数或期货合约的价格、成交量等指标。增加历史数据绝不是问题，关键是你要以一种方式组织这些信息，这样你就可以轻松找出你想要什么以及什么时候需要。在能熟练地观察历史模式之后，你会惊讶地发现自己在实战时立刻就能看出这些交易模式。

训练提示

收集日线数据和周线数据，如此一来你就可以研究几周内的交易模式。从简单的开盘价、最高价、最低价、收盘价这些数据中你都能总结出来很多设想，数量会多得让你吃惊的。上涨交易日之后的收益和下跌交易日之后的收益有什么不同？如果一个下跌交易日的振幅是过去20天中的最大值，这一天后会发生什么？连续三个上涨交易日或下跌交易日后会发生什么？一个下跌周中的下跌日后的收益与一个上涨周中的下跌日后的收益有什么不同呢？通过研究价格数据，你可以非常轻松地学到很多东西。

第93课 Excel基础知识

在这一课中，我会简单讲述一下我在研究市场历史数据时使用Excel的几个要点。如果你对电子表格还没有一个基本的了解（涉及单元格是如何命名的，如何将信息复制和粘贴到单元格中，如何将数据从一个单元格复制到另一个单元格，如何在工作表中创建数据图表，以及如何将简单的公式写入单元格），那么你需要一本针对Excel用户的入门教程。我这里不会讲解如何引用其他工作表，也不教你如何编写复杂的宏，现在我们所讲的是真正的基础知识。通过市场数据提出设想所需的一切都能通过运用这些基础知识完成。

那么，让我们开始吧！寻找市场模式和主题的第一步是将历史数据下载到Excel中。你的数据提供商会提供下载数据的指导说明。一般情况下，第一步工作涉及从行情软件或数据提供商的服务器中复制数据，并将这些数据导入 Excel。举个例子，如果你正在使用 e-Signal（www.esignal.com）看行情，单击你感兴趣的图表，然后单击菜单“工具”，再单击“数据导出”选项。此时软件会弹出一个带有图表数据电子表格式的对话窗口，如果你希望包含某个元素，就在方框中打个钩；如果你不需要某些元素，就把方框中的钩去掉。

在 e－Signal 的对话窗口中，如果你单击“复制到剪贴板”按钮，你会将所有已选中的数据放到 Windows 剪贴板上，数据会以文本形式存储在剪贴板上。然后，打开一个空白的 Excel 工作表，单击菜单中的“编辑”，选择“粘贴”选项，这样选中的数据就放到了你的 Excel 电子表格中。

如果你需要的历史数据比 e－Signal 的对话窗口提供的历史数据多，就要单击选中图表并向右侧拖动鼠标，这样你就会看到更多历史数据。快速移动鼠标，然后完成以下过程：单击“工具”，选择“数据导出”等。如果你需要比 e－Signal（或其他行情软件）服务器上更多的历史数据，那么你就需要订购尖峰数据等公司的数据产品了。

如果你需要多个指标或品种多年前的数据，就要从历史数据提供商那里下载数据了。这些历史数据提供商已经验证了数据的完整性和准确性。

如果你正在使用尖峰数据，可以使用他们提供的 Goweb 软件每日自动更新所有的数据。这个程序将所有最新的数据放到 C 盘 Data 文件夹中的 Excel 工作表里。Data 文件夹下的 IDXDATA 文件夹中包含了具体品种的数据（标准普尔 500 指数的开盘价、最高价、最低价、收盘价和创 52 周高点的纽约证券交易所股票的支数），各个品种的数据分别存储在各自的电子表格中。只要你打开这些电子表格，就可以选中你所感兴趣的历史时期的数据，单击 Excel 菜单中的“编辑”，单击“复制”选项，打开一个新的空白电子表格，单击“编辑”，然后单击“粘贴”选项。这样你就可以从尖峰数据复制数据并将其粘贴到你自己的工作表中了，在这个过程中不必修改数据的格式等。

就我个人而言，如果我不能轻松地将数据下载到电子表格中进行分析，那我不会订购这样的服务。你还可以购买服务器服务，服务器上面有大量的日内和日线数据，这样你就可以轻松地从一个服务器处得到你需要的所有数据。总的来说，我认为 e－Signal 和尖峰提供的数据是可靠的、干净的。当然了，收集数据的渠道很多，我建议你到处看看。

> 当你下载数据并进行分析时，将你的电子表格保存在文件夹中并用你自己可以识别的名字来命名，文件夹有助于你头脑清醒。一段时间之后，文件会越来越多，保持条理性才不会令你头昏。

将数据导入工作表中后，你需要使用 Excel 中的公式来将数据转换成你感兴趣的模式。Excel 中的公式都以符号“ = ”开头。例如，如果你想计算 10 个价格的平均值（最早的数据在第二行，之后的数据在下面），可以在 D11 单元格中输入“=average(C2：C11)”（不需敲引号）。这样，你就可以得到 C1 到 C10 单元格中价格的平均值。如果你想要生成移动平均值，只要先单击选中 D11 单元格的右下角，然后按住鼠标左键向下拖动，最后释放鼠标左键就可以了。在 C 列的一个新单元格中填入数值后，D 列相应单元格内的平均值就会更新，由此生成 10 日均线。

一般来说，Excel 中的每一列（标有字母）代表一个你感兴趣的变量。通常，我的表格中 A 列表示日期，B 列表示时间（如果我正研究日内数据），C 列表示开盘价，D 列表示最高价，E 列表示最低价，F 列表示收盘价，G 列表示成交量（如果我对此进行研究），H 列及以后表示我感兴趣的其他变量，比如其他指数或股票的数据、指标。表格的每一行代表一个时期，比如说一天。通常，最早的数据在第二行，之后的数据在下面。我会将第一行用作数据标签，以将每列都标记清楚：日期，开盘价，最高价，最低价，收盘价，等等。当你进行筛选时，你就会明白为什么这些标签是有作用的。

以下是一些我经常使用的简单统计函数，我经常使用这些函数对数据进行定性研究。在每个例子中，我都假设我们正在研究 C2 到 C11 中的数据。

· = median(C2:C11)——计算中间值。

· = max(C2:C11)——计算最大值。

· = min(C1:C11)——计算最小值。

· = stdev(C2:C11)——计算标准偏差。

· = correl(C2:C11,D2:D11)——计算 C2 到 C11 和 D2 到 D11 这两组数据的相关系数。

通常，我们不会分析原始数据，而是分析某个时期内的数据。公式“=(C3-C2)”给出了 C3 单元格和 C2 单元格的差值。如果我们想用百分比表示这个差值（以便于我们分析一个时期到另一个时期的价格变化百分比），公式应为“=((C3-C2)/C2)×100”。这个公式表示单元格 C3 和 C2 的差值占初始值（C2）的比再乘以 100，以此得到一个百分数。

当我们想更新后面单元格中的数值时，我们不需要重新编写公式了。正如上面提到的，我们先单击带有公式的单元格，再单击 Excel 菜单中的“编辑”，单击“复制”，然后用鼠标左键单击带有公式的单元格下面的那个单元格，并按我们的需要向下拖动。电子表格会自动计算你通过拖动鼠标选中的每个时期的价格变化。只要公式编好了，更新数据就会变得如此简单：从你的数据提供商那里下载新数据，将其粘贴到表格的适当单元格内。如果你用这种方式组织你的工作表，一天只需花几分钟的时间就可以完全更新数据了。

> 如果你创建了一个带有公式的电子表格，更新分析结果的工作大部分就变成了复制和粘贴。这样，在几分钟之内你就可以更新很多分析结果。

再次强调，在你开始进行实际分析之前，需要对基本公式、行和列的安排以及数据的复制进行一些练习。我强烈建议你在开展后面的工作前，能够熟练地从数据提供商那里下载数据，以及在 Excel 中对数据进行复制、粘贴和公式编辑这些操作。一旦掌握这些技术，你会终身受用，这些技术会大大提高你提出可靠交易设想的能力。

训练提示

支持动态数据交换的交易平台能使你将电子表格链接到平台的数据服务器上，这样电子表格就能实时更新。这对你在交易时跟踪指标非常有用，省时省力。动态数据交换的使用说明见第九章中罗尼·杨的相关内容。

第94课　可视化自己的数据

一种研究数据间可能存在的关系的好方法是你自己亲自观察数据。你可以在 Excel 中创建简单的表格，它能使你看出两个变量在一段时间内是如何相互作用的，从而使你识别出你在电子表格的行和列中没有注意到的可能模式。比如，当你绘制一个以市场平均值为对照指标的图表时，你可以注意到市场方向发生改变之前的背离模式。如果你经常注意这样的模式，这些模式就有可能成为有价值的历史数据研究的基础。

一个为 Excel 用户准备的基本教程中会包括创建不同图表的详细方法，这里的图表包括柱形图、折线图和饼图。你还会学到一些细微操作方法，包括在图中改变颜色、改变图形以及给不同的线和坐标轴加标签。在这一课，我会领你复习一些 Excel 的基础知识，应用这些知识可以让你开始你的数据研究工作。

> 通常，你可以通过观察数据元素之间的关系得出可能的交易设想。

首先，创建一个简单的表格（表 10.1）。这个表格能使我们看出第一个品种的波动和第二个品种波动之间的关系。数据都是虚构的，第一行是标签；A 列表示日期，B 列表示市场指数的收盘价，C 列表示矿业股票的收盘价。

表 10.1　市场数据例子

日期	市场指数	矿业股票
2008/12/01	200.25	9.46
2008/12/02	221.06	9.32
2008/12/03	228.01	9.33
2008/12/04	230.75	9.30
2008/12/05	255.37	9.18
2008/12/08	234.44	9.24
2008/12/09	230.24	9.22
2008/12/10	228.68	9.27
2008/12/11	235.56	9.20
2008/12/12	240.20	9.22
2008/12/15	251.98	9.12
2008/12/16	255.50	9.15
2008/12/17	239.88	9.29
2008/12/18	226.51	9.39

要想生成图表，用鼠标选中数据，包括标签，单击 Excel 菜单中的“插入”，选择“图表”，这时会出现一个带有各种各样图表的菜单。单击“折线图”，然后选择子菜单中第一行最左边的图表选项。这是一个简单的折线图。之后，单击“下一步”，你会看到折线图的一个小示例图、“数据区域”和“系列产生在‘行’或‘列’”。你应该选择“列”，因为你是按列描述变量的。继续单击“下一步”，你会看到“图表向导第三步”，在这里你可以输入图表标题以及 X 轴和 Y 轴的标签。这时，输入“市场指数和矿业股票”作为标题，“日期”作为“（X）轴”标签，“价格”作为“（Y）轴”标签，然后单击“下一步”。

对话框“第四步”会询问你是将图表作为电子表格的一个对象，还是将图表放在一个新的工作表中，选择“作为新工作表插入”选项，然后单击“完成”。

你会看到，“向导”把 A 列的日期放到了 X 轴。“向导”同样为我们建立了一个 Y 轴，并将 Y 轴根据数据的大小标上了价格刻度。非常遗憾的是，因为矿业股票的价格远低于市场指数价格，所以我们看不到矿业股票价格的波动。

为了修正这个问题，将你的光标放在图表中市场指数的那条线上，然后用鼠标右键单击，这时会弹出一个菜单，你要选择“设置数据系列格式”。单击“坐标轴”选项卡，然后单击“系列绘制在此坐标轴”按钮。这时，图表会发生改变，你会注意到出现了两个 Y 轴：一个是市场指数的价格，另一个是矿业股票的价格。这样你就能更清楚地看到市场指数和矿业股票的相对涨跌情况。单击“确定”，你就会看到一个新的图表。如果你想要用新标签标记 Y 轴，可以将光标放在图表中央（远离数据折线），用鼠标右键单击。这时会弹出一个菜单，你要选择“图表”选项。之后，会出现一个对话框，你可以在里面敲入“数值（Y）轴”（左侧）和“次数值（Y）轴”（右侧）的新标签。

如果你用鼠标右键单击图表中的任意一条折线，在弹出式菜单中选择“设置数据系列格式”，你会看到一个“图案”选项卡。你可以单击“粗细”选项旁边的箭头，使线条变粗一些。你还可以单击“颜色”选项旁边的箭头来改变线条的颜色。

如果你用鼠标右键单击 X 轴或 Y 轴，会看到一个弹出式菜单，单击“坐标轴格式”。如果你选择“字体”选项卡，就可以选择坐标轴标签的“字体”“字形”和“字号”。如果你选择“刻度”选项卡，就可以改变坐标轴的数值范围。在进行一些练习之后，你就可以自定义你的图表的外观了。（译者注：Office2007 和 Office2010 的相应操作相对简单。）

那么，你的图表告诉了你什么呢？你可以看到矿业股票的走势与市场指数的走势并不一致。当市场指数大幅上升或下降时，矿业股票却趋于向相反的方向运动。在这么短的时期内，这个图表不会告诉你什么惊人的消息，但是确实提出了一些有趣的问题。

（1）为什么矿业股票的走势与市场指数的走势相反？矿业股票的走势可能与黄金市场的走势一致吗？

（2）如果矿业股票随着黄金市场的走势运动，黄金市场的走势也与市场指数的走势相反吗？如果真是这样，原因是什么？二者是否可能受同一种因素——美元的影响呢？

（3）这样的关系会发生在某一个交易日内吗？当我们见到有人在大市场中买入或卖出时，我们有可能识别出矿业股票的买入或卖出信号吗？

回顾你所创建的图表，可以帮助你看清不同市场间的关系和市场内的关系。

很多时候，通过研究图表关系，你可以提出有价值的问题，并让你产生有趣的、能给你带来收益的交易思路。关键是要问“为什么”，比如：我所观察到的关系的产生原因是什么？记住，在进行自我训练的时候，你需要提出设想，这时没有比简单、古老的头脑风暴法更好的方法了。当你真正能从图表中看清数据间的关系时，使用头脑风暴法就变得容易多了。尽管你不会快速得出可靠的结论，但是可以渐渐学会如何提出可靠的交易思路。

训练提示

绘制标准普尔500指数（代码是SPY）和标准普尔500指数的基金的图表，然后分析它们之间的联动关系，分析最高价和最低价的变化关系，这相当于在做板块分析。我喜欢跟踪的板块是：XLB（原材料板块）、XLI（工业板块）、XLY（非必需消费品板块）、XLP（必需消费品板块）、XLE（能源板块）、XLF（金融板块）、XLV（医疗保健板块）和XLK（科技板块）。如果你不想使用这样的绘图方法，你可以在“决定点”网站（www.decisionpoint.com）查看板块相关指标及图表。另外一个关于股票和板块图表的优秀网站名叫竹线图（www.barchart.com）。

第95课 创建自己的自变量和因变量

当我整理我的电子表格时，我一般会将原始数据尽量往左放（A列、B列、C列等），原始数据的变化作为自变量放在中间，因变量放在最右边。下面我们来看看这样做的意义。

我们把自变量叫作预测因子。这些变量会影响市场。比如，我们可以研究标准普尔500指数前一个交易日的价格变化（自变量）对下一个交易日收益（因变量）的影响。原始数据为我们所选择时期内的标准普尔500指数的价格，自变量为前一日收益的移动计算结果，因变量为次日收益的计算结果。自变量就是我们认为能够带给我们交易优势的东西，而因变量是我们为了挖掘这种优势而进行交易的东西。

如果我将我的原始数据放在数据表的左边，接着放入原始数据形成的自变量，然后放入因变量，这样就有明确的分析结果了。

我再具体解释一下。先下载标准普尔500指数过去1000个交易日（收盘价）的日线数据，相当于4年的数据。如果我从尖峰数据处获取数据，就会在Excel中打开一个空白工作表；单击Excel菜单中的“文件”，单击“打开”，进入C盘的“Data”文件夹，双击“IDXDATA”文件夹，文件类型选择“所有文件”，双击“S&P500”文件，然后选中过去1000个交易日的单元格，在Excel中单击菜单中的“编辑”，单击“复制”，打开一个新的空白工作表，然后再次单击菜单中的“编辑”，光标选中A2单元格，单击“粘贴”，尖峰的数据就会出现在我的工作表中，第一行用来写数据标签（日期、开盘价、最高价、最低价、收盘价）。

如果你从其他地方下载数据，用于获取数据的菜单选项会有所不同，但是结果会是一样的：复制数据，然后粘贴到一个空白工作表的A2单元格中，再创建你的数据标签。于是，你的原始数据就占据了A列到E列（A列表示“日期”，B列表示“开盘价”，C列表示“最高价”，D列表示“最低价”，E列表示“收盘价”）。现在，对于F列（单元格F1）的数据标签，你可以输入（不要输入引号）：“SP（1）”。这就是你的自变量，即当天的指数变化率。你首先需要在单元格F3中输入（仍然不要输入引号）：“=((E3-E2)/F2)*100”。这是该指数中A2交易日与A3交易日收盘价的变化百分比。

现在，让我们在单元格G7中创建我们的因变量。在单元格G1中输入标签“SP+1”。在单元格G3中输入公式“=((E4-E3)/E3)*100”，其代表该指数中下一个交易日的收益百分比。

为了完成工作表，你需要单击选中带有公式的单元格 F3 和 G3，单击 Excel 菜单项“编辑”，选择“复制”选项。你会看到单元格 F3 和 G3 被突出显示。然后，用光标选中单元格 F4 和 G4，并将鼠标向下拖，一直到整个数据结束的单元格处，放开鼠标，使所有单元格突出显示。再次单击 Excel 菜单中的“编辑”，然后选择“粘贴”。这样你的工作表会对每个单元格按公式进行计算，工作表的数据部分就结束了。原始数据放在 A 列到 E 列，自变量（预测因子）放在 F 列，我们感兴趣的交易变量——因变量——放在 G 列。把这个工作表作为练习表保存在一个文件夹中。我们会在未来的课程中用到这个表。

请注意，尽管我们下载了 1000 个交易日的有价值数据，但是我们样品中的实际数据点只有 998 个。我们不能从第一个数据点开始计算 SP（1），因为我们没有前一日的收盘价，我们必须从第三个数据行开始使用我们的公式。同样，我们也不能仅依据最后一个数据点计算 SP + 1，因为我们不知道次日的收盘价。因此，我们仅可以使用我们下载的 1000 个数据中的 998 个进行分析。如果你就是想使用 1000 个数据，你就必须下载 1002 个数据。

练习一段时间以后，这些操作就会变成你的第二本能。完成工作表只需一两分钟：打开你的数据文件，复制并粘贴原始数据，编写公式，再复制单元格。在本例中，我们所要研究的是前后两天的收益之间有什么关联。我们在创建工作表的同时会提出这样的问题：“如果第一天上涨，第二天买入合理吗？第一天下跌，第二天卖出合理吗？还是说差别不大?”我把自变量叫作预测因子，因为我们并不能真正知道自变量是否与我们感兴趣的变量有关系。自变量仅仅是预测因子的原因还在于，我们并不是在做统计显著性检验，无法确定这个变量就能预测。我们所使用的方法和画图差不多：形成设想。

> 请记住，在本例中，我们是在使用历史关系来描述市场模式，并不是用统计学方法做分析。我们是在形成设想，并不是在检验设想。

如果我以前一直研究前一周价格变化与下一周收益之间的关系，那么工作表其实是一样的，只是数据为周线数据，不是日线数据。总之，如果你正在研究前一周期数据对下一周期数据的影响，上面给出的方法是最简单的分析方法了。这种方法能保证所有的观察结果都是独立的，并且没有重叠数据。

为了让你明白我的想法，我们用日线数据来研究前一周（五个交易日）的价格变化与下一周的价格变化之间的关系。F 列中的自变量应该是“=((E7-E2)/E2)*100”——过去五个交易日的价格变化。G 列中的因变量应该是“=((E12-E7)/E7)*100”——接下来五个交易日的价格变化。请注意，当你根据前面所讲的方法将那些单元格复制到工作表中时，F8、F9、F10 及 G8、G9、G10 等单元格中的结果并不是完全独立的。前五个交易日的收益与 F8、F9 和 F10 的数值重叠，未来五个交易日的收益与 G8、G9 和 G10 单元格中的数值重叠。如果你所使用的原始数据的周期比你研究自变量和因变量的周期更短，那么这种情况会一直存在。

统计检验中自变量数据是独立的，所以在统计显著性时，不适合将数据重叠在一起进行统计。由于只是为了形成设想，我可以容许一定程度的数据重叠，所以我可以用日数据来研究多达 20 天之久的数据关系——尤其是当重叠量在整个数据中所占的比例很小时。也就是说，我不会使用 1000 个交易日的日线数据来研究未来 200 个交易日的收益。用四年的数据研究前一个五日价格变化对下一个五日收益的影响是没问题的。

如果你的历史数据包括了很多种市场状况：上涨、下跌、横盘震荡、高波动性、低波动性等，你的研究结果就会非常可靠。

一般情况下，因变量会包括预期价格变化，因为预期价格变化是我作为一个交易者所感兴趣的东西。自变量包括可能与预期价格变化关系很大的任何数据，这些数据都是我通过观测得到的。通常，我会注意那些与次日收益相关的因变量（以帮助我形成当日交易思想）以及与下周收益相关的因变量（以帮助我形成波段设想）。如果我想通过更大的时间框架看待市场，我会研究下一个 20 个交易日的收益。使用不同时间框架的交易者可以使用不同时期的数据，包括日内数据。总的来说，我发现 1～20 天的周期对我的研究最有用。

再次强调，熟能生巧。我鼓励你在开始进行实际历史研究前，能够熟练地下载数据并将变量放在你的工作表中。毕竟，你的结果只有在你输入数据并使数据发生变化时才会有效。

训练提示

根据我举的例子，你可以分析向下跳空缺口第二天的平均收益。自变量会是开盘缺口，公式是“=((b3-e2)/e2)*100”（今日开盘价与昨日收盘价之差的百分比）。日价格变化会是“=((e3-b3)/b3)*100”（今日收盘价与今日开盘价之差的百分比）。你需要通过使用股指期货数据或交易所交易基金的数据来准确反映市场开盘价；大盘指数无法反映出准确的开盘价，因为不是所有股票在股市开盘时就可以进行交易。

第 96 课 自己进行历史研究

如果你已经下载了数据并算出了自变量和因变量，就可以开始观察两组变量之间的关系。在上一课中，你已经保存了标准普尔 500 指数数据的工作表，其中 F 列表示前一交易日的价格变化，G 列表示下一个交易日的价格变化。打开该工作表，我们开始进行研究。

你首先要做的是将该工作表中的数据复制到一个新建工作表中。我们首先将数据复制到 Windows 剪贴板中，然后粘贴到一个新工作表里。这样就清除了原来工作表里的所有公式，因为剪贴板只能保存文本数据。如果想自己分析数据，该过程必不可少。

选中工作表中除了末行以外所有的单元格。因为没有最后一行，没有次日收益数据，所以我们没有将最后一行纳入我们的分析。选中单元格，单击 Excel 菜单中的“编辑”，然后选择“复制”。之后，你就可以退出该工作表，让 Windows 将数据储存到剪贴板中。打开一个新建空白工作表，单击单元格 A1，单击 Excel 菜单中的“编辑”，选择“粘贴”，这样你的数据就会被转移到新的工作表中，而且不含公式。

一旦完成以上操作，你需要删除数据标签下面的第一行数据，因为没有相对于前一日变化的数据。当你选中整行、单击“编辑”、选择“删除”来删除这一行时，下面的行会向上移动，所以数据标签和数据本身之间没有空行。

现在你要选中所有数据（包括第一行的标签），选择 Excel 菜单中的“数据”，然后选择“排序”，在“排序”下拉菜单里选择“SP（1）”选项。你可以单击下拉菜单里的“降序”按钮，这样，标准普尔 500 指数的最大日收益会排在第一行，第二大日收益会排在第二行，以此类推，最后一行是标准普尔 500 指数最大的日亏损。

> “排序”函数可将你的自变量按值的大小进行排列，以便让你了解因变量是如何受到影响的。

现在，我们已经做好了研究数据的准备。为了进行说明，我假设你的数据标签放在第一行，数据有 999 行（998 天的标准普尔数据加上一行标签）。在 G 列最后一行的下面（单元格 G1002）输入“=average(g2:g500)”（没有引号），敲击“回车”。在单元格 G1002 下面（G1003），输入“=average(g501:g999)”，然后敲击“回车”。这样你可以大致了解：一半的交易日很赚钱，一半的交易日不太赚钱，分别看看它们的次日收益变得更好还是更差。请注意，你也可以输入“=average(g2:g250)”“=average(g251:g500)”“=average(g501:g750)”和“=average(g751:g999)”，通过将数据四等分来粗略分析次日收益。

你的数据能够显示出：交易萎靡日之后标准普尔 500 指数的次日收益大部分为正值，而交易活跃日后的次日收益一般不多。对你来说，要多大的差别才行？正如我在前面强调的那样，我不会利用这些信息开发一个统计学上占优势的机械交易系统。相反，我想做定性分析，看看是否有重大发现。如果有什么重大发现，我就能形成交易设想。如果上涨日后的平均次日收益和下跌日后的平均次日收益的差别在 0.01%~0.03% 之间的话，我是不会感到兴奋的。如果强势交易日后的平均收益为负值，弱势交易日后的平均收益为正值，这样才有趣。

> 在进行多次排序时，你就会感到有差别，这些差别可能会引发有价值的设想。

那么，我会如何使用这些信息呢？也许我会进一步挖掘、研究那些四等分数据，然后发现强势上涨交易日次日的收益很差。如果真是如此，我会有这样的设想：对于标准普尔500指数，如果第一天强势上涨，那么第二天开盘后是横盘震荡的。对于标准普尔500指数，如果我看到第一天强势下跌后第二天收盘上涨，我可以这样设想：如果第一天强势下跌了，那么第二天会有大反转。历史数据让我关注某些模式，让我提出了设想，但其不是可靠、确定的结论。

历史数据还可以优化我的交易行为。假设我正在做中期波段交易，如果市场在某天下跌了，我会加仓；如果市场在某天强势上涨了，我反而不会加仓。如果我持有空头仓位，我可能会在大跌交易日收盘时兑现部分利润，而不是在上涨交易日收盘时兑现部分利润。

如果我们没有找到任何明显差别呢？这同样是一个发现。这告诉我们：在这个时间框架内，在这段时期内，没有趋势。这告诉我们一个道理：市场大涨也好，大跌也好，你的期望值不要太高。此时我们不要认为趋势是我们的朋友，也不要去逆势交易。我们还应该知道从别处寻找潜在优势。

> 写下你通过研究发现的关系，这会对你日后的研究有指导作用，让你事半功倍。

如果你没有分析出数据间的可靠关系，那么你可以看看是不是还有其他的设想。比如，你可以利用周线数据和月线数据看看前期收益是如何影响后期收益的，而不是只看日线数据。你还可以研究另一个品种的次日收益。也许你会在商品或小盘股中找到比标准普尔500指数更多的证据，证明有趋势。

你的创造力真正可以起作用的时候是在你选择自变量的时候。你可以用工作表研究当日的看跌看涨比率和次日标准普尔500收益的关系、当日成交量和次日收益的关系、当日金融板块的收益和次日标准普尔500收益的关系、当日债券收益和次日收益的关系。如果你已经能够熟练使用工作表进行分析，这个过程就仅仅是从一组变量转换到另一组变量那么简单了。这样，你就可以在相对较短的时间内研究很多设想。

熟练掌握整个过程的关键是使用Excel中的“排序”指令。应用“排序”指令可将你的自变量从大到小或从小到大排列，让你知道你的因变量发生了怎样的变化。在图表中可视化你的数据时，“排序”是一种可以让你了解变量关系式的好方法，突出了重要的市场热点。但是，你一定要保存带有公式的原工作表——之前你命名为“练习表”的那个工作表。我们关于Excel技术的练习还没有结束！

训练提示

我建议你研究以下内容：强势上涨日和强势下跌日与次日收益的关系。你可以通过指标——比如腾落指标或上涨成交量与下跌成交量的比率——定义强势上涨日和强势下跌日，然后进行排序分析。你可能会发现强势的市场继续强势，弱势的市场要反转。之后，你可以通过排序选择下跌日，再分成很弱的市场和比较弱的市场。通常，你在上涨日所看出的模式和下跌日的模式不同。

第97课 将数据编码

有时，你感兴趣的自变量会是分类变量，而不是一串连续的值。如果我想要研究一个人的体重（自变量）和肺活量（因变量）之间的关系，我的所有数据都应是连续的。然而，如果我想研究性别（男/女）与肺活量之间的关系，那么该研究的就是分类变量与连续变量之间的关系。相反，如果我只想分析一个人的肺活量是否正常，我就要对我的因变量进行深入的分析。

在进行市场分析时，有时我们想要分类查看数据，而不是连续查看数据。在研究的过程中，我通常会将分类查看与连续查看相结合，原因如下。

如果你重新打开我们之前创建的数据表——那个研究标准普尔 500 指数当日收益与前一日表现关系的“练习表”，你会看到日期数据在 A 列，开盘价、最高价、最低价和收盘价数据在 B 列到 E 列，当日价格变化在 F 列，次日价格变化在 G 列。在上一课的分析中，我们按当日价格变化对数据进行排序，然后又研究了次日平均价格变化与强势交易日或弱势交易日的关系。我们的因变量——次日价格变化——是连续的。我们通过比较平均值来了解自变量与因变量之间的关系。

然而，平均值有时也会误导人：几个极端值可能会影响结果。这些异常值可能会使两组平均值之间的差异看起来比正常情况大很多。我们可以通过改变因变量来消除这种偏差。我们将次日价格变化放在 G 列，不过现在要在 H 列加入一个虚拟变量。这个编码会告诉我们 G 列中的价格变化究竟是上涨还是下降。这样，在单元格 H2 中，我会输入（不要输入引号）“= if(G2>0,1,0)”，然后按回车键。这样，如果单元格 G2 中的价格变化为正值，单元格 H2 里的数值会变成“1”；如果单元格 G2 中的价格变化是 0 或负值，单元格 H2 里的数值就会变成“0”。然后，我会单击单元格 H2，单击 Excel 菜单中的“编辑”，单击“复制”，单击单元格 H3 并拖动鼠标直到数据末尾，然后按回车键。这样，虚拟变量 0 和 1 会占据 H 列的所有单元格。

> 我们想知道自变量是否与上涨日/下跌日频率或价格振幅有关。

现在，我们来进行前一课讲到的“排序”操作。我们选中工作表中的所有单元格——包括新插入的 H 列单元格——然后单击“编辑”和“复制”。之后退出数据表，保存文件。打开一个新工作表，单击“编辑”，单击“粘贴”，所有数据——没有公式——就会显示在这个新工作表中了。我们像前一课那样再次对数据按 F 列（当日价格变化）进行降序排列。同样，我们将数据二等分，在 G 列最后一个数据下面输入“=average(g2:g500)”，再在其下面输入“=average(g501:g999)”。

正如上一课所讲的，这个工作表能告诉我们强势交易日（按价格变化排序后的前半部分）次日平均收益和弱势交易日（按价格变化排序后的后半部分）次日平均收益的差别。

紧挨着 G 列，在 H 列中两个平均值的单元格中，我们输入公式“=sum(H2:H500)”，再在其下面输入“=sum(H501:H999)”。这样我们就能知道强势交易日和弱势交易日后分别有多少个交易日是上涨的。因为我们对数据进行了二等分，如果当日表现与次日价格变化关系不大，我们就应该知道两部分数据大致相等。反过来说，如果我们看到在强势交易日后的上涨天数比弱势交易日后的上涨天数少很多，我们就可以提出设想了。

如果 G 列中次日变化的平均值有很大差别，但是两种情况下 G 列中获利天数差不多，那么这意味着前一日的收益不会对获利日比例有太大影响，但是那一天的交易量可能会受到影响。总的来说，我喜欢看到两个数值之间有明显的差别。这样，如果下跌日后的次日收益的平均值比上涨日后的次日收益的平均值高，并且上涨日的比例比下跌日高，那么，我可以提出一个设想。

注意，我们同样也可以把自变量变成虚拟变量。假如我想看看上涨日或下跌日（自变量）后是否会接着出现上涨日或下跌日（因变量），我可以在 F 列（当日价格变化）编入一个类似前面 H 列的变量，并在 I 列以相同的方式为 G 列（次日价格变化）加入变量。然后，我会把这个工作表复制到一个新工作表中，对数据按 H 列排序，这样我们就可以将 1 和 0 分开。然后，我们可以研究 H 列单元格是 1 的 I 列数据的和，并与 H 列单元格是 0 的 I 列数据的和进行对照。

如果我们想要研究事件对预期收益的影响，虚拟变量会对我们很有帮助。比如，我们可以将所有的星期一编码为 1、星期二编码为 2，以此类推，然后按编码对次日收益进行排序，用来告诉我们收益在一周的某天过后会更佳。当我们想要建立两个或更多自变量的复杂条件并研究它们与未来收益之间的关系时，编码同样对我们很有帮助。这种编码方法多少会有一些复杂，但这会是下一课的基础。

训练提示

如果你将成交量放入你的工作表，可以将成交量上涨日编码为1，成交量下跌日编码为0，这样你就可以比较当日上涨或下跌的成交量与次日收益的关系。现在你需要做的是对数据按当日价格变化进行排序，然后分别按市场上涨或下跌情况进行排序，比较市场上涨或下跌情况与上涨成交量或下跌成交量的关系。

第98课 检查市场状况

哲学家斯蒂芬·培伯提出了情境主义，并用其描述一种世界观。这种世界观认为，一定环境下的知识就是真相。短期的价格模式可能在大牛市有正预期值，在熊市可能就有负预期值了。开盘后第一个小时里的短线反转与中午出现的短线反转可能含义不同。举一个《重塑证券交易心理》中的例子，你知道“向右转（Bear Right)”在高速公路上表达的是一种意思，而在阿拉斯加的荒野中表达的却是另一种意思。

我们可以给市场数据赋予一定的含义，然后根据这种含义来研究交易模式。我们现在想要问的是：“在这种状况下，未来的期望值有多大?”我们默认有期望值，只是要在具体的市场状况下，我们才能讨论期望值。

> 很多非常成功的交易设想只适用于某些市场——不是所有的市场，也不是永远适用。

我们继续使用前几课使用的“练习表”中标准普尔500指数的历史日线数据。我们先复习一下：电子表格中A列表示“日期”，B列到E列依次表示开盘价、最高价、最低价、收盘价。F列表示自变量，即当日价格变化，在单元格F22中输入“=((F22-F21)/F21)*100”。G列将用于表示我们的市场状况变量。在G22中我们输入：

= if(E22>average(E3:E21),1,0)

如果当前价格在标准普尔500指数前一日的20日简单移动平均线以上，则单元格G23显示“1”；如果当前价格不在20日简单移动平均线以上，则单元格G23显示“0”。单元格G1的数据标签可以是“移动平均线”。我们的因变量是次日价格变化。在单元格H22中，我们应输入“=((E23-E22)/E22)*100”，H1的标签应为“SP+1”。

为了完成这个工作表，我们选中单元格G22和H22，单击Excel菜单中的“编辑”，单击“复制”，选中G23下面的单元格，直到数据的末尾，按回车键。我们像之前一样选中并复制工作表里的所有数据，保存工作表，命名为“练习表2”，让Windows将数据保存到剪贴板中备用。打开一个新工作表，单击单元格A1，单击Excel菜单中的“编辑”，选择“粘贴”，这样文本数据就进入了我们的工作表。注意：这时，我们就必须删除2~21行，因为2~21行中没有20日移动平均的数值。我们也要删除末行数据，因为我们没有第二天的数据。你想删除哪一行，就选中该行左边的数字，单击Excel菜单中的“编辑”，再选择“删除”，就可以删除整行了。你删除的那一行会消失，下面一行会占据你删除的那一行的位置。

> 请注意，使用移动平均线作为你感兴趣的变量会缩小你的数据，因为初始值不会有移动平均值。你在确定样本大小时，必须考虑这一点。

现在我们对数据进行双排序，以进行市场状况研究。假如说我们想知道价格在20日移动平均线以上，上涨日过后的期望值，与价格在20日移动平均线以下，上涨日过后的期望值有什么不同，我们要像之前一样将数据基于F列“SP（1）”按降序排列，使最大的价格变化出现在工作表的最上面。现在，我们只选择价格变化为正的单元格中的数据，将其复制到另一个工作表里。我们的第二次排序将基于G列，仍然采用降序排列。这样会将市场在20日移动平均线以上交易的上涨日（编码为“1”）与其他交易日分开。与之前一样，我们会计算G列编码为“1”的H列单元格的平均值，通过与G列编码为“0”的H列单元格的平均值进行比较，来研究次日收益的平均值。

下面，我们假设有538个单元格是上涨日，其中383个单元格的G列编码是“1”，155个单元格的G列编码是“0”，比较“=average(H2:H384)”和“=average(H385:H539)”。你也可以按“上涨日”或“下跌日”将H列单元格在I列中编码“1”或“0”，公式为“=if(H2>0,1,0)”，然后比较“=sum(I2:I384)”和“=sum(I385:I539)”，看看移动平均线以上和以下上涨日的天数是否有明显差别。

为了满足你的好奇心，我们将标准普尔500数据作为原始数据。我发现当我们在20日移动平均线以上交易时，一个上涨日后的次日变化平均值为-0.04%，而在20日移动平均线以下交易时，一个上涨日后的次日变化平均值为-0.18%。这是个很好的例子，其中的发现没有让我感到震惊，但给了我们一些启发。我还可以做其他研究，看看在下跌的市场中上涨交易日后面的走势如何，也许我会得到一个设想：在下跌的市场中遇到强势下跌时做空。

> 通常，你会从排序后的数据中看到差别。这些数据鼓励你继续研究，但是不能单独证明一个交易设想。

编码与排序结合使用可以研究很多种市场状况。比如说，如果我们输入“=if(E21=max(E2:E21),1,0)”，就可以研究当日价格是过去20日中最高价时的市场状况，并看看这种市场状况是如何影响收益的。如果我们同样考虑另一个自变量，如创52周新高和新低股票的数量，就可以研究在新高股票数量超过新低股票数量时或新低股票数量超过新高股票数量时的市场表现如何。比如，将新高股票放入F列、新低股票放入G列，我们可以在H列中输入“=if(F21>G21,1,0)”进行编码，将因变量（可以是次日价格变化）放入I列，再按新高/新低进行排序。

像我们之前提到的一样，不创造太多的市场状况条件是一个明智的选择，否则你会在你有问题的情况中一个非常小的例子上纠结，那么提出设想会变得十分困难。如果符合设想的市场状况少于20个，你可能需要放宽标准。

作为自己的交易教练，你可以利用这些条件来了解各种市场状况下的业绩。板块运动、相关品种等条件都可以影响市场行为。在探索这些模式的过程中，你会在实战中敏锐地感觉到这些模式，从而帮助你做选择和执行交易。

训练提示

如果你对长线交易或投资感兴趣，你可以创建周线数据或月线数据的电子表格，并研究月收益之类的自变量对次月收益的影响、VIX 水平对次月波动性的影响、市场情绪指标数据对次月收益的影响、石油价格变化对次月收益的影响，等等。你还可以对一年中每月（或月初/月末）数据进行编码，来研究日历变化对收益的影响。

第 99 课 筛选数据

假如说你想分析标准普尔 500 股指期货的日内信息，因为你是通过实时行情软件下载的数据，现在你的电子表格看起来会有些不同。第一列表示日期，第二列表示时间，后面各列分别表示开盘价、最高价、最低价和收盘价。如果你是这样做的，那么下一列可以用于表示某个时期（每分钟、每 5 分钟、每小时等）的交易量。

假如说你想了解标准普尔 500 市场在一天中某一时刻的表现，你要做的就是从大量数据中筛选出那一时刻的数据，只研究那一时刻的数据。我们以往采用“数据排序”方法作为研究这方面数据的主要方法，但是这里我们要使用 Excel 的筛选功能。

我们以一个简单的问题为例，来说明如何进行筛选。假如我们想知道今天头半个小时的成交量与之前 20 个交易日头半个小时的成交量的平均值相比如何，这会让我们对市场波动有一个大致的了解：市场波动与价格波动正关联。成交量同样可以让我们对机构大户的行为有相应的了解。如果我们发现交易头半个小时内价格突破了震荡区间，就可以据此了解大户的行为。

分析成交量可以帮助你判断谁在市场中交易。

为了进行这项研究，我们会研究标准普尔500股指期货迷你合约的半小时数据。我从之前提到的平台上获取了当日数据，在这个例子里，我使用的是e－Signal。为了达到这个目的，我们来创建一个迷你合约的半小时图。单击图表，然后向右拖动滚动条，让图表显示过去的信息。当我们选中最近20日时，单击菜单项“工具”，选择“数据导出”，取消不需要的数据前面的钩，我们需要的只是“日期”“时间”和“成交量”。单击“复制到剪贴板”按钮，然后打开一个新Excel工作表。光标选中单元格A2，单击Excel菜单项“编辑”，然后选择“粘贴”，这样我们就将当日数据放入工作表里了。我们在第一行输入各列的名称：日期、时间和成交量（如果你的数据是从e－Signal处下载的，那么名称会和数据一起下载下来，你可以用光标选中A1，然后将数据放入工作表）。

接下来，我们要做的是选中我们想要使用的所有数据。单击Excel菜单中的“数据”，选择“筛选”，然后选择“自动筛选”，在列名旁边就会出现一组小箭头。单击“时间”旁边的箭头，从下拉菜单中选择交易日开始的时间。我生活在芝加哥，使用美国中部时间，那么我就要选择“8:30am”。然后，你会看到上午8:30到9:30这一个小时的成交量。单击“编辑”，选择“复制”，打开一个空白工作表，单击“编辑”，选择“粘贴”，这样就将上午8:30的数据放到了一个单独的工作表中。如果你有20个值（过去20日），就可以输入公式“=average(c2:c21)”，然后你就会看到头半小时交易量的平均值。当然，你也可以筛选其他任何时间，来了解所选半小时成交量的平均值。

当你知道某一特定时期的成交量平均值时，在实战中就能知道机构的动作如何——如果成交量随着市场方向放量或缩量，则更明显。

在你想从数据中选择性地找出部分数据时，这种筛选功能非常有用。比如说，在一列中，你将星期一编码为1，星期二编码为2，以此类推，然后，你可以筛选出历史数据中所有的“1”，这样你就会清楚地看到每个星期一的市场表现如何。同样，你可以对一个月的第一天和最后一天进行编码，然后筛选数据，来观察与之相关的收益情况。

总的来说，当我想了解在特定环境下某一特定时刻的市场表现时，我发现筛选最有帮助。然而，坦白地说，筛选并非最有优势，我也不推荐初学者一开始就学筛选。如果你开始认真研究日内模式，我强烈推荐你从跳动数据公司等数据提供商那里获取干净的数据。你可以使用他们的数据管理软件来创建任意周期的数据，并轻松地将这些数据下载到 Excel 中。对历史日内数据进行更深入、长期的研究需要应用比 Excel 更强大的工具。受限于电子表格的大小和简单的操作，我们不可能使用 Excel 研究长期的高频数据。

不过，当你想了解短期内的市场表现时——比如说，大缺口开盘后第一个小时内的交易——利用日内数据进行研究和筛选可能会非常有用，你会发现有趣的持续模式和反转模式思路，或帮助你在更大的时间框架下执行交易。

训练提示

筛选可以帮助我们研究某一时刻的收益模式。假如说市场在过去两小时内呈下跌趋势，如果这两小时分别是最初两小时和最后两小时，那么两种情况下的收益相比如何？如果前一日是下跌日，那么这两个小时对接下来几个小时的收益会有何影响？这样的分析对短线交易者非常有帮助，尤其是在你将价格变化自变量与纽约证券交易所跳动指数之类的当日预测变量相结合使用的时候。

第 100 课　利用你的发现

本章只提供一种使用简单电子表格和公式来帮助你研究历史数据中可能存在的模式的方法。记住：我们只是对数据进行定性观察，定性观察是用来形成设想的，而不是用于证明设想的。从不同角度处理和观察数据是一种技术，就像执行交易一样。经过一些练习并积累了一定经验之后，你就可以在市场收盘后或开盘前一两个小时之内研究多种模式。

关键是要弄清楚：是什么使当前市场与平时不同？价格是在移动平均线之上还是之下？是新低比新高多很多，还是新高比新低多很多？是不是某一个板块很强或很弱？前几天市场是强还是弱？我们总是会在一些极端例子中——当指标或模式最为异常的时候——找到最大的潜在优势。但是，有些时候那些罕见的因素非常难找到。非常高或非常低的成交量、强或弱的看跌看涨比率、大的开盘缺口，都是我们要研究的对象。

我们要在极端的市场活动中寻找最大的方向性优势。

如果你已经弄清楚了一种明显的模式，这种模式就会成为一种设想，你可以利用这种设想来进行交易。如果市场很弱，且看跌看涨比率很高，那么我们可以设想 20 天后的价格是上涨的。实现这种设想的概率是五分之四，那么我就会去寻找近期的底部。如果分析完之后，我发现市场正在走低，但是只有少数股票和板块很弱，那说明我的设想很有可能会实现。最后，我可能会在价格底部买入，使我在这种模式中拥有比较高的回报风险比。

考虑这种市场状况同样非常重要：如果我们认为市场下跌 20 天后上涨的概率很大，这让我们期待一个短期探底的过程。然而，我的新数据告诉我，市场越来越弱，越来越多的股票和板块正在创造新低，历史形态似乎不会出现了。这同样也是非常有用的数据。如果市场违反了过去的走势倾向，说明有异常情况。如果我们恰当地利用了异常情况，也能赚大钱。

我们要把模式看成设想，对于设想是否会实现，我们要做好两手准备。市场中的某种历史模式就是一个市场需要遵循的剧本，你的工作就是要确定市场是不是在按剧本运行。

我们的分析只是告诉我们历史倾向。如果市场没有以历史形态运行，就是在提醒我们，有不同寻常的环境因素在起作用。

所有这些都说明历史研究是有用的、合理的辅助手段，但是我的经验是，历史研究的最大价值可能体现在心理方面。对形态日复一日、周复一周、年复一年的研究以及使用Excel对市场结果进行分析使我对模式产生了独到的见解。同样，当模式发生改变时，当历史倾向消失时，我能敏锐地感觉到。

如果某种模式失效了五次，那么说明市场可能已经改变了。如果市场在最近几次表现得与历史表现大相径庭，那么我会认为市场模式正在改变。如果在多个时间框架下不同变量多次表现异常，那么这更让我确信市场在变化。

多年来，当我看到各种各样的结果后，就不会天真地做趋势跟踪了。我不会习惯性地认为上涨的市场会继续猛涨或者下跌的市场会继续猛跌。我开发了一些工具，这些工具能帮助我确定有趋势的市场何时变强、何时变弱，应用这些工具可以预测反转。在各种市场状况下，观察这些指标长期的表现——实际上是在定量分析这些指标——可使我自信地分析数据，并对交易思路保持信心。

很多交易优势源于用独特的方法观察市场并在行情启动前捕捉到行情。我们容易思维僵化，喜欢死盯着少数市场和模式。作为自己的交易教练，你需要保持开放的心态并及时了解新信息。阅读，与有经验的交易者谈话，仔细研究多个市场，用历史数据来检验模式，了解世界大事，你就会发现普通交易者轻易看不到的东西。如果你具有了开阔的视野，就会常常形成新的想法。

训练提示

当你研究历史模式时，打开你的历史数据，仔细地研究不符合某种特定模式市场状况下的收益。如果你按照模式机械交易，那么当资金曲线回撤时，你就不知道如何应对。很多时候例外的情况反而是大行情。比如说，大部分情况下可能会表现出反向趋势，而且是大行情。如果你明白这一点，就可以寻找、研究那些例外情况，甚至还可能辨别出那些例外情况并从中获利。

结　束　语

科学力求符合事实，艺术力求符合情感。

——斯蒂芬·培伯

这是最后一课，我们来看看我们是否能够在一定程度上达到情感和事实的统一。

第101课　找到你自己的路

我的母亲康斯坦斯·斯蒂恩博格已经去世了。她是一位画家，同时也是一位美术教师。然而，她最好的艺术作品是她的家庭。她给了她的孩子们和她的丈夫一件无可替代的心灵上的礼物：让他们感到他们是那样特别。在你知道你并不平凡后，你不会对你以后取得那么多的成就感到吃惊。意识到这点以后，你在工作、人际交往和交易方面都不会甘于平庸。当你在家中创造了一件艺术作品，你就会给它赋予人类渴望创造生命之作的力量。还有什么比生命之作更伟大？作为一名心理医生和父亲，如果我的成就能赶上我的母亲在家庭方面成就的十分之一，就会比我取得的任何学位、任何大笔的成功交易都要大。

自我训练就是要实现这种成就吗？无论从事什么行业，比如交易、销售、为人父母或体育运动，竭尽全力创造一件生命之作才是你的目标。

困扰大多数人的最大问题是他们不认为自己很伟大。我说的不是自恋（自恋是迷失自我，而不是真正的伟大），也不是骄傲自大。认为自己伟大其实是在为自己的人生绘制新的蓝图。认为自己伟大会让自己的生活有目标，而不是整日无所事事。这本书对塑造价值观和人生目标同样适用，可以使你的生活变得有价值、有意义。希望这本书可以产生深远的影响，使某个地方的某个人也想看这本现在只属于你的书。

> 你的生活是一件尚未完成的艺术作品。

有一种说法：我们都想与和父母相似的人结婚。小时候这种说法让我感到害怕。回首我母亲对自己家庭的影响以及我妻子玛吉对自己家庭的影响，我确定这条法则对我同样适用。玛吉最优秀的才能是她能够使别人感到自己是特别的。我们的一个孩子婚姻不顺，但我从不担心这件事。因为玛吉告诉她，她是特别的，所以我坚信她一定会找到幸福。当你深刻地体会到你的不平凡时，最终你一定可以成为最好的自己。

如果你想成功地成为自己的教练，你需要向康妮（康妮是康斯坦斯的昵称——译者注）和玛吉学习。无论面前的障碍多么令人畏惧，你需要时常告诉自己，你是特别的。你对成功的关注，即使不比失败多，也绝不能比失败少。你需要为自己树立明确的目标，立刻行动，每天为自己鼓劲儿。自我训练的本质并不是坚持写日记或跟踪你的利润或亏损，而是让你明确自己的职责，就像一位母亲为家人所付出的那样。

最后，你可能会决定不以交易为生。要有勇气接受这个事实，并找到真正让你找到自我、发挥才能的工作。我酷爱交易，其蕴含着对智力的挑战、无限的进步机会和及时的反馈。你能知道什么时候自己做得好，什么时候让自己失望了。尽管交易让我赚到了钱，但是交易并不是我最擅长的。我曾经考虑做一名职业交易者，但是很快便感到生活很空虚，因为心理方面的需求得不到满足——人际交往消失了，所以我现在兼职交易，当职业交易者的教练，将我最大的兴趣和才能应用到最富有挑战性的环境中。同时，我还会写一些书，这些书可能——也仅仅是可能——会帮助别人找到他们自己的特别之处。

让你的优点决定你的人生。

你要知道自己最擅长什么，要善于利用你的优点，永远不要停止努力，永远不要停止进步，要不时地打乱计划，迎接全新的挑战。人们最大的敌人不是邪恶，而是平庸，不要甘于平庸。创造生命的艺术作品不必成为一名画家或美术教师。如果交易是你的人生道路，那么你要向那些开辟先河的人学习。你最后的任务是从本书各章中获取知识，看看哪些知识最有用。本书会为你创造生命的艺术作品提供画笔和颜料。

更多关于自我训练的内容

第九章提到的交易者的作品在这个网站：http://becomeyourowntrading-coach.blogspot.com/2008/08/contributors-to-daily-trading-coach.html。

我计划写一本关于交易理论和技术的免费电子书，名叫《交易入门》（*Introduction to Trading*）。我会在博客上慢慢写：http://becomeyourowntrad-ingcoach.blogspot.com/2008/09/introduction-to-trading.html。

交易者博客谈论了很多话题，从交易者心理学到市场心理学，网址是：www.trader feed.blogspot.com。

每隔一段时间，我会向“交易教练”网站中添加训练内容。如果你有问题或特别的兴趣，请在博客中留下你的问题或评论，链接是：http://be-comeyourowntradingcoach.blogspot.com。你也可以通过本书专用的电子邮箱联系我：coachingself@aol.com。

关于交易心理学和交易者业绩的书和其他相关资料，请查阅亚马逊网站：www.amazon.com/s/ref=nb_ss_b?url=search-alias%3Dstripbooks&field-keywords=Brett+Steenbarger&x=8&y=18。

关 于 作 者

布里特·N. 斯蒂恩博格博士是位于纽约州锡拉丘兹市的纽约州立大学上州医科大学精神病学和行为科学系的临床副教授。作为一名临床心理学家，斯蒂恩博格博士已经与其他人合著了一本训练教程，写作并发表了很多关于快速疗法的文章。斯蒂恩博格博士从 20 世纪 70 年代末就开始从事证券交易，并在美国、英国和亚洲担任对冲基金公司、投资银行和交易公司的交易教练。他还是两本交易心理学著作（《交易心理学》，约翰威立出版公司 2003 年出版；《交易者绩效强化策略》，约翰威立出版公司 2006 年出版）的作者，他会每日撰写有关交易者心理学和市场心理学的博客文章（www.traderfeed.blogspot.com）。